# BEGEGNUNG MIT DEM WAHREN DRACHEN

VON G. W. NISHIJIMA
MIT J. BAILEY

# Begegnung mit dem wahren Drachen

Leben und Zen

EINFÜHRUNG UND ÜBERSETZUNG Y. J. SEGGELKE
DONA-VERLAG BERLIN

Bibliografische Information der Deutschen Nationalbibliothek.
Die Deutsche Nationalbibliothek verzeichnet diese Publikation
in der Deutschen Nationalbibliografie; detaillierte bibliografische
Daten sind im Internet über http://dnb.d-nb.de abrufbar.

Titel der Originalfassung: „To Meet the Real Dragon", 1. Auflage 1984, Windbell
Publications Ltd.




Umschlaggestaltung: Li Kou-Vesper
Satz und Herstellung: Books on Demand GmbH, Norderstedt
ISBN 978-3-941380-00-4

# Inhaltsverzeichnis

# Einführung

In einem Hotel in Tokio, in dem ich mich vor vielen Jahren wegen einer beruflichen Konferenz aufhielt, wurde mir ein Fax des zen-buddhistischen Meisters, Gudo Wafu Nishijima, zugestellt. In dem Fax hieß es, dass er sich darauf freue, mit mir über Buddhismus zu plaudern: „ … to have a talk on Buddhism together." Dies hat mich damals sehr berührt. Ein großer, weltweit bekannter Zen-Meister wollte mit mir aus dem Westen, den er gar nicht kannte, ein persönliches Gespräch über Buddhismus führen. Da war nichts von Hierarchie, von Oben und Unten oder von der Härte eines Asketen zu spüren, sondern ganz im Gegenteil, er freute sich auf ein anregendes Gespräch mit Menschen wie du und ich.

Wir vereinbarten dann, uns nach dem Vortrag in seinem Zentrum in der City von Tokio im ersten Stock eines modernen Hochhauses zu treffen. Zunächst praktizierten dort die Teilnehmer mit mir gemeinsam Zazen vor einer weißen Wand, wobei mir einer seiner Schüler freundlich und hilfreich das Nötige erklärte.

Dann gingen wir hinüber in den Vortragsraum. Ich schaute mich um, es waren meist junge Menschen dort, ein munteres Völkchen, aus vielen Ländern der Welt, die sich hier eingefunden hatten. Es herrschte eine Atmosphäre der lebendigen Erwartung auf den Vortrag. Ich gewöhnte mich dann schnell an die japanische Aussprache von Meister Nishijima und staunte allerdings nicht schlecht, als er sagte: „Buddhismus ist Zazenpraxis und Zazenpraxis ist Buddhismus." Seit längerer Zeit hatte ich mich mit Buddhismus beschäftigt und auch praktiziert, hatte Niederwerfungen gemacht, ein Mantra auswendig gelernt, koreanische Gesänge gelernt und viele buddhistische Retreats bei der Meisterin Dae Poep Sa Nim besucht. Die einfache Aussage Meister Nishijimas kam mir wie der Schlag eines Bildhauers vor: Buddhismus ist Zazen. Ich schaute mich um, es gab bei den Zuhörern keine Verwunderung oder gar Empörung, das war in der Tat für mich sehr überraschend.

Nach dem Vortrag stellte ich mich vor und er lud mich zu dem Gespräch in sein Zentrum in einem anderen Stadtteil ein. Wir fuhren mit der S-Bahn quer durch Tokio dorthin. Er arbeitete damals intensiv an einer völlig neuen Übersetzung des großen indischen Mahayana-Meisters Nagarjuna mit dem Titel „Der Gesang des Mittleren Weges". Er erzählte mir, dass er seit über einem Jahrzehnt Sanskrit lerne und fest davon überzeugt sei, dass dieser Meister bisher nicht richtig übersetzt und verstanden worden sei.

Man muss bedenken, dass er damals schon Ende siebzig war, aber durch seine Lebendigkeit und geistige Beweglichkeit viel jünger wirkte. Er konnte durch seine freundliche, einfache Art schnell einen direkten, natürlichen Draht in einem Dialog aufbauen.

Am Ende des Gesprächs schenkte er mir sein Buch „To Meet The Real Dragon" und zwei Bände von Dogens Shobogenzo, die er zusammen mit Mike Cross übersetzt hatte. Er gab mir mit auf den Weg, dass das Drachenbuch eine gute Einführung in Dogens oft komplexe und schwer zu verstehende umfassende Lehre des Buddhismus sei.

Als ich dann im Flugzeug nach Deutschland saß, wurde bald das Licht ausgedreht, während ich die kleine Leselampe über meinem Sitz anknipste und anfing, in dem Drachenbuch zu lesen. Schon nach wenigen Seiten war ich ganz gefangen von der einfachen und kräftigen Sprache. Alle Müdigkeit war wie fortgeblasen. Ich dachte mir: Dies ist das wichtigste Buch, das ich seit langer Zeit gelesen habe. Besonders faszinierend waren seine Ausführungen über die westliche Kultur und Philosophie, die aus der Sicht eines Ostasiaten in holzschnittartiger Klarheit die Eckpunkte unserer westlichen Zivilisation und Kultur beschrieben. Während des gesamten Fluges von fast zwölf Stunden las ich ohne Unterbrechung in dem Buch. Das große Flugzeug war ganz abgedunkelt und nur meine kleine Leselampe gab das nötige Licht. So habe ich während des Fluges fast das gesamte Buch durchgelesen.

Wir vereinbarten einige Jahre später, dass ich eine deutsche Übersetzung anfertigen würde. Mit Meister Nishijima bin ich nun seit über dreizehn Jahren eng verbunden. Ich wurde sein Schüler und habe inzwischen die Dharma-Übertragung von ihm erhalten. Es ist mir ein tiefes Bedürfnis, seinen klaren optimistischen Buddhismus durch die Übersetzung dieses Buches auch in Deutschland weiterzuverbreiten. Inzwischen sind auch die französische, spanische und hebräische Übersetzung erschienen und eine schwedische ist in Vorbereitung.

Der Drache ist ein Fabeltier, dessen beeindruckende Stärke sowohl im Osten als auch im Westen beschrieben wird, das aber durchaus unterschiedlich gedeutet wird. In Ostasien überwiegt der positive Aspekt, denn der Drache hilft dort den Menschen. Er verbindet durch seine Fähigkeit zu fliegen den Himmel, die Erde und auch das Wasser und trägt die Perle der großen Weisheit unter dem Kinn.

Im Westen denken wir vor allem an ein Furcht erregendes, böses Untier, das vom jungen Helden Siegfried getötet wurde und zuvor viele Menschen verschlungen hatte. Siegfried befreite Brunhild und gewann durch seinen Sieg den Nibelungenschatz. Er wurde durch das Drachenblut bis auf eine einzige Stelle unverwundbar. Häufig ist der Drache das Symbol für das wilde Tier in uns Menschen, das besiegt und unterworfen werden muss.

In neuerer Zeit sind allerdings auch im Westen positive Interpretationen zu finden, die die positiven Aspekte des Drachen hervorheben, wie zum Beispiel in dem Märchenbuch „Die Unendliche Geschichte" von Michael Ende, wo der Drache mit seinen großen Fähigkeiten und Kräften den Menschen hilft. Eine psychologische Interpretation sieht in dem Drachen das Unbewusste, das durchleuchtet und integriert werden sollte. Der Therapeut hilft dabei, die Schrecken dieser Begegnung zu ertragen. So kann der Drache durchaus als symbolische Brücke zwischen Ost und West wirksam werden.

Der Buddhismus ist von einer positiven, lebensbejahenden Kraft und Weltanschauung durchdrungen, besonders im Zen. Dies wird auch immer wieder von Nishijima Roshi betont. Danach ist der natürliche Zustand des Menschen dann im Gleichgewicht, wenn wir Zazen praktizieren und auf dem Buddhaweg sind. Dann verliert der Drache seine Schrecken und gibt den Menschen unerwartete Kraft und Lebensfreude. Dann begegnen wir dem wahren Drachen. Das genau ist das Thema dieses Buches: Die Wirklichkeit ist eine wunderbare Wahrheit, vor der wir nicht davonlaufen sollten, weil sie genau unsere Natur ist und uns heilt.

## Danksagung

Meister Nishijima hat mir in vielen Gesprächen und mit immer großer, freundlicher Geduld geholfen, den umfassenden und modernen Buddhismus von ihm und Meister Dogen zu verstehen. So bin ich Schritt für Schritt in diese Lehre und Praxis hineingewachsen. Ihm möchte ich zuallererst danken.

Meinen großen Dank möchte ich dem Koautor dieses beachtlichen Buches, Jeffrey Bailey, aussprechen, dem es zusammen mit Nishijima Roshi gelungen ist, den buddhistischen Inhalt in eine klare und ausdrucksstarke Sprache zu gießen. Es ist ein sehr glücklicher Umstand, dass Nishijima Roshi und Jeffrey Bailey zusammentrafen, um dieses Buch zu schreiben.

Ich hatte das Glück, auf den Rat von Nishijima Roshi hin bei seiner Schülerin, Gabriele Ritsunen Linnebach viele Jahre lang an der Übersetzung von Dogens großem Werk, Shobogenzo, „Die Schatzkammer des wahren Dharma-Auges" mitzuarbeiten. Sie hat dieses Manuskript durchgesehen und wichtige Hinweise gegeben. Dafür möchte ich ihr danken.

Ursula Richard bin ich für die Lektorierung des Textes außerordentlich dankbar. Ohne ihre Arbeit wäre der Text nicht so, wie er jetzt ist. Nicht zuletzt möchte ich mich bei Marion Salbach für die zuverlässige und geduldige Schreibarbeit bedanken.

Dieses ist ein ungewöhnliches Buch über den Zen-Buddhismus, das als Einführung ausgezeichnet geeignet ist. Es liegt hier zum ersten Mal in deutscher Sprache vor. Auch schwierige Teile der Lehre werden kompetent, zeitgemäß und unkompliziert dargestellt und erklärt. Dies ist in der Tat nicht häufig anzutreffen.

Den Leserinnen und Lesern wünsche ich viel Freude und hoffe, dass sie den Weg des Gautama Buddha besser verstehen, ihn selbst beginnen oder mit verstärkter Freude fortsetzen.

Berlin im August 2008
Y. J. SEGGELKE

# VORWORT

Mein Name ist Nishijima. Ich bin buddhistischer Priester. Verhältnismäßig spät in meinem Leben wurde ich Priester. Da es für mich also ziemlich lange dauerte, meine wahre Berufung zu finden, nahm ich bei meiner Ordination den Namen Gudo an. *Gu* bedeutet direkt oder einfältig. *Do* bedeutet Wahrheit oder Weg. Sogar ein einfältiger Mann kann also die Wahrheit finden.

Ich bin also recht langsam und einfach, habe jetzt 88 Jahre gelebt und mehr als 65 Jahre lang das buddhistische Leben praktiziert und buddhistische Philosophie studiert. Langsam, aber sicher bin ich meinen geraden und einfachen Weg gewandert. Langsam, aber sicher habe ich die Bedeutung dieses Lebens erfahren. Ich habe gelernt, wie man lebt.

Ich bin zufrieden, was mich betrifft. Aber um meine Zeitgenossen auf dieser Erde mache ich mir große Sorgen. Wir gehen durch eine Zeit großer Verwirrung und Gefahr. Die Konflikte zwischen verschiedenen Kulturen und Religionen haben an Schärfe zugenommen und sind bedrohlich geworden. Die Möglichkeit eines nuklearen Krieges ist noch immer vorhanden und vielfach kosten Terroranschläge viele Menschenleben. Ich bin darüber sehr beunruhigt. Zur gleichen Zeit bin ich aber hoffnungsvoll. Obgleich sich die Konflikte zwischen uns verschärft haben, so wurden manche inzwischen auch geklärt. Allerdings scheinen wir nur zwischen Schwarz oder Weiß wählen zu können. Wir sehen Osten und Westen, links und rechts, Liberalismus und konservativen Idealismus einerseits und Materialismus andererseits. Wir können die zwei Seiten klar sehen. Wir leben in einer Zeit großen Wandels: einer gefährlichen Situation, die aber zugleich auch hoffnungsvoll ist. Denn wenn wir die beiden Seiten klar erkennen, wird auch der mittlere Bereich sichtbar, und der Buddhismus wirkt in diesen mittleren Bereich. Dies nennen wir den mittleren Weg. Aber der mittlere Weg ist kein fader Kompromiss, sondern er ist eine klare Wahl, eine klare Alternative. Den mittleren Weg zu gehen bedeutet, die Extreme abzulehnen und die wirkliche Welt zu betreten.

Die buddhistische Lehre zeigt den Weg zu dieser Welt. Ich hoffe, dieses Buch wird diesen Weg klar und direkt zeigen. Wir brauchen eine klare Richtung in diesen verwirrenden Zeiten. Aber wer wird die scheinbare Sicherheit der eigenen Vorurteile und die gewohnte einseitige Sicht der Wirklichkeit verlassen? Wo sind in dieser Welt der Verwirrung und Konflikte die Menschen bereit, sich auf die wirkliche Welt einzulassen?

Ich blicke auf Europa. Die europäischen Länder sind reich an Traditionen und formten, so weit wir wissen, die Wiege der westlichen Kultur. Bis zum Ende des Mittelalters war die europäische Kultur von der spirituellen Suche bestimmt. Dieselbe Begeisterung wurde dann in die wissenschaftlichen Entdeckungen eingebracht: Dies war der Weg zum Materialismus. Aber die materialistischen Gesellschaften des Westens haben nach meiner Ansicht ihren Höhepunkt deutlich überschritten. Allein materialistische Ziele zu verfolgen kann niemals zum Glück führen. Die Menschen besitzen immer mindestens zwei Seiten: die materialistische und die spirituelle Seite. Wenn wir die spirituelle Seite unserer Natur verleugnen, können wir nicht glücklich sein. Und auch wenn in den modernen Gesellschaften die Wissenschaft überall große Kräfte entwickelt hat, müssen wir doch erkennen, dass wir unsere Religion fast verloren haben. Ich bin der festen Ansicht, dass die Länder Europas mit all ihrer Energie nach neuen Möglichkeiten und Kriterien des Lebens suchen werden.

Ich blicke auch nach Amerika. Es ist ein wunderbares, weites und vielfältiges Land. Es entwickelte sich auf einem gewaltigen Kontinent und wurde zu dem, was es jetzt ist, durch die Anstrengung, die Kraft, das Blut und den Schweiß der Pioniere. Und es hat immer noch den wachen Geist der Pioniere: Optimismus, Praktikabilität und den Willen zum Experiment, um neue Dinge zu versuchen. Die alten Kulturen werden durch das Gewicht von Traditionen gebunden, aber Amerika ist noch jung – es wächst und entwickelt sich weiter.

Ich glaube, dass der Westen eine Richtung sucht und nach einer zusammenfassenden Lebensform und Philosophie Ausschau hält: eine grundlegende Sichtweise als Basis für Aktivität und Handeln, für das Leben. Aber wie kann eine so breite und vielfältige Kultur jemals eine zusammenfassende Lehre und Philosophie finden? Welches einheitliche Prinzip kann die Hoffnung und Wünsche, das Vertrauen und die Verhaltensweisen so vieler unterschiedlicher Nationen zusammenfassen?

Ich bin der festen Überzeugung, dass der Buddhismus diese Aufgabe meistern kann. Ich denke, dass der Buddhismus die einigende Lehre und Philosophie sein kann, nach der viele suchen. Ich bin dieser Meinung, weil der Buddhismus eine Lehre ist, die alle Sichtweisen einbezieht, sie kritisch studiert und dann einen Schritt weiter in die Wirklichkeit dieser Welt geht. Wenn die westlichen Kulturen den Buddhismus entdecken können – wenn sie den Buddhismus studieren könnten, ihn aufnehmen und entsprechend den Besonderheiten der einzelnen Nationen umformen –, dann wäre es die gesuchte Lehre. Die westlichen Kulturen würden die vereinheitlichte Lehre und Philosophie erhalten, um die eigenen Energien zu bündeln und eine Synthese der Vielfältigkeit zu erreichen, die zu einer wirklich großartigen Kultur erwächst. Diese Hoffnung habe ich für die europäische und amerikanische Kultur. Diese Hoffnung habe ich für uns alle.

Um diese Hoffnung zu verwirklichen, müssen der Buddhismus und die Menschen des Westens einander begegnen. Dazu müssen sie zunächst einander vorgestellt werden. Ein Gespräch muss beginnen und ein langer, langer Dialog muss geführt werden. Einige werden sagen, dass dieser Dialog schon stattgefunden und der Buddhismus bereits seine Nische in westlichen Gesellschaften gefunden hat, aber sein Einfluss auf diese Gesellschaften begrenzt ist und dies auch so bleiben wird. Ich glaube nicht, dass dies wahr ist. In der Tat glaube ich, dass der wahre Buddhismus erst noch fest im Westen verankert werden muss, und dazu möchte ich mit diesem Buch beitragen. Ich möchte einen Dialog anfangen, der auf einer vollkommen neuen Grundlage basiert.

Wenn dieser Dialog erfolgreich sein soll, müssen beide Seiten dieselbe Sprache lernen und sprechen. Wir leben in einer modernen Welt, und diese moderne Welt ist eine intellektuelle Welt, eine Welt der Theorien und der Logik. Der Buddhismus besitzt eine sehr gründliche und umfassende Logik und Lehre und ein theoretisches System, das präzise in die uns vertrauten Konzepte dieser Welt übersetzt werden kann. Ich selbst entdeckte dieses theoretische System vor allem in einem Werk mit dem Namen *Shobogenzo*. Es wurde vor über 760 Jahren von dem japanischen Zen-Priester Meister Dogen geschrieben. Ich glaube, dass das *Shobogenzo* eine gute Basis für einen Dialog zwischen der westlichen Welt und dem Buddhismus sein kann. Ich möchte gern das *Shobogenzo* der westlichen Welt vorstellen. Die Eckpunkte einer solchen klaren und umfassenden Lehre entdeckte ich dann später auch bei dem berühmten indischen buddhistischen Meister Nagarjuna. Ich bin der festen Ansicht, dass diese beiden Meister den wahren Buddhismus beschrieben haben, der den modernen Menschen helfen kann, aus der jetzigen Verwirrung herauszugelangen. Ich möchte nun mit dem Dialog zwischen den Menschen des Westens und dem Buddhismus beginnen.

# Über dieses Buch

Die Idee eines Dialoges mit den Menschen des Westens ist von großer Bedeutung für mich. Vor über sechzig Jahren begann ich dieses Gespräch mit dem Westen. Damals hielt ich jede Woche Vorträge und Seminare über den Buddhismus und das *Shobogenzo* für meine japanischen Schüler. Dann entschloss ich mich, jeweils einmal im Monat auch Vorträge in Englisch zu halten und zu sehen, wie groß das Interesse bei Ausländern war, die in Tokio lebten. Dies war keine einfache Aufgabe für mich. Ich sprach nicht allzu gut Englisch, aber ich hatte immer das Gefühl, dass man einfach beginnen muss, wenn man etwas bewegen will. Wir müssen dort beginnen, wo wir gerade stehen, und dann unser Bestes geben. Genau dies tat ich. Von den Fremden, die zu meinen Vorträgen kamen – sei es aus Neugierde oder Interesse am Zen –, kamen einige auch ein zweites und ein drittes Mal und dann regelmäßig. Ich empfand dies als ermutigendes Zeichen und entschied daher, jede Woche ein englisches und ein japanisches Seminar abzuhalten. Zwischen den Vorträgen praktizierten wir alle für eine Stunde Zazen. Dies war ein guter Anfang.

Dann begann ich nach Mitteln zu suchen, die Lehre des *Shobogenzo* für ein größeres Publikum aufzubereiten und zu präsentieren. Als ersten Schritt in diese Richtung begann ich, an einem Buch zu arbeiten, das ich schon seit einiger Zeit geplant hatte. Es sollte die Form eines Gespräches zwischen Menschen des Westens und einem buddhistischen Meister haben. Ich nannte es „Buddhismus: Fragen und Antworten". Dann gab ich den Rohentwurf dieses Buches einigen meiner ausländischen Freunde, aber sie reagierten eher zurückhaltend. Sie sagten mir, dass mein primitives Englisch und die sehr einfache Form der Erklärung der buddhistischen Lehre im Westen wohl nicht angenommen würden, wo Vielschichtigkeit und Komplexität oft als das wesentliche Zeichen ernst zu nehmender Gedanken und der Wissenschaft überhaupt angesehen werden. Ihre Zweifel übertrugen sich auf mich und minderten mein eigenes Vertrauen. Ich begann zu überlegen, ob der Graben zwischen den Menschen des Westens und mir als einfachem Japaner wirklich zu breit war, um überbrückt zu werden. Mir schien der kulturelle und sprachliche Graben vergleichbar mit dem großen räumlichen Abstand zwischen Japan und den Ländern des Westens, dem Pazifischen Ozean, zu sein.

Dann kam eines Tages ein Herr Bailey, ein junger Amerikaner, der meine wöchentlichen Vorträge hörte, zu einem Besuch in mein Büro. Ich berichtete ihm von meinen Problemen. Ich fragte ihn, ob der Ozean denn wirklich zu groß für einen Dialog sei. Herr Bailey war jedoch der festen Überzeugung, dass dieser große Ozean überbrückt werden könne und müsse. Von dieser Zeit an trafen wir uns jede Woche, um über den Buddhismus zu diskutieren und ein Buch über die Lehre des *Shobogenzo* zu verfassen. Wir entschieden uns, meinen ursprünglichen Entwurf weitgehend aufzugeben und stattdessen meine aufgezeichneten Vorträge als Rahmen und Eckpunkte für das Buch zu verwenden. Die Fragen und Antworten des ursprünglichen Entwurfes verwendete ich weiter für die Themen der fortlaufenden Seminare. Herr Bailey machte sich daran, diese Seminarvorträge zu überarbeiten und eine Gliederung für die Ideen zu finden, die dem endgültigen Buch Sinn, Logik und den richtigen Zusammenhalt geben sollte. Während unserer Gespräche prüfte er immer wieder die Verständlichkeit dessen, was ich zu sagen versuchte. So wurde der Dialog, den ich als Buch vorgesehen hatte, ein wirkliches Gespräch zwischen Herrn Bailey und mir und dieses Buch ist das Ergebnis jenes Dialoges. Der Leser sollte kein Werk in vollendeter Perfektion erwarten, sondern ein Buch, das die Grenzen des Autors genauso beinhaltet wie die Grenzen der Sprache selbst. Trotz dieser Grenzen bin ich stolz auf dieses Buch. Ich bin der Ansicht, dass es ein Weg in eine neue Welt aufzeigt – in eine Welt, die bereits hier ist, die wir aber selten sehen oder erfahren. Es ist eine strahlende, wunderbare Welt: Ein ausgezeichneter Ort zum Leben. Diese Welt ist Ihr angeborenes Recht als Mensch. Ich lade Sie ein, dieses Geburtsrecht anzunehmen. Ich lade Sie ein, diese wunderbare Wirklichkeit voll und ganz mit mir zu teilen, diese Wirklichkeit in dieser Welt hier und jetzt.

# Kapitel 1:
# Was ist Religion?

In Japan haben wir das Gefühl, dass der Neujahrstag ein ganz besonderer Tag ist. Er ist der Beginn eines neuen Lebens für uns, eine Zeit der Erneuerung und der Hoffnung. Er ist für uns ein sehr glücklicher Tag. Es ist bei uns Brauch, als Symbol für das neue Jahr einen kleinen Kiefernzweig an der Haustür zu befestigen. Wenn wir diesen Kiefernzweig sehen, erinnert er uns an diese besondere Zeit und wir haben ein sehr gutes Gefühl dabei.

Vor ungefähr 500 Jahren gab es jedoch einen buddhistischen Priester mit Namen Ikkyu, der sagte, dass der Kiefernzweig an der Haustür ein Zeichen auf dem Weg zum Tode sei. Das ist kein angenehmer Gedanke, nicht wahr? Aber liegt in diesen Worten nicht auch ein Stück Wahrheit? Denn jedes Jahr, wenn wir den Zweig sehen, werden wir daran erinnert, dass wir ein Jahr älter geworden sind. Wir sind damit dem Tode ein Jahr nähergerückt. Dieser Sichtweise zufolge ist der Neujahrstag keine so glückliche Zeit. Was denken Sie? Ist der Neujahrstag nun eine glückliche Zeit oder nicht? Ist der Kiefernzweig ein Symbol für das Leben oder für den Tod? Und was hat das nun mit der Frage nach Religion zu tun?

Wenn Sie einen Buddhisten dazu befragen, wird er wahrscheinlich lächeln und sagen, dass beides zutrifft. Oder er sagt vielleicht, dass keines von beidem richtig ist. Oder er wird Sie bitten, ihm den Unterschied zwischen dem 31. Dezember des alten und dem 1. Januar des neuen Jahres zu erklären. Beide Tage haben 24 Stunden. Die Sonne geht am 31. Dezember im Osten auf und am 1. Januar tut sie dasselbe. Vielleicht gibt es also gar keinen Unterschied zwischen diesen beiden Tagen. Aus einer bestimmten Perspektive gesehen erscheinen sie als dasselbe. In der Tat, wenn wir das Leben auf eine bestimmte Weise anschauen, scheint jeder Tag gleich zu sein.

Ist der 1. Januar nun ein glücklicher Tag, ein trauriger Tag oder ein Tag genau wie jeder andere auch? Dies ist verhältnismäßig schwer zu entscheiden, nicht wahr? Es hängt alles davon ab, wie wir diese Frage sehen. Es hängt also von unserem eigenen Standpunkt und unserer Perspektive ab. Ich denke, dass unsere Sichtweise sehr wichtig ist. Normalerweise betrachten wir das Leben aus einer Art Gewohnheit heraus nur aus einer einzigen Perspektive. Aber wie das Beispiel des Neujahrstages zeigt, gibt es viele verschiedene Möglichkeiten, das Leben zu betrachten. Wir sind uns dieser Tatsache in gewisser Weise auch bewusst. Wir wissen, dass verschiedene Menschen dazu neigen, die Dinge recht unterschiedlich zu sehen und zu bewerten. Einige haben eine positive, hoffnungsvolle Sicht, andere sehen immer die dunkle Seite des Lebens. Einige Menschen sind sehr praktisch, während andere Menschen zwei linke Hände haben und verträumt durchs Leben gehen. Die Unterschiede zwischen den Menschen sind wirklich vielfältig und sehr faszinierend, und dies ist auch ganz natürlich im Leben. Wenn wir aber auf für uns fremde Sichtweisen stoßen, die sich von unseren eigenen sehr unterscheiden, fühlen wir uns meist recht unwohl. Manchmal lachen wir darüber, manchmal benehmen wir uns abschätzig und manchmal werden wir richtig ärgerlich oder geraten sogar in Wut. In jedem Fall klammern wir uns an unsere eigene Sichtweise und wollen daran nichts ändern. Wir versuchen, uns vor den Sichtweisen und Denkweisen anderer zu schützen. Dies ist ein richtiges Problem für uns und oft sogar ein sehr großes Problem!

Natürlich ist es nicht so schwierig, offen und tolerant im Geist zu sein, wenn es um eine so einfache Frage wie um den Neujahrstag geht. Niemand würde über einen so unbedeutenden Anlass streiten oder gar kämpfen. Aber was passiert, wenn wir an wichtige kontroverse Themen denken? Zum Beispiel die Religion. Die Menschen haben meist recht starke Gefühle und Bindungen an ihre Religion. Entweder akzeptieren sie die Religion als natürlich und notwendig für ihr eigenes Leben oder sie vermeiden sorgfältig alles, was mit Religion und religiösem Denken und Fühlen zu tun hat. Sehr wenige Menschen denken wirklich über die Bedeutung der Religion nach. Aber ich meine, es ist sehr wichtig, dass wir das, was wir Religion nennen, sehr genau betrachten und dass wir uns die sehr tiefgehende Frage stellen: Was ist eigentlich Religion?

Diese Frage war für mich, als ich jung war, wichtiger als viele andere Fragen. Einige Menschen scheinen eine natürliche und oft starke Anziehung zu religiösen und philosophischen Ideen zu haben, und ich glaube, ich gehöre dazu. Bei mir entstand das Interesse am Buddhismus, als ich noch verhältnismäßig jung war, und ich las dazu viele Bücher. In einigen dieser Bücher fand ich eine spannende Auseinandersetzung über die Religionen: Es schien, als ob einige Wissenschaftler daran zweifelten und zumindest darüber nachdachten, ob der Buddhismus überhaupt eine Religion sei oder nicht. Sie bestanden darauf, dass eine „wahre Religion" die Existenz eines Gottes anerkennen müsse, also eines übernatürlichen Reichs oder einer göttlichen Kraft im Universum, die jenseits und unabhängig von dieser materiellen Welt ist. Aber der Buddhismus hat kein solches Glaubenssystem. Der Buddhismus schaut auf diesen Ort hier und konzentriert sich auf diesen Augenblick, und davon ist er inspiriert; er bekräftigt und bejaht diese Welt. Gerade die

Bejahung dieser wirklichen Welt war für jene religiösen Gelehrten irritierend, und deshalb sahen viele von ihnen den Buddhismus als nicht zur Gruppe der wahren Religionen zugehörig. Dies war sehr überraschend für mich. Es erschien mir sonderbar, wenn bei der Definition von Religion die Möglichkeit einer wirklichkeitsbezogenen Religion im Hier und Jetzt ausgeklammert wurde. Für mich war der Buddhismus selbstverständlich eine Religion. Wie könnte er denn auch keine Religion sein? In den genannten Büchern diskutierten dagegen die Wissenschaftler voller Ernst, ob Buddhismus eine Religion sei oder nicht. Daher begann ich tiefer darüber nachzudenken, was eine Religion wirklich ist, und mich zu fragen, was allen Religionen gemeinsam ist.

Es war nicht einfach, einen solchen gemeinsamen Grund für alle Religionen zu finden. Als ich die verschiedenen Religionen dieser Welt studierte, fand ich eine große Vielfalt von Glaubensvorstellungen, religiösen Praktiken, Zeremonien und Ritualen. Einige Religionen schienen mir, was Glauben und Praxis betrifft, verhältnismäßig ähnlich zu sein, aber es gab auch viele fundamentale Unterschiede. Es gab darüber hinaus viele Ausnahmen von jeder Regel, die ich herausfand. Es schien mir, dass jede Definition von Religion entweder zu eng und begrenzt oder zu kompliziert war, um wirklich brauchbar und aussagefähig zu sein.

Eines Tages entdeckte ich jedoch eine einfache Tatsache: Ich erkannte, dass der Glaube und die Praxis der Religionen zwar sehr unterschiedlich sind, dass aber das Vorhandensein eines solchen Glaubens und einer solchen Praxis allen Religionen gemeinsam ist. Ausschlaggebend ist also, ob für die Menschen die Religion und deren Praxis überhaupt wichtig sind oder nicht und ob sie überhaupt an etwas glauben. Zuerst schien mir diese Beobachtung zu einfach und zu naheliegend, als dass sie von besonderer Bedeutung sein könnte. Aber später erkannte ich, dass es wirklich sehr nützlich war, die fundamentale Natur der Religion und des Glaubens auf diese Weise zu klären. Jede Religion hat ihre Lehren, also ihre Philosophie und ihr besonderes Verständnis des Lebens. Die Anhänger der Religion glauben an die jeweilige Lehre und sie handeln so weit wie möglich nach ihrem Glauben. Ich denke, dass dies der Kern der Religion ist. Ich meine, dass alle Religionen diese beiden Aspekte gemeinsam haben: erstens den Glauben an eine bestimmte Lehre und zweitens das aktuelle Handeln und Verhalten im Einklang mit diesem Glauben.

Vielleicht erscheint Ihnen dies zu einfach und zu simpel, aber diese einfache Definition der Religion hat ziemlich weitreichende Folgen und Konsequenzen. Wenn wir auf diese Weise über Religion nachdenken, werden viele gewohnte Vorstellungen über Religion unhaltbar. Normalerweise meinen wir, dass es religiöse und nicht religiöse Menschen gibt und dass das Leben sich klar in religiöse und weltliche Bereiche trennen lässt. Das eine sei das Heilige und das andere das Profane. Aber wenn wir meine einfache Definition der Religion verwenden, wird eine solche Unterscheidung unwichtig. Alle Menschen haben nämlich eine Lehre und Vorstellung, also eine Philosophie vom Leben und ein bestimmtes Verständnis von der Welt, das sie in ihrem Leben von Tag zu Tag begleitet. Sie mögen vielleicht formal nicht zu einer Religion, Konfession oder zu einem Glauben gehören, aber sie haben doch ihr eigenes, persönliches Verständnis des Lebens und der Welt, in der sie leben. Einige Philosophen nennen dieses persönliche Verständnis des Lebens ein Weltbild oder eine Weltanschauung. Dieses persönliche Weltbild dient den Menschen als Standpunkt, von dem aus sie ihre Handlungen, ihr Verhalten in der Gesellschaft usw. entscheiden und steuern. Ich glaube daher, dass Religion etwas sehr viel Grundsätzlicheres und Universelleres ist, als es den meisten Menschen klar ist. Grundsätzlich glaube ich, dass alle Menschen eine Religion haben und dass sie in der Tat nicht ohne Religion leben können. Was meinen Sie?

**Fragen und Antworten**

*Viele Menschen behaupten, dass sie keine Religion haben, nicht wahr?*

Ja, viele Menschen bestehen darauf, dass sie keine Religion haben, aber ich denke, dass dies nur eine Behauptung ist. In Wirklichkeit glauben sie an eine Religion, die man „Nicht-Religion" nennen könnte. In ihrem täglichen Leben beruht ihr Verhalten auf dem Glauben, dass es keinen Gott und nichts Übernatürliches mit spirituellem Wert in der Welt gibt. Das ist ihre Lebensphilosophie, ihre persönliche Sicht des Lebens. Obgleich eine solche Lebensphilosophie sich grundsätzlich von den traditionellen Religionen zu unterscheiden scheint, ist die Art und Weise, wie sie das Denken, das Leben und Verhalten dieser „Gläubigen" beeinflusst, ziemlich identisch. Obgleich solche Menschen denken, dass sie keine Religion haben, kann ein objektiver Beobachter leicht erkennen, dass sie fest an die Religion glauben, keine Religion zu haben.

*Sehen Sie einen Unterschied zwischen Religion und Philosophie?*

Der Unterschied zwischen Religion und Philosophie ist oft unklar, aber ich denke, dass es wirklich einen definitiven Unterschied zwischen ihnen gibt. Philosophie in ihrer reinsten Form ist eine intellektuelle Untersuchung über Ideen, Theorien und Prinzipien. Es ist zum Beispiel sehr gut möglich, philosophische Ideen zu studieren, ohne von ihnen menschlich und praktisch berührt zu sein. Wir können sie analysieren, vergleichen, ein großartiges System konstruieren, aber in unserem Leben selbst trotzdem völlig unbeeinflusst von ihnen bleiben. Wenn wir jedoch an diese Ideen entschieden und mit ganzem Herzen glauben und sie als Richtlinie und als eine Art Maßstab für unser tägliches Leben nehmen, dann haben wir den Bereich der reinen Philosophie verlassen und sind im Bereich der Religion angekommen. Im Bereich der Religion haben Ideen also die Kraft, unsere Handlungen in der wirklichen Welt maßgeblich zu beeinflussen und zu steuern. Dies ist die Kraft des Glaubens und das ist das Typische des wahrhaftigen Glaubens. So unterscheidet sich Religion von Philosophie.

*Wenn wir Ihre Definition der Religion annehmen, müsste es eigentlich genauso viele Religionen wie Menschen auf der Erde geben.*

Ja, eine solche Schlussfolgerung erscheint logisch und in gewissem Sinne ist sie auch richtig. Wir haben alle unseren persönlichen Glauben und unsere besondere Art, das Leben zu verstehen. Unsere persönliche Sicht der Welt hat immer eine einzigartige Qualität. Das macht uns zu Individuen. Aber unsere sogenannten persönlichen Eigenschaften sind oft eher äußerlich und zum Teil ziemlich oberflächlich. Für die wesentlichen Aspekte unseres Lebens finden wir wahrscheinlich heraus, dass sich unsere grundsätzlichen Verhaltensweisen und unser Glaube nicht so sehr von denen unserer Eltern, unserer Freunde, unserer Gemeinde und unserer Gesellschaft unterscheiden. Wir neigen dazu, den

Glauben jener, die uns nahe sind, zu übernehmen. Dieser natürliche Prozess und diese Tendenz haben grundsätzliche Bedeutung für die Entwicklung der menschlichen Gesellschaften. In der Geschichte der Menschheit sind viele verschiedene Kulturen und Zivilisationen entstanden, und in jeder können wir eine bestimmte vorherrschende Religion, Philosophie oder Sichtweise des Lebens und der Welt finden. Heute wird die Welt wesentlich durch die westliche Kultur beherrscht.

Die westliche Kultur und Zivilisation sind in sich sehr vielfältig, doch haben sie im Kern jeweils bestimmte charakteristische Sichtweisen. Im Herzen der westlichen Zivilisation kann ich als Japaner zwei fundamentale Weltsichten erkennen. Die eine kann als traditionelle Religion charakterisiert werden: Sie basiert auf dem Glauben an Gott, Geist und Ideen im Allgemeinen. Philosophisch betrachtet, kann man sie im weiteren Sinne als Idealismus bezeichnen. Die zweite Weltsicht kann „Anti-Religion" genannt werden. Sie verneint die Existenz und Bedeutung von Gott und der Kraft der Ideen. Ihr Verständnis des Lebens beruht auf der objektiven Untersuchung der materiellen Welt und der unpersönlichen Kräfte und Naturgesetze, die in ihr wirksam sind. Diese Philosophie kann man im weiteren Sinne als Materialismus bezeichnen.

Diese beiden Weltanschauungen und Philosophien unterscheiden sich vollständig. Es sind völlig verschiedene Sichtweisen des Lebens und sie existieren nebeneinander und unverbunden im Herzen der westlichen Kultur. Eine solche Situation ist extrem unstabil und sehr gefährlich. Ich bin der Ansicht, dass sie die große Verwirrung und das Chaos verursachen, die so typisch für das moderne westliche Leben sind. Wir sind hin- und hergerissen zwischen zwei vollständig gegensätzlichen Weltbildern, zwei sich dauernd bekämpfenden „Religionen". Manchmal gehen wir den einen Weg, manchmal den anderen, aber die Wahl ist immer schmerzlich und verwirrend. Wir sehnen uns nach Frieden, aber dieser Frieden kommt niemals. Das ist unsere aktuelle Situation, unser Erbe als Bürger der modernen Welt und der westlichen Kultur. Wir haben unsere Mitte verloren und werden immer wieder hin- und hergeworfen, obgleich unsere äußeren Lebensbedingungen sich durch Wissenschaft, Technik, Medizin usw. gegenüber früher wesentlich verbessert haben.

*Angenommen, es ist richtig, was Sie sagen. Was ist der Grund für diese schwierige Situation? Es erscheint mir eigenartig, dass es nur zwei entgegengesetzte Philosophien oder Religionen geben soll. Warum nicht fünf oder zehn?*

Es ist eine Frage der Geschichte. Die Welt, wie sie heute existiert, ist das Ergebnis einer sehr langen Entwicklung, einer Art von Evolution. Wie ich sagte, sind auf der Erde viele Kulturen und Zivilisationen entstanden und jede ist durch eine bestimmte Religion, Philosophie oder Ideologie geprägt. Im Laufe der Zeit sind sich diese Kulturen auch direkt begegnet und durch diese Begegnungen sind die Unterschiede der Lebensweisen und des Denkens sichtbar geworden. Es ist Teil unserer menschlichen Natur zu glauben, dass die eigene Lebensweise richtig und überlegen ist. Wenn wir auf Menschen mit einer Religion oder Weltanschauung treffen, die sich von unserer eigenen unterscheidet, nehmen wir sie als etwas Fremdartiges wahr, als etwas, das unsere eigene Identität und Sicherheit bedroht. Dann kommt ein sehr starker Instinkt des Menschen zum Vorschein: der Instinkt zu kämpfen und sich selbst und seine Religion gegen die Bedrohung des Unglaubens zu verteidigen. Wir bekämpfen dann den Glauben an einen falschen Gott, sei er spirituell oder materiell. Kurz gesagt, kämpfen wir Menschen für das, an das wir glauben. Dies ist ein sehr bedauerlicher Charakterzug und er hat schon viel Unglück in die Welt gebracht. Es wäre schön, wenn wir diese dunklen Seiten der menschlichen Natur ignorieren könnten, aber man kann die Lehren aus der Geschichte der Menschheit nicht verleugnen. Wo immer und wann immer unterschiedliche Religionen und Ideologien aufeinandergetroffen sind, gab es am Ende Krieg. Aber als Ergebnis der großen Kriege der Menschheit kann man das Wirken eines großen Gesetzes sehen: ein Gesetz, das in vielen Bereichen dem Gesetz vom Überleben des Stärkeren in der Natur ähnlich ist. Und obgleich ich selbst den Krieg zutiefst verabscheue, sehe ich mich gezwungen, die Geschichte der Menschen objektiv ohne Beschönigung zu betrachten. Ich sehe eine bestimmte unglückselige Notwendigkeit in diesem harten Gesetz des Überlebens. Die großen Kriege sind auch immer Wendepunkte in der Geschichte gewesen. Darin können wir den evolutionären Prozess sehen, durch den unsere Welt gestaltet wird. Durch diesen Prozess dominiert heute eine Kultur und Zivilisation den Globus, und im Herzen dieser Zivilisation gibt es zwei konkurrierende Ströme des Denkens, die sich jeweils allmählich entwickelt haben und sich im fundamentalen Gegensatz zueinander definieren. Sie können mit zwei verschiedenen Bereichen des Lebens identifiziert werden. Traditionelle Religionen haben ihre idealistische Tendenz beibehalten, während Wissenschaft, Technik und Wirtschaft überwiegend materialistisch geprägt sind. Die idealistischen und materialistischen Weltbilder, die in der Arena der westlichen Kulturen konkurrieren, sind die Überlebenden des historischen Prozesses, den ich beschrieben habe. Heute sind wir in dieser stark polarisierten Lage gefangen – in einer Situation, in der weitere Konflikte unausweichlich erscheinen und die in gewissem Sinne vielleicht sogar notwendig sind. Ich meine, dass sich der Prozess, der vor langer Zeit begann, fortsetzen wird. Es wird weitere Wettbewerbe und weitere Klärungen geben, bis die Menschen schließlich die für sie letztendliche Religion gefunden haben, auf die sie sich seit vielen Jahrhunderten zubewegen. Nach meiner einfachen Definition der Religion gibt es nämlich gar keine unreligiösen Menschen. Viele haben sich nur von den traditionellen Religionen abgewendet, weil sie in ihnen zu wenig Wahrheit und Ehrlichkeit sehen und weil im Namen dieser traditionellen Religionen so viel Unrecht und Unheil über die Menschen gekommen ist. Wenn die Menschen jene neue Religion gefunden haben, werden sie in der Lage sein, alle wesentlichen weltanschaulichen und philosophischen Standpunkte so zu sehen, wie sie wirklich sind, und werden diese akzeptieren können. Sie werden in der Lage sein, in Harmonie und Frieden mit anderen und sich selbst zu leben. Sie werden schließlich als wahre menschliche Wesen leben können. Dies ist meine feste Überzeugung.

# Kapitel 2:
# Wie trifft man einen wahren Meister?

Vielleicht kommen einige von euch an dieser Stelle zum ersten Mal mit dem Buddhismus und Buddhas Lehre in Berührung. Vielleicht haben Sie aber auch schon Bücher über Zen-Buddhismus oder die buddhistische Lehre und Philosophie gelesen. Wenn ja, so sind Sie schon mit einigen Aspekten der buddhistischen Lehre vertraut. Aber nur die buddhistische Lehre zu studieren bedeutet noch nicht, dem Buddhismus wirklich zu begegnen. Dem Buddhismus und Buddha zu begegnen, ist etwas viel Wirklicheres als die Worte eines Buches. Ein ganz wichtiger Aspekt dessen ist der persönliche Kontakt zu einem buddhistischen Lehrer oder Meister. Nur durch einen solchen Kontakt von Mensch zu Mensch, also durch eine wahre Begegnung, können wir anfangen, den Buddhismus zu entdecken. Ich glaube vor allem, dass die erste Begegnung mit einem Meister sehr wichtig ist.

Ich erinnere mich noch sehr deutlich daran, wie ich zum ersten Mal meinem eigenen Meister begegnete, und ich möchte Ihnen gerne davon berichten. Ich habe bereits erwähnt, dass ich mich von Religion und Philosophie sehr angezogen fühlte, als ich jung war, doch dies in einer einfachen Art und Weise. In meiner frühen Schulzeit war ich sehr ernsthaft und naiv und glaubte blindlings an die Ideen, mit denen ich in Berührung kam. Meine Eltern glaubten nicht an eine bestimmte Religion, aber sie hatten eine achtungsvolle Haltung gegenüber dem Leben. Ich nehme an, dass sie mein etwas naives Vertrauen zu Ideen noch ermutigten. Aber all dieses änderte sich grundlegend in der Zeit, als ich in die Junior High School kam. Die natürlichen Veränderungen meines Körpers in jener Zeit schienen auch wesentliche Änderungen in meinem Denken zu bewirken. Ich wurde plötzlich sehr skeptisch gegenüber dem, was ich vorher geglaubt hatte. Dieser Glaube schien mir im Wesentlichen auf nichts anderem zu beruhen als auf meinem eigenen, von Wünschen gesteuerten Denken und auf vielen falschen und ungenauen Vorstellungen über das Leben. Ich konnte auch keinen vernünftigen Grund finden, das eine zu tun und das andere zu lassen, und so lebte ich eine Zeit lang ein ziemlich freies Leben. Ich hatte jedoch wenig Freude an dieser Freiheit. Das Leben schien mir leer und machte mich depressiv. Ich wurde langsam fauler und bequemer und mir selbst gegenüber immer nachlässiger. Meine Gesundheit wurde schlechter und mein körperlicher Zustand labiler.

Ich habe mich aus diesem unerfreulichen Zustand durch den Versuch befreit, das Examen für die Aufnahme zur High School zu bestehen. Dies war eine Herausforderung, die ich damals nötig hatte, um aus dem Zustand schlafender Energien zu erwachen. Ich widmete mich nun ganz meinen Studien und indem ich dies tat, wurde mein ganzes Leben ruhiger und geordneter. Dann schloss ich mich einem Sportverein an und begann große Strecken zu laufen. Als Ergebnis wurde meine Gesundheit besser, mein Geist klarer und konzentrierter, und dies schien der Kräftigung der körperlichen Gesundheit und Energie zu entsprechen. Diese wirklich dramatische Verbesserung meines physischen und geistigen Wohlbefindens kam mir wie ein Wunder vor. War dies nur ein zufälliges Zusammentreffen? Nur eine Art Reifung? Und was war die wirkliche Beziehung zwischen meinem Geist und meinem Körper? Diese Fragen bewegten mich sehr und ließen mir keine Ruhe.

Indem ich diese Fragen bedachte, führte mich meine alte Vorliebe für interessante Ideen dazu, andere Bereiche der damaligen Zeit kennen zu lernen. Zu jener Zeit wurde die japanische Politik von einer äußerst rechten Partei beherrscht. Ich fragte mich als Student, ob ich den wachsenden Militarismus unterstützen oder ihm widerstehen sollte. Wie konnte ein Mensch derartig schwierige Zusammenhänge klar und korrekt einschätzen? Als ich für diese Fragen eine Antwort suchte, fühlte ich mich unausweichlich zu den Veröffentlichungen großer Philosophen und religiöser Kommentatoren hingezogen. Ich las einige Bücher über Buddhismus, aber sie vermittelten mir den Eindruck, dass Buddhismus im Kern eine Lehre von Asketentum und Selbstverleugnung sei. Ein derartig pessimistischer Ansatz des Lebens war nicht das, was ich suchte.

Dann las ich ein Buch mit dem Titel „Eine Studie über die spirituelle Geschichte Japans" von Tetsuro Watsuji. Es galt als Meisterwerk, das jeder Student lesen sollte. Von den darin beschriebenen religiösen Persönlichkeiten der japanischen Geschichte zog mich besonders Meister Dogen, ein buddhistischer Priester des 13. Jahrhunderts, an. Die Geschichte seiner langen und schließlich erfolgreichen Suche nach der Wahrheit war für mich sehr spannend und faszinierend. Ich wollte mehr über diesen interessanten Mann und seine Vorstellungen vom Leben kennen lernen. Auf der Suche nach seinen Veröffentlichungen fand ich sein Werk *Shobogenzo*, „Die Schatzkammer des wahren Dharma-Auges".

In jener Zeit hatte ich ein jugendliches Vertrauen in meine eigene Fähigkeit, alles zu verstehen, was ich lesen wollte. Aber zu meiner großen Überraschung und auch Enttäuschung konnte ich beim *Shobogenzo* so gut wie gar nichts verstehen. Trotzdem fühlte ich mich auf irgendeine Weise von dem Werk außerordentlich angezogen und es ließ mich nicht los. Bestimmte Sätze hatten eine ganz besondere Anziehungskraft für mich und ich fühlte intuitiv, dass sie Gedanken enthielten, die zutiefst ungewöhnlich waren, obgleich ich deren Bedeutung nicht klar erfassen konnte.

Etwa in jener Zeit fand ich eine Notiz in einer buddhistischen Zeitschrift über ein Retreat (Sesshin) zum Studium und zur Praxis, das in einem Tempel nördlich von Tokio durchgeführt wurde. Die Vorträge wurden von Meister Kodo Sawaki gehalten, einem Priester der buddhistischen Soto-Schule, die eine bekannte Traditionslinie des japanischen Buddhismus ist und sich auf Meister Dogen als ihren Gründer beruft. Meister Kodo Sawaki war in jener Zeit ein recht bekannter Meister in Japan. Er war vor allem für seine Art zu leben und zu lehren berühmt, da er zur alten Tradition der hauslosen Mönche (Mendikant) gehörte. Er hatte keinen eigenen Tempel, sondern wanderte in Japan umher und „lieh" sich Tempel aus, die wenig benutzt wurden. Dort blieb er dann eine Weile, sammelte Schüler um sich und lehrte sie Buddhismus nach seinem Verständnis, um dann zu einem anderen Tempel weiterzuwandern und dort eine andere Gruppe von Studenten zu lehren. Er liebte es, sich selbst Kodo zu nennen: „Kodo ohne Wohnhaus".

Dieser Lebensstil des Umherwanderns führte Meister Sawaki schließlich zu dem Tempel nördlich von Tokio, und dies gab mir die Möglichkeit, erstmals ein *Sesshin* zu erleben und die Worte eines lebenden buddhistischen Meisters zu hören. Ich erinnere mich an mein glückliches Gefühl und die großen Erwartungen, als ich mich mit meinem Reissäckchen und anderen Vorräten zum Tempel aufmachte. Ich hatte das Gefühl, ein Abenteuer zu beginnen: mit meiner zentralen Frage nach der Wahrheit.

Ich war vom ersten Vortrag Meister Sawakis tief beeindruckt. Das Thema seines Vortrags war *Fukan Zazengi*, „Allgemeine Richtlinien für das Zazen". Dies war Meister Dogens erste größere Veröffentlichung, in der er klare und praktische Anweisungen für das Zazen gab, der buddhistischen Praxis des Sitzens in Stille. Er erklärte darin auch sehr klar und überzeugend die wichtigen Punkte der buddhistischen Lehre.

Meister Sawaki sprach über die ersten Sätze des Textes, in dem es heißt: „Wenn wir jetzt nach der Wahrheit fragen, [ist die Antwort, dass] sie ursprünglich überall gegenwärtig ist. Weshalb sollten wir dann auf die Übungspraxis und Erfahrung angewiesen sein? Das grundlegende Fahrzeug [zur Verwirklichung] existiert aus sich selbst heraus. Welchen Nutzen hätte da auch nur die geringste Übungspraxis?"

Als Meister Sawaki diese Worte erklärte, war ich von der vollkommen positiven und optimistischen Lebenseinstellung, die sie ausstrahlten, tief beeindruckt und erschüttert. Konnte es sein, dass mein anfänglicher Eindruck vom Buddhismus als einer pessimistischen Religion falsch war? Im Laufe des Vortrages hatte ich immer stärker das Gefühl, dass Meister Sawaki aus seiner eigenen, mehr als 60-jährigen Lebenserfahrung schöpfte und dass dies seinen Vortrag so spannend machte. Ich war tief bewegt. Ich fühlte, dass ich wirklich der einfachen großen Wahrheit lauschte – dass Meister Kodo Sawaki in der Tat ein wirklicher Meister des Buddhismus war.

**Fragen und Antworten**

*Wie können wir einen wahren Meister des Buddhismus finden?*
Sie müssen ihn suchen und ihm zuhören.

Buddhistische Meister sind sehr verschieden und haben ausgeprägte Persönlichkeiten. Sie mögen dick oder dünn, langweilig oder gut aussehend, jovial oder ernsthaft sein. Daher gibt es leider keine bestimmten äußeren Merkmale oder einfache Richtlinien, um einen wahren Meister von einem geschickten Schwindler zu unterscheiden. Wenn wir einem guten Lehrer begegnen, sollten wir bei ihm eine gewisse Ernsthaftigkeit erkennen können. Wir sollten ein intuitives Gefühl haben, dass seine Lehren wahr sind. Wenn wir jemanden gefunden haben, von dem wir fühlen, dass er ein wahrer Lehrer ist, besteht der nächste Schritt darin, uns selbst für diesen Lehrer wirklich zu öffnen und das, was er sagt, ganz aufzunehmen. Manche seiner Aussagen mögen ziemlich fremd oder gar ungeheuerlich klingen. Der Meister könnte zum Beispiel sagen, dass Buddha das Unkraut im Garten oder ein vom Baum fallendes Blatt ist. Wir müssen dann bereit sein, diese Aussagen ernst zu nehmen und uns auf sie einzulassen: Ja, vielleicht ist Buddha das Unkraut oder ein fallendes Blatt. Wenn wir dann die Lehren des Meisters mit einem offenen Geist betrachten, müssen wir seine Lehren für unser eigenes Leben überprüfen. Dies ist eine wichtige Phase des buddhistischen Studiums. Am Anfang unseres buddhistischen Lebens unterliegen wir normalerweise einem Prozess von Versuch und Irrtum. Wir müssen dann durch unsere eigenen Anstrengungen herausfinden, was wahr ist und ob wir dem Lehrer vertrauen können.

*interessiert. Ich habe einiges über Ihren Lebensweg auf der Rückseite Ihrer Bücher gelesen. Ich habe erfahren, dass Sie an der Universität von Tokio studiert haben, dass Sie für die Regierung im Finanzministerium und später für eine Versicherungsfirma gearbeitet haben. Wir verbinden im Allgemeinen solche beruflichen Aktivitäten nicht mit dem Leben eines Mönches oder eines Priesters. Aber ich weiß, dass Sie später in Ihrem Leben in der Tat als Priester ordiniert wurden. Welche Unterschiede haben sich da in Ihrem Leben bemerkbar gemacht, nachdem Sie Priester geworden sind? Wie hat es Sie persönlich verändert und Ihr Verhalten gegenüber anderen Menschen beeinflusst?*

Ganz grundsätzlich gab es da keine großen Unterschiede. Mein Leben war im Grunde dasselbe, bevor ich Priester wurde. Bevor ich Priester wurde, lebte ich mein Leben als Buddhist. Nachdem ich Priester geworden war, setzte sich dieses Leben als buddhistisches Leben fort. Ich lebte mein buddhistisches Leben von Tag zu Tag, von Augenblick zu Augenblick – manchmal in meinem Büro, manchmal zu Hause und manchmal im Tempel. In jeder Situation gab es nur mein buddhistisches Leben. Durch eine bestimmte Zeremonie wird man Priester. Aber dies ändert nicht die grundsätzliche Lebensweise und diese ist das buddhistische Leben hier und jetzt. Das ändert sich nicht.

*Hatten Sie in Ihrer Jugend das Gefühl, ein Mönch zu sein?*

Was meinen Sie mit „das Gefühl, ein Mönch zu sein"?

*Nun ja, manche Menschen scheinen besondere Fähigkeiten und ein besonderes Verhältnis zum Leben zu haben.*

Ja, ich glaube, ich hatte das Gefühl eines Mönches. Aber daneben hatte ich auch das Gefühl eines Laien. Ich hatte das Gefühl eines

Menschen im Beruf, eines Vaters usw. Alles zur selben Zeit. Ich hatte das Gefühl, ein Mensch zu sein.

**Wie kam es, dass Meister Kodo Sawaki einen so großen Eindruck auf Sie gemacht hat? Warum war er ein so guter Lehrer?**

Ich glaube, es lag daran, dass seine Lehre so rein war. Wenn ein Mensch normalerweise irgendetwas Bestimmtes tut, hat er dabei meist eine besondere Motivation oder ein bestimmtes Interesse. Oft steht ein teils bewusstes und teils unbewusstes Verlangen dahinter, etwas im Gegenzug für den eigenen Aufwand zu bekommen. Aber bei Meister Kodo Sawaki konnte ich solche Motive nicht erkennen. Er lehrte einfach, weil es für ihn natürlich war, dies zu tun. Seine Lehre war rein und seine Theorie einfach und klar. Er lehrte, dass Zazen der Kern des Buddhismus ist – ja, dass Zazen identisch mit dem Buddhismus selbst ist.

Als ich die Worte von Meister Sawaki hörte, hatte ich zwar noch die Neigung, daran zu zweifeln und kritisch zu sein, aber ich konnte seine Worte nicht wirklich in Frage stellen. Als ich ihm begegnete, berührte mich tief etwas in seinem Verhalten und seinen Worten. Es war eine Art von intuitivem Gefühl. Ich fühlte, dass die Lehren von Meister Kodo Sawaki wahr waren – dass er eine Verkörperung der Wahrheit selbst war.

**Hatten Sie nicht das Gefühl, dass Sie durch eine besondere Veranlagung so aufnahmebereit für Meister Sawaki waren? Sie müssen ein besonderer Schüler gewesen sein.**

Ja, ich nehme an, dass ich besonders unbedarft war. Wollten Sie das sagen?

*Unbedarft?*

Ja, unbedarft im wörtlichen Sinne. Menschen haben im Allgemeinen wenig Zeit für philosophische Fragen wie zum Beispiel über das Verhältnis von Körper und Geist oder die grundsätzlichen Wesensmerkmale der Religion usw. Aber derartige Fragen waren für mich von ganz großer Bedeutung. In gewissem Sinne war ich zu ernsthaft, zu gradlinig und mein Geist zu einfach. Aber ich denke, es waren gerade diese Eigenschaften, die mich für die Wahrheit empfänglich machten, als ich sie hörte. Ich glaube daher, dass es nicht wichtig ist, wie intelligent wir sind, sondern dass wir an die Existenz der Wahrheit glauben und sie ernsthaft suchen.

*Warum betonte Meister Kodo Sawaki die Bedeutung von Zazen so stark?*

Meister Kodo Sawaki schätzte die Praxis des Zazen außerordentlich und erzählte uns häufig, wie es dazu gekommen war, dass er diese Bedeutung des Zazen erkannte. Er war noch ein Teenager, als er sich entschied Mönch zu werden. Er wollte in das große Kloster Eihei-ji eintreten, das von Meister Dogen gegründet worden war. Aber zu jener Zeit war es nur jungen Männern aus wohlhabenden Familien möglich, in dem Tempel als Novize aufgenommen zu werden. Leider hatte der junge Kodo seine Eltern früh verloren und war sehr arm. Um überhaupt in den Tempel eintreten zu können, war er gezwungen, als Diener für die älteren Mönche zu arbeiten. So war sein Leben im Tempel sehr hart und wenig inspirierend. Seine Vorgesetzte war eine alte, strenge Frau, die ihre Untergebenen vom Morgen bis in den späten Abend mit Saubermachen und untergeordneten Pflichten für die Mönche in Atem hielt. Ihr dauerndes Schelten und Schimpfen klang ihm den ganzen Tag in den Ohren und er musste feststellen, dass er keine Zeit hatte, Zazen zu praktizieren oder an den anderen religiösen Aktivitäten des Tempels teilzunehmen.

Einmal war ein besonderer Feiertag, an dem alle Mönche den Tempel verließen, um ihre Familien zu besuchen oder die Zeit mit Freunden zu verbringen. So fand sich der junge Diener Kodo allein im Tempel wieder und entschied, dass es für ihn eine gute Gelegenheit war, Zazen zu praktizieren. Er ging in die große Halle und setzte sich ruhig in eine Ecke auf ein Kissen. Es war dunkel und friedlich. Nach einer gewissen Zeit kam die alte Reinmachefrau, seine Chefin, in den Raum und sang leise vor sich hin. Zunächst hatte sie die Anwesenheit des jungen Sawaki gar nicht bemerkt. Aber als sich ihre Augen dann an die Dunkelheit des Raums gewöhnt hatten, sah sie ihn plötzlich in der Ecke sitzen. Sie fiel vor Überraschung auf die Knie und verbeugte sich wieder und wieder vor ihm. Da erkannte Meister Sawaki, dass Zazen eine ganz besondere Kraft hat, eine wirklich mystische Qualität, die sogar einem armen jungen Diener Achtung und Würde verleiht. Diese Erfahrung hatte eine zentrale Bedeutung für das Leben von Meister Sawaki. Zu jeder Gelegenheit praktizierte er nun Zazen. Je mehr er praktizierte, desto tiefer wurde sein Vertrauen in die Kraft des Zazen. Seine tägliche Praxis ermöglichte es ihm, sich eine fundierte Basis der buddhistischen Lehre zu erarbeiten, und er wurde ein außerordentlich guter Meister. Als er zu lehren begann, war das wahre Verständnis des Buddhismus und des Zazen in Japan bereits im Niedergang begriffen. Viele Priester praktizierten Zazen, wenn überhaupt,

nur als formale Pflicht, aber Meister Kodo Sawaki erkannte die
natürliche, wesentliche Bedeutung der Zazen-Praxis. Er lehrte
uns die Freude an der Praxis. Er führte das Zazen in Japan wieder ein.

# KAPITEL 3:
# WER WAR MEISTER DOGEN?

Im ersten Kapitel sprach ich von der Entwicklung der Religionen und von dem Wettbewerb zwischen den verschiedenen Weltbildern und Ideologien. Einen solchen Wettbewerb gibt es in ähnlicher Weise auch innerhalb der einzelnen Religionen und in dieser Beziehung unterscheidet sich der Buddhismus nicht von anderen Religionen. Wissenschaftler und Historiker haben die Lehren von Gautama Buddha genauer untersucht, die von einem Land zum anderen gelangten, sich ausbreiteten und von einer Generation zur anderen übermittelt wurden. Bei diesem Prozess entstanden verschiedenartige und zum Teil sogar sich widersprechende Deutungen und Interpretationen, aus denen viele verschiedene Schulen des Buddhismus entstanden sind.

Als Meister Dogen das Büchlein *Fukan Zazengi* im Jahre 1228 schrieb, begründete er damit eine neue Religion in Japan. Diese neue Religion – so erklärte er – war der Buddhismus, der wahre Buddhismus. Dies war ein sehr bemerkenswerter Anspruch, denn buddhistische Priester und buddhistische Lehren gab es damals in Japan bereits seit mehr als 600 Jahren. Es gab viele schöne Tempel und kraftvolle buddhistische Schulen in Japan, als Meister Dogen geboren wurde. Die Sutras aus dem alten Indien wurden täglich in den Klöstern gesungen und dies besonders zu Buddhas Geburtstag. Wie konnte er daher beanspruchen, eine neue Religion nach Japan zu bringen? Was war die Quelle für sein Vertrauen und seine Kraft?

Dies waren einige meiner vielen Fragen, die mich nach meiner ersten Sesshin mit Meister Kodo Sawaki beunruhigten und bewegten. In den folgenden Jahren fand ich die Antworten zu vielen Fragen, aber andere neue Fragen tauchten auf, als ich versuchte, das Werk *Shobogenzo* und den tiefgründigen Mann zu verstehen, der es vor vielen Jahrhunderten geschrieben hatte. Während dieser Jahre leitete und ermutigte mich Meister Sawaki in meiner Praxis und meinem Studium, bis ich dann eines Tages bemerkte, dass ich keine weiteren Fragen mehr hatte. Die Bedeutung des *Shobogenzo* wurde mir immer klarer und zur gleichen Zeit wurde mein Leben sehr einfach und klar.

Als ich schließlich das *Shobogenzo* verstanden hatte, konnte ich am Ende auch Meister Dogens Anspruch verstehen, den wahren Buddhismus nach Japan gebracht zu haben. Mir war klar geworden, dass der Buddhismus, der im *Shobogenzo* gelehrt wird, sich grundlegend von dem unterscheidet, was damals andere japanische Priester lehrten. Wenn Meister Dogens Gedanken den wahren Geist und Gehalt von Gautama Buddhas Lehren repräsentierten, dann mussten die Theorien der anderen Schulen zu einem gänzlich anderen Denken gehören, sie mussten tatsächlich eine andere Religion sein.

Dies klingt vielleicht ziemlich seltsam, aber ich glaube, dass es sehr wichtig ist, auch heute wieder das Problem anzugehen, was wahrer Buddhismus ist. In unserem Leben begegnen wir vielen, miteinander im Wettstreit befindlichen Religionen und philosophischen Lehren. Es ist sehr wichtig, tolerant zu sein und einen offenen Geist zu haben. Aber auf der anderen Seite ist es auch wichtig, kritisch zu untersuchen, was sie sagen, und dies alles sehr gründlich für sich selbst zu prüfen. Wir müssen unseren Geist schärfen und die verschiedenen Lehren genauer betrachten und uns dann selbst fragen, was sie wirklich bedeuten und bewirken.

Dabei sollten wir nicht an Begriffen und Schlagworten hängen bleiben und uns in eine falsche Richtung lenken lassen. Wir sollten nicht unbedingt annehmen, dass jede Lehre und jede Praxis, die für sich in Anspruch nimmt, Buddhismus zu sein, auch in Wirklichkeit von den Lehren Gautama Buddhas abgeleitet ist. Dies ist sehr wichtig. Ich bin glücklich, dass sich die Menschen des Westens genau wie wir Japaner vom Buddhismus angezogen fühlen. Ich glaube, dass er den westlichen Kulturen sehr viel geben kann, aber ich habe große Sorge, dass vieles Wahre und Wertvolle des Buddhismus in Gefahr ist, verloren zu gehen in der großen Blase von Buddhismus, Quasi-Buddhismus und Nicht-Buddhismus. Daher muss ich heute meine Stimme erheben und hoffen, dass sie nicht bei dem vielen spirituellen Durcheinander untergeht. Ich fühle mich dazu verpflichtet, weil ich von ganzem Herzen glaube, dass der Buddhismus von Meister Dogen der wahre Buddhismus ist und das *Shobogenzo* weltweit eines der besten Bücher über Buddhismus.

Es ist nicht mein Ziel, eine große intellektuelle Debatte zu entfachen. Meine Hoffnung ist nur, die Lehre von Meister Dogen klarmachen zu können. Dann wird jeder in der Lage sein, diese Lehre in seinem eigenen Leben zu erproben und zu überprüfen und zu seinen eigenen Schlüssen in Bezug auf die Wahrheit des Buddha-Dharma zu kommen. In den folgenden Kapiteln möchte ich die wichtigen Lehren des Buddhismus vorstellen, wie sie von Meister Dogen im *Shobogenzo* gelehrt werden. Um das *Shobogenzo* zu verstehen, erscheint es mir notwendig, einiges über das Leben und die Zeit dieses Mannes zu wissen, von dem dieses Werk stammt.

Meister Dogen wurde im Jahre 1200 westlicher Zeitrechnung geboren, in einer Zeit der Verwirrung und des Umbruchs in Japan. Die Hauptstadt war damals gerade von Kyoto, wo Meister Dogen geboren wurde, nach Kamakura bei Tokio verlegt worden, wo die Regierung in den Händen des Militärs lag. Aber der königliche Hof blieb in Kyoto und war nach wie vor ein Zentrum des Reichtums und der Macht. Meister Dogen wurde inmitten von Intrigen und Machtkämpfen geboren. Sein Vater hieß Michichika Kuga und war ein mächtiger Minister am Hofe, aber seine Mutter, obgleich ebenfalls von hochrangiger Geburt, war nicht Michichikas rechtmäßige Frau. Offensichtlich wurde sie seine Geliebte, nachdem ihr erster Ehemann aus Kyoto verbannt worden war. Obgleich die Geburt von Meister Dogen in mancher Hinsicht vielversprechend war, meine ich, dass wir die Ursachen für sein zukünftiges Unglück in diesen schwierigen Umständen sehen können.

Als Meister Dogen zwei Jahre alt war, starb plötzlich sein Vater und er wurde unter die Vormundschaft von dessen älterem Bruder gestellt, der ihn und seine Mutter allein in einem abgelegenen Haus wohnen ließ. Dort verbrachte er die folgenden fünf Jahre – eine einsame Zeit, in der er eine sehr enge Beziehung zu seiner Mutter hatte. Es wird berichtet, dass er ein außerordentlich intelligentes Kind war, das in sehr frühem Alter bereits lernte, chinesische Gedichte zu lesen. Als Meister Dogen sieben Jahre alt war, wurde seine Mutter schwer krank und starb. Ihr Tod muss eine tiefe und dauerhafte Wirkung auf ihn gehabt haben. Einige Biografen erklären, dass ihm wegen des Todes seiner Mutter in aller Härte klar wurde, dass das weltliche Leben vergänglich und alle Dinge der Natur unbeständig sind. Sie berichten, dass er sich als Ergebnis dieser Erfahrungen entschloss, Mönch zu werden. Er war erst zwölf Jahre alt, als er aus dem

Haus des Bruders fortlief und zum Berg Hiei ging, dem Zentrum der buddhistischen Lehren in jener Zeit. Trotz des Widerstandes seiner Familie wurde er ein Jahr später Mönch in Enryaku-Ji, einem Tempel der Tendai-Linie des japanischen Buddhismus. In Enryaku-Ji vertiefte sich Meister Dogen intensiv in das Studium der buddhistischen Lehren. Aber bald begann ihn ein zentraler Glaubenssatz des Buddhismus zu beunruhigen, nämlich die Lehre von der Buddhanatur. Er las die Worte eines alten Sutra: „Gautama Buddha sagte: ‚Alle Lebewesen haben ohne Ausnahme die Buddhanatur, der vollkommene Buddha ist ewig und ohne Wandel.‘“ Wenn die Buddhanatur, wie gesagt wird, die ewige Essenz aller Dinge ist und wenn alle Menschen diese Essenz bereits seit der Geburt haben, warum ist es dann notwendig, überhaupt den Buddhismus zu studieren und zu praktizieren? Dies bewegte Meister Dogen außerordentlich. Warum müssen wir so hart arbeiten und praktizieren, um die wahre Natur, die wir bereits haben, zu erlangen?

Meister Dogen ging in seinem Kloster mit dieser Frage von einem Priester zum anderen, aber zu seiner großen Überraschung konnte niemand seine Zweifel verstehen oder gar seine Fragen beantworten. Für sie war die Buddhanatur lediglich eine Theorie oder ein Konzept, und daher versuchten sie, die Frage auf theoretischer Ebene zu beantworten. Aber der junge Meister Dogen war mit solchen Antworten nicht zufrieden. Er hatte einen sehr praktischen und klaren Verstand und wollte daher eine praktische Antwort – eine Antwort, die seine Probleme im wirklichen Leben lösen könnte. Schließlich entschied er sich tief enttäuscht, den Tempel zu verlassen und einen wahren Meister zu suchen: einen Meister, der seine Frage ohne Zögern beantworten konnte, einen Meister, der die Buddhanatur selbst erfahren hatte und nicht nur über sie redete. Seine Suche brachte ihn schließlich zum Kloster Onjo-ji, wo er Meister Koin traf. Doch dieser Meister war ebenfalls nicht in der Lage, den jungen Mann zufrieden zu stellen, aber er schlug ihm vor, einen anderen Meister mit Namen Eisai aufzusuchen, der kürzlich aus China zurückgekommen war.

Meister Eisai, der Begründer der Rinzai-Schule in Japan, war zu jener Zeit der Leiter des Kennin-Ji Tempels in Kyoto. Es ist nicht ganz sicher, ob Meister Dogen wirklich Meister Eisai begegnete oder nicht, aber wir wissen, dass er zum Kloster Kennin-Ji ging. Ein Biograf berichtet eine interessante Geschichte über ihre Begegnung. Ihm zufolge legte Meister Dogen Meister Eisai sofort seine Frage zur Buddhanatur vor. Als Antwort sagte Meister Eisai einfach: „Ich weiß nichts über die sogenannten Buddhas der Vergangenheit, Gegenwart oder Zukunft. Alles, was ich weiß, ist, dass es Katzen und weiße Ochsen auf dieser Erde wirklich gibt." Diese kurze Antwort fegte alle intellektuellen Blockaden Meister Dogens beiseite und er konnte schlagartig erkennen, dass die Wirklichkeit hier und jetzt das Wichtigste ist. Ob er von dieser direkten Antwort überzeugt wurde oder durch einige andere Aspekte der damals in Japan neuen Zen-Lehre von Meister Eisai angesprochen wurde, ist nicht bekannt. Auf jeden Fall entschied sich Meister Dogen, im Kennin-Ji Kloster zu bleiben und dort zu praktizieren und zu lernen. Leider starb Meister Eisai, kurz nachdem Meister Dogen in seinen Tempel eingetreten war, und dieser wurde daher Schüler von Meister Myozen, dem Nachfolger von Eisai.

Meister Myozen war ein hervorragender Lehrer, der mit großer Sorgfalt und Ausdauer nach der Wahrheit suchte. Meister Dogen war von seinem aufrichtigen Willen, die Wahrheit zu erlangen, sehr beeindruckt, und er arbeitete selbst hart daran, dem Beispiel seines

Meisters zu folgen. Im Kennin-Ji wurden die traditionellen Lehren des Tendai parallel zum neuen Zen gelehrt, das von Meister Eisai aus China gebracht worden war. Es war der Zen-Buddhismus mit der Betonung der direkten eigenen Erfahrung der Wirklichkeit, der die größte Anziehung auf Meister Dogen hatte. Aber nach mehr als neun Jahren intensiven Studiums und intensiver Praxis wuchs in Meister Dogen immer mehr die Überzeugung, dass er eine Reise zu den Quellen des Buddhismus nach China machen müsste, um den Kern des Zen zu erfahren. Meister Myozen war auch von dieser Idee angetan, so dass die beiden Mönche im Jahre 1223 zusammen die damals gefährliche Reise nach China unternahmen.

Zunächst war China für Meister Dogen eine große Enttäuschung. Er besuchte viele Tempel, aber er fand, dass die Meister mehr mit Reichtum und Rangordnungen beschäftigt waren als mit der Übungspraxis. Er hatte seine Suche schon fast aufgegeben, als er einen alten Mann traf, der ihm von Meister Tendo Nyojo berichtete, einem berühmten Priester, der kürzlich der Meister des Tendo-Zan Keitoku-ji geworden war. Der Eifer des alten Mannes, der unbedingt wollte, dass er Tendo Nyojo kennen lernte, überzeugte Meister Dogen, dessen Tempel zu besuchen. Bei seiner ersten Begegnung mit Meister Nyojo war für Meister Dogen schlagartig klar, dass er der „wahre Meister" war, den er so lange Zeit gesucht hatte. Meister Nyojo fühlte umgekehrt, dass dieser junge japanische Mönch, der vor ihm stand, genau der Mann war, auf den er gewartet hatte, um ihm seine Lehre weiterzugeben.

So wurde Meister Dogen der Schüler von Meister Nyojo und innerhalb kurzer Zeit waren seine Zweifel zur Buddhanatur verschwunden und andere wichtige Fragen geklärt. Er verstand die wirkliche Grundlage der buddhistischen Lehre und erkannte die

Wahrheit mit seinem ganzen Körper und Geist. Vier Jahre nach seiner Ankunft in China erhielt Meister Dogen die formale Dharma-Übertragung von Meister Nyojo in der direkten Linie der Meister, die bis zu Gautama Buddha zurückging. Er war damals siebenundzwanzig Jahre alt. Nachdem er sein Ziel in China erreicht hatte, entschied sich Meister Dogen, nach Japan zurückzukehren, um die wahren Lehren Gautama Buddhas in seinem Heimatland zu übermitteln und zu verbreiten. Er kehrte zunächst nach Kennin-ji zurück und schrieb dort *Fukan Zazengi*, das erste wichtige Werk der Praxis des Zazen. Er bemerkte jedoch, dass der Geist der Disziplin und Ernsthaftigkeit in diesem Tempel mittlerweile erheblich nachgelassen hatte. Daher ging er nach einigen Jahren in einen kleinen Tempel außerhalb von Kyoto und begann dort, Dharma-Vorträge für eine Gruppe von Mönchen und Laien zu halten. Unter diesen Schülern war einer mit Namen Ejo. Diesem vertraute Meister Dogen die Aufgabe an, seine Vorträge aufzuschreiben. Die schriftlichen Fassungen der Dharma-Vorträge waren die Grundlage des *Shobogenzo*. Meister Dogen sah es als seine große Aufgabe an, sein eigenes Verständnis des Buddhismus an zukünftige Generationen weiterzugeben und durch die Schriftform vor Verzerrungen und Irrtümern zu sichern.

Wenn wir das *Shobogenzo* heute lesen, werden wir immer wieder gefangen von seinem großen Atem und seiner Komplexität. Es befasst sich mit den tiefsten, wichtigsten Fragen und Problemen der buddhistischen Lehre und Philosophie und behandelt sie umfassend von verschiedenen, scheinbar widersprüchlichen Standpunkten aus. Diese Tiefe und Komplexität scheint zunächst die Tatsache zu verdecken, dass die Lehre von Meister Dogen im Kern sehr einfach und praktisch ist. Meister Dogen lehrt uns, dass das Wesen des

Buddhismus nicht in der Theorie, sondern in der Praxis des Zazen gefunden werden kann. Nach Meister Dogen ist Buddhismus und Zazen dasselbe: Zazen zu praktizieren ist der Buddhismus selbst. Buddhismus ist einfach Zazen zu praktizieren. Dass dabei auch die wahre Lehre wichtig ist, wird nicht zuletzt durch seine eigenen Werke deutlich, denn man kann Zazen auch falsch praktizieren.

Diese radikale Reduktion der buddhistischen Theorie auf seinen einfachsten und wesentlichen Kern war für viele Menschen sehr anziehend. Sie kamen in immer größerer Zahl zu seinen Vorträgen. Als sein Ruhm sich verbreitete, wurden die etablierten buddhistischen Schulen eifersüchtig auf seinen Einfluss und begannen seine Arbeit zu behindern. Schließlich entschied sich Meister Dogen, ein zweites Mal fortzugehen, diesmal zu einem entfernten nördlichen Distrikt in Japan. Dort gründete er den Tempel Eihei-ji, den Tempel des ewigen Friedens. Er ist bis heute der Haupttempel der Soto-Linie in Japan.

Im Jahre 1252, nachdem er viele Schüler gelehrt und wesentliche Schriften verfasst hatte, wurde Meister Dogen sehr krank und kehrte nach Kyoto zurück, wo er 1253 starb.

**Fragen und Antworten**

*Mich interessiert das Problem der Buddhanatur. Ich bin nicht sicher, ob ich die Geschichte und die Frage von Meister Dogen zur Buddhanatur wirklich verstanden habe. Was ist nun eigentlich die Buddhanatur?*

Aus einer radikalen Sicht können wir sagen, dass die Buddhanatur einfach die Natur ist, so wie sie ist, das Universum, so wie es ist, und wir selbst, wie wir eben sind. Aber in der Geschichte des jungen Meisters Dogen müssen wir erkennen, dass die Buddhanatur für ihn zunächst etwas anderes als die gegenwärtige Wirklichkeit des Lebens und der Natur war. Da er jung und intelligent war, lag es für ihn nahe, ein verstandesmäßiges Konzept der Buddhanatur zu entwickeln: Er stellte sie sich als etwas vor, das nicht materieller Natur ist, etwas, das weder gesehen noch gefühlt werden kann, aber das trotzdem von allen Wesen ohne Ausnahme besessen wird. Es ist sehr wahrscheinlich, dass er sich die Buddhanatur als eine spirituelle Essenz vorstellte.

Nachdem er dieses intellektuelle Konzept der Buddhanatur für sich entwickelt hatte, wurde Meister Dogen dann aber mit der praktischen Bedeutung der Buddhanatur in seinem Leben konfrontiert. Die heiligen buddhistischen Schriften drängten ihn dazu, die Buddhanatur zu suchen, zu finden und zu verwirklichen. Aber wenn die Buddhanatur wirklich von Geburt an in allen Wesen existiert, warum war es dann notwendig, sie noch zu suchen? Es lag etwas Widersprüchliches und Unlogisches in dieser Idee, und dieser Widerspruch, glaube ich, war das Kernstück des Problems von Meister Dogen.

Die anderen Priester im Tempel hatten ebenfalls ein theoretisches Konzept der Buddhanatur und konnten daher seine Frage nicht schlüssig beantworten. Als er Meister Eisai traf, fand er jemanden, dessen Verständnis des Buddhismus auf der Wirklichkeit selbst beruhte. Eisai beantwortete die Frage aus seinem eigenen Leben und aus seiner eigenen Erfahrung heraus. Er hatte keine spezielle Kenntnis der Buddhas oder der Buddhanatur, aber er kannte die Wirklichkeit dieser Welt: Katzen und weiße Ochsen existierten wirklich. Der Buddhismus war für ihn keine erdachte spirituelle Theorie, sondern war

das Leben selbst. Er war ein einfacher Mann in dieser Welt:
ein Buddha.

*Und daher war Meister Dogen sehr fasziniert und bewegt, wie es die
Geschichte berichtet. Er studierte dann Buddhismus viele Jahre lang
in Japan und China, bis er schließlich Erleuchtung oder die Wirklichkeit selbst erlangte – oder etwas erlangte, von dem ich nicht genau
weiß, was es ist, und vor allem, wie ich es bezeichnen soll. Ich habe
viele andere Geschichten über große buddhistische Meister gelesen,
die sehr hart praktizierten, allein in Höhlen lebten oder neun Jahre
lang vor einer Wand in Zazen saßen. Dies ist alles sehr spannend.
Es sind wunderbare Geschichten und ich habe meine große Freude
daran, sie zu lesen. Aber leider kann ich ihre Erfahrungen nicht auf
mein eigenes Leben übertragen. Ich kann mir nicht vorstellen, dass
ich selbst das Gleiche tue – ich bin wohl zu schwach.*

Ich glaube, es gibt dabei zwei Probleme: Das erste ist die Natur dieser Geschichten selbst. Diese Geschichten sind eben nur Geschichten, nicht das wirkliche Leben. Es besteht immer die Tendenz, dass
die Geschichten spannender und attraktiver sind als das Leben
und die Wirklichkeit selbst. Wenn sie wieder und wieder erzählt
werden, werden sie immer interessanter. Daher lesen wir auch so
gern solche schönen Geschichten und fühlen uns sehr angesprochen – wir wollen gern etwas Fantastisches und Außergewöhnli-
ches glauben, und wir neigen dazu, dabei etwas zu leichtgläubig zu
sein. Wir sollten bei den Geschichten etwas nüchterner und auch
kritischer vorgehen, glaube ich. Wir sollten uns immer vor Augen
halten, dass Geschichten eben nur Geschichten sind.
Wenn wir die Geschichten objektiver betrachten, merken wir,
dass es sich trotz allem um Geschichten von wirklichen Menschen

handelt – normalen Menschen wie du und ich. Aber auch aus dieser Sicht müssen wir zugeben, dass jene alten Meister eine enorme Anstrengung auf sich nahmen und extreme Härten in ihrer Praxis durchgestanden haben. Dies bringt uns zu dem zweiten Problem: Warum haben diese Menschen so extreme Anstrengungen unternommen? Ich glaube, der Grund liegt darin, dass sie nach etwas suchten, was es in dieser Welt so gar nicht gibt. Sie wollten etwas, was nicht in diesem Universum vorhanden ist. Sie suchten und praktizierten dann immer sorgfältiger, konsequenter und härter, bis sie schließlich erkannten, dass sie nicht nach irgendetwas Entferntem suchen sollten. Dies war für sie dann die Erfahrung des sogenannten Satori: die Erfahrung des Lebens, so, wie es wirklich ist.

Das plötzliche Erwachen zu der Tatsache, dass wir nicht nach etwas Entferntem suchen müssen, ist eine außerordentlich wichtige Erfahrung für viele Menschen. Sie haben sich großen Mühen unterzogen und zum Schluss haben sie so etwas wie die Wahrheit erfahren. Leider neigen diese Menschen dann dazu, die eigenen großen Anstrengungen und diesen ganzen Aufwand als Voraussetzung für ihr Erwachen zu sehen. Sie werden vielleicht dann noch eifriger und bemühter und möchten der Welt und ihren Schülern von ihren Erfahrungen berichten. Sie versuchen, uns auf denselben Weg zu bringen. Sie sagen uns, dass wir den festen Willen haben müssen, unsere Knochen zu brechen und unser Mark zu geben, bis wir schließlich die Erleuchtung erlangen. Sie ermutigen uns nach demselben Traum zu suchen, der ihren eigenen Blick so lange verdeckt hatte. Es ist wirklich eigenartig. Ihre Sicht ist ein Irrtum, der gut gemeint ist, aber tragische Konsequenzen hat, denn die Mehrheit der Menschen hat keinen so konsequenten Geist, um die Härte eines derartigen Weges durchzustehen. Viele fühlen sich zunächst von den wunderbaren Geschichten angezogen. Dann versuchen sie, ihren Helden nachzueifern, aber sie werden bald mit ihrer eigenen Schwachheit konfrontiert: „Mein Meister saß neun Jahre lang vor der Wand, aber ich kann nicht einmal neun Minuten lang in Zazen sitzen. Mit mir muss etwas nicht in Ordnung sein. Ich muss ein hoffnungsloser Fall sein." Daher werden sie genauso schnell entmutigt, wie sie begeistert waren. Sie geben auf, bevor sie eigentlich angefangen haben, und verlieren den Willen, die Wahrheit zu erreichen. Das ist tragisch.

Wenn wir daher die Geschichten der Priester und Meister aus der alten Zeit lesen, müssen wir weder niedergeschlagen sein, noch sollten wir zögern, mit unserer eigenen Praxis zu beginnen. Sie hatten ihr eigenes Leben und wir haben das unsere. Sie waren nicht so stark, wie in den Geschichten erzählt wird, und wir sind nicht so schwach, wie wir meinen. Der wesentliche Punkt ist, dass wir mit unseren eigenen Möglichkeiten arbeiten und anfangen zu praktizieren.


*Es ist leicht zu verstehen, dass wir nicht nach irgendetwas Entferntem suchen sollen. Aber das ist doch irgendwie nicht genug. Wir müssen wirklich außerordentlich hart arbeiten, um die Wirklichkeit zu erkennen, nicht wahr?*

Dies ist eine interessante Frage. Die fundamentale Aufgabe im Buddhismus ist es, unser ursprüngliches Wesen und den ursprünglichen Zustand zu erkennen. Es geht darum, alles Störende und Hemmende loszuwerden, das Gleichgewicht und die Balance von Körper und Geist zu erlangen. Meister Dogen sagte oft, dass es schwer ist, unsere Knochen und unser Mark zu erschüttern, aber dass es noch schwerer ist, unseren festgefahrenen Geist zu erschüttern und neu zu ordnen. Es geht um die Frage, welches der beste Weg ist, unseren Geist zu befreien und neu zu ordnen. Dramatische und harte Praxis ist interessant, aber ich glaube, dass sie nur eine geringe positive, dauerhafte Wirkung erbringt und keine nachhaltige Veränderung des Menschen. Meister Dogen lehrte uns, dass es der beste Weg ist, unseren Geist zu beruhigen, zu ordnen und unsere Mitte zu finden, wenn wir jeden Tag Zazen praktizieren. Wenn wir jeden Tag Zazen sitzen, können wir die Körper-Geist-Verfassung des Buddha erlangen, und diese wird uns niemals verlassen. Jeden Tag zu praktizieren, ohne einen auszulassen, ist ziemlich schwierig, aber es ist nicht unmöglich. Die Wahrheit zu erlangen ist also nicht so einfach, aber auch nicht sehr schwierig. Es ist nur genauso schwer wie die regelmäßige, tagtägliche Übungspraxis des Zazen.

*Aber ich habe wirklich große Probleme in meinem Leben. Ich verstehe noch nicht, wie ich die Kraft finden kann, sie zu lösen, und noch viel weniger, meinen Geist durch Zazen zu ordnen. Ich fühle mich wirklich schwach.*

Sich schwach zu fühlen ist natürlich. Wenn wir anfangen zu praktizieren, fühlen wir uns schwach, weil wir dann auch noch schwach sind. Aber die Praxis fängt an, uns Kraft und Vitalität zu geben. Dies ist eine Art von Schneeballeffekt – nicht auf dramatische Weise, aber Schritt für Schritt und stetig werden wir stärker. Dann, eines Tages, finden wir das, was uns vorher unmöglich erschien, auf ganz natürliche Weise. Unser Problem hat sich dann aufgelöst und ist nicht mehr da.

Natürlich haben wir alle unsere speziellen Probleme im Leben und wir müssen das Notwendige tun, um sie zu überwinden. Aber ich denke, dass wir unsere Probleme nicht als „den Feind" ansehen sollten. In der Tat sollten wir erkennen, dass unsere Probleme im Leben für uns Motivation sind und den Willen erwecken, der Suche nach der Wahrheit den höchsten Rang zu geben. Unsere Probleme sind ein wesentlicher Antrieb, zu lernen und uns zu verändern. Kürzlich erzählte mir einer meiner Schüler von seinen schmerzhaften Erfahrungen in der Kindheit. Ich sagte ihm, dass dieses Leiden ihn aufgeweckt hat und ihn dazu brachte, die Wahrheit zu suchen. Später erzählte er mir, dass meine einfache Antwort ihn sehr berührt und ihm eine ganz neue Sichtweise auf seine Vergangenheit, aber auch auf seine Probleme in der Gegenwart vermittelt habe. Ich glaube, dies ist sehr wichtig. Wenn wir die Art und Weise verändern können, wie wir unsere Probleme sehen, werden sich die Probleme selbst verändern. Es führt meist dazu, dass die Probleme kleiner werden oder sich ganz auflösen. Sie werden uns aber beleben und auf neue Ideen bringen. So können Probleme für unsere Entwicklung sehr nützlich sein.

*Unsere Probleme mögen uns Inspiration geben, nach der Wahrheit zu suchen, aber es scheint mir, dass nur sehr wenige Menschen diese wirklich finden. Was gab Meister Dogen den Willen durchzuhalten und dies wirklich zu vollenden?*

Nach der buddhistischen Lehre existiert die Wahrheit in jedem von uns. Sie existiert nicht nur in uns, sondern an jedem Ort und in jeder Situation. Daher ist es das Wichtigste, den Willen zur Wahrheit zu erwecken. Im Falle von Meister Dogen sehen wir, dass sein Wille, die Wahrheit zu finden und zu erreichen, sehr stark war. Es gibt hierfür wahrscheinlich viele Gründe, aber ich glaube, der wichtigste liegt in seinem Werdegang und persönlichen Schicksal.

Er war sehr intelligent und sensibel, so erkannte er schon früh die wirklichen Eigenschaften dieser Welt. Diese Welt war vor allem sehr verwirrend und kompliziert. Der königliche Hof in Kyoto gab sich den äußeren Anschein von Macht, war voller Intrigen, aber in Wirklichkeit hatte er überhaupt keine direkte politische oder militärische Macht. Was sich dort abspielte, war oft widerwärtig, und ich denke, dass Meister Dogen dies sehr genau erkannte und sich davon abgestoßen fühlte. Der frühe Tod seiner Mutter war für ihn ein tiefer Einschnitt und Schock, aber ich meine, die wichtigere Folge bestand darin, dass er von einem Verlangen erfüllt war: einem Verlangen, das die meisten von uns in der vertrauten Berührung mit unserer Mutter erfüllt finden, was für Meister Dogen aber zu einem Verlangen nach der Wahrheit wurde. So führte ihn sein Verlangen, verbunden mit dem Gefühl der Abscheu gegenüber der damaligen intriganten sozialen Welt, die ihn umgab, zu den Tempeln und Klöstern in seiner Nähe. Dort praktizierte er Zazen, und es war die Kraft des Zazen selbst, die ihn schließlich zur Verwirklichung der Wahrheit führte.

# KAPITEL 4:
# WIR LEBEN IN EINER GESPALTENEN WELT

Was ist Buddhismus? Das ist unsere Frage. Was ist die Wahrheit? Das ist auch eine Frage. Was ist die Wirklichkeit oder die wirkliche Welt? Was ist ein Buddha oder ein buddhistischer Meister? Was ist die Bedeutung des Zazen, der buddhistischen Theorie und der Verwirklichung der Wahrheit? Wie begegnet man Buddha? Die Fragen türmen sich langsam auf, nicht wahr? Sie mögen Hinweise und Vorschläge für mögliche Antworten in meinen Worten gefunden haben, aber bisher erscheint vermutlich alles noch recht vage. Vielleicht werden Sie allmählich unruhig. Aber trotzdem: Was ist Buddhismus?

Es ist sehr schwierig, wenn nicht unmöglich, in ein paar Worten zu erklären, was Buddhismus ist. Ich könnte eine Definition anbieten, aber ich habe Sorge, dies würde noch mehr Fragen in Ihrem Geist erzeugen. Sie würden meine Worte lesen, aber wären nicht wirklich sicher, was ich sagen will. Daher haben wir an diesem Punkt ein Problem. Es ist ein Problem der Worte und Bedeutungen, ein Problem der Kommunikation. Ich meine, der erste Schritt beim Studium einer Religion, einer Lehre oder eines theoretischen Systems muss es sein, eine vernünftige Grundlage zu finden, also eine gemeinsame Basis für die Kommunikation. Eine solche Grundlage zu legen, scheint eine schwierige Aufgabe zu sein, aber ich denke, dass sie erfolgreich bewältigt werden kann. Ich denke so, weil ich als Buddhist fest daran glaube, dass wir alle in derselben Welt leben und dass wir auf einer grundsätzlichen Ebene alle dieselben Lebenserfahrungen teilen und dieselbe Art und Weise haben, die Welt, in der wir leben, zu sehen und zu verstehen. Mit anderen Worten: Ich glaube, dass eine gemeinsame Grundlage für die Verständigung und die Kommunikation bereits vorhanden ist und dass das wirkliche Problem einfach darin besteht, dies genauer zu beleuchten. Um das zu tun, sollten wir möglichst klar die einfachsten und wichtigsten Aspekte unseres Lebens anschauen. Wenn wir ein Verständnis für die Art und Weise bekommen, wie wir sehen, wahrnehmen und uns selbst und die Welt verstehen, dann haben wir die geeigneten Werkzeuge, die wir für das Verständnis des Buddhismus benötigen. Dann können wir dem Buddha begegnen.

Sollen wir daher uns selbst studieren? Sollen wir unsere Welt untersuchen? Es scheint vernünftig, aber wie können wir dies wirklich bewerkstelligen? Wie können wir beginnen?

Wir können beginnen, indem wir uns selbst fragen, was wir gerade jetzt, in diesem Augenblick, tun und was wir jeden Tag tun. Für die meisten von uns ist das Aufwachen der Beginn unseres Tages. Wir werden häufig durch den Wecker aus unseren Träumen gerissen. Nachdem wir ihn dann automatisch abgestellt haben, liegen wir still im Bett und sammeln uns. Wir fangen an zu denken: „Was ist das für ein Lärm? Regnet es? Wie scheußlich, es regnet. Ich weiß nicht, wo ich meinen Regenschirm gelassen habe, oh, ich hasse Regentage. Wie spät ist es? 8.10 Uhr, das ist bereits spät, ich muss aufstehen, ich muss aufstehen."

Wir strecken und dehnen uns und wackeln mit den Zehen, das Bett ist warm und gemütlich.

„Oh, muss ich wirklich aufstehen, vielleicht wird der Tag durch fünf Minuten mehr Schlaf besser laufen, mal sehen, was ich überhaupt heute tun muss."

Unser Geist bewegt sich jetzt schnell. Er springt von Gedanke zu Gedanke, von Sorge zu Sorge. Wir verbringen vielleicht die nächsten zehn Minuten auf diese Weise, wir sprechen mit uns selbst und ermutigen uns aufzustehen, und schließlich, in einem bestimmten Augenblick, tun wir es wirklich: Wir stehen auf. Wir gehen etwas benommen ins Bad, waschen unser Gesicht oder duschen. Wenn wir uns die Zähne putzen, überlegen wir uns, wie das Frühstück aussehen soll:

„Was sollte ich heute essen? Gestern gab es Eier. Wie wäre es mit Pfannkuchen heute? Ja, ich habe definitiv das Gefühl, an einem Tag wie heute sollten es Pfannkuchen sein."

Und so geht es fort. Wie viel Zeit ist vergangen, seitdem der Wecker geklingelt hat? 20 Minuten, eine Stunde. Was haben wir die ganze Zeit gemacht? Was haben wir wirklich getan? Wir haben unsere Augen aufgemacht. Wir sind aus dem Bett aufgestanden, haben die Zähne geputzt. Wir haben wirklich nicht sehr viel getan. Es scheint, dass wir die meiste Zeit an irgendetwas gedacht haben – nur gedacht. In der Tat, die meisten von uns verbringen ihre Zeit genau damit – mit Gedanken und Denken. Wir denken an die Zukunft, wir erinnern uns an die Vergangenheit und machen uns Sorgen über dieses und jenes. Unser Geist ist ununterbrochen aktiv und springt dauernd von einem Gedanken zum anderen wie ein Schmetterling in einem Blumenbeet.

Manchmal bekommen unsere Gedanken eine andere Qualität. Sie bauen aufeinander auf und werden stimmiger, logischer und komplexer. Wir formulieren großartige Theorien und kreieren interessante Geschichten über die, die wir lieben oder hassen. Wir ertappen uns selbst, wenn wir aus süßen Träumereien, wunscherfüllenden Tagträumen oder dramatischen Melodramen erwachen. Es scheint, dass

unser Geist vollständige, vielgestaltige Welten erzeugen kann: Welten
der Fantasie und Illusion, der Träume und Ängste. Welten, in denen
wir schließlich sogar unserem Chef sagen können, was wir wirklich
von ihm halten: nämlich gar nichts. Im Bereich der Gedanken können
wir unsere schönsten Träume realisieren. Aber natürlich sind Träume
wirklich nur Träume und nicht die Realität.

Viele von uns erkennen die illusorische Natur unserer Tagträume,
aber wir fragen kaum nach der Natur der Gedanken selbst. Wir
sind es gewohnt, fortlaufend an irgendetwas zu denken, und daher kommt es uns niemals in den Sinn, danach zu fragen, was wir
eigentlich tun. Denken ist ein so wichtiger Teil unseres täglichen
Lebens, so dass Leben und Denken fast als dasselbe erscheinen. Wir
verlieren den Blick dafür, dass die wirkliche Welt und unsere Gedanken über sie sich grundsätzlich unterscheiden. In der Tat, unsere
Welt und unsere sogenannte Wirklichkeit wird zu einer Welt der
Gedanken und Ideen. Wir leben meist in der Welt der Gedanken
und nicht in der realen Welt.

Manche von uns sind vollkommen verloren in ihren Gedanken.
Aber es gibt durch den direkten Kontakt mit der äußeren Welt eine
gewisse Kontrolle für unsere Vorstellungen und Visionen von der
Realität. Wir fühlen die Wärme in unserem Bett und das Prickeln
der warmen oder kalten Dusche. Wir atmen den Duft von frisch
gekochtem Kaffee ein und genießen den Geschmack von gebratenen
Eiern. Dieses sind angenehme Dinge, verlässliche Dinge. Wir haben
keinen Zweifel an ihrer Wirklichkeit. Die Welt, die wir anfassen,
fühlen und sehen können, ist wohl eine verlässlichere oder substan-
ziellere Welt als die des Denkens.

Für viele Menschen ist daher der Bereich der Sinne und der
Wahrnehmung die Wirklichkeit selbst. Sie verachten spekulatives

Denken und Träumereien und suchen die Sicherheit des materiellen Besitzes und die Freuden der Sinneserfahrungen. Dies ist dann die Welt der Dinge und der Sinnesfreuden und es ist die Welt des Fühlens. Die Welt, die man fühlen kann, ist eine andere Welt als die des Denkens.

Können Sie diese beiden Welten erkennen und unterscheiden, die des Denkens und des Fühlens? Ich meine, dass wir uns auf einer sehr einfachen und intuitiven Ebene alle dieser Unterscheidung in unserem Leben bewusst sind. Es scheint mir klar zu sein, dass wir das, was wir denken, von dem, was wir fühlen, trennen können. Denken gehört in den Bereich des Geistes, während Fühlen an den Körper und die materielle Welt gebunden ist. Körper und Geist, wie wir sie normalerweise verstehen, sind getrennte Bereiche mit unterschiedlichen Funktionen und Eigenschaften. Der Geist ist vage und nicht zu fassen. Ihm fehlen die klaren Qualitäten der Materie. Der Geist wird manchmal als eine Art ewiger Essenz gesehen, ähnlich etwa wie ein Geistwesen. Der Geist ist also ziemlich geheimnisvoll und mystisch und vielleicht sogar ewig. Der Körper ist auf der anderen Seite substanziell und materiell. Er unterliegt den strengen Gesetzen der Natur: Er wächst, welkt und stirbt. Der Körper ist sterblich. Er ist animalischer Natur. Mit geringen Abweichungen haben dies die Menschen in der westlichen Kultur seit vielen Jahrhunderten angenommen und sie halten an dieser grundsätzlichen Konzeption der Unterscheidung von Geist und Körper fest. Dies gilt auch für jene, die später unter ihren Einfluss gerieten. Seit der Zeit der alten Griechen und vielleicht noch früher beunruhigte und beschäftigte die Philosophen das Problem von Körper und Geist. Es ist interessant zu erkennen, dass sich ihre Fragen mit der genauen Beziehung zwischen dem Körper und dem Geist beschäftigten.

Denn dies setzt die Richtigkeit der Unterteilung von Körper und Geist schon voraus. Damit nimmt man an, dass es eine wirkliche, existierende Realität mit Namen Geist gibt, die getrennt und unterschieden ist von einer anderen Realität, die Körper genannt wird.

Es scheint, dass die Kulturen, die von dem Strom der westlichen Kulturen getrennt sind, ganz andere Sichtweisen der Wirklichkeit haben. Wir können vielleicht sagen, dass sie es versäumt haben, den Unterschied von Körper und Geist klar zu erkennen. Das wäre aber erstaunlich. Wie ist es möglich, dass sie eine solche grundsätzliche Unterscheidung übersehen haben? Der Körper ist hier, direkt hier. Er ist aus Fleisch, Blut und Knochen usw. aufgebaut. Auf der anderen Seite gibt es offensichtlich etwas, das nicht Fleisch und Knochen ist: Wir denken. Wir haben diese wunderbaren Bilder, diese vielfachen vernetzten Gedanken, die kommen und gehen. Vielleicht verstehen wir die Gedanken nicht genau, aber letztendlich können wir ganz sicher sein, dass der Geist existiert. Er existiert doch, nicht wahr? Wir sind da sicher – oder doch nicht?

Na ja, ich bin da nicht so sicher. Ich habe schon erwähnt, dass ich als junger Mensch sehr an der Beziehung von Körper und Geist interessiert war, und ich wollte vor allem die Sichtweise von Meister Dogen zu diesem Problem kennen lernen. Als ich anfing, das *Shobogenzo* zu studieren, empfand ich seinen Standpunkt als ganz unterschiedlich von allem, was ich vorher gelesen hatte. Zuerst konnte ich seine Gedanken nicht richtig verstehen, aber von einem bestimmten Zeitpunkt an wurde mir klar, dass er von dem geistigen und dem körperlichen Bereich meist so sprach, als ob sie dasselbe seien. Er schien zu sagen, dass Geist und Körper nicht zwei verschiedene „Dinge" seien, die eine besondere, komplizierte Beziehung zueinander hätten, sondern zwei Gesichter einer einzigen, unteilbaren Wirklichkeit. Wenn wir das Leben von der einen Seite betrachten, sehen wir den Körper, und wenn wir die Perspektive wechseln, bemerken wir das Denken und entdecken den Geist.

Später wurde mir klar, dass dies keine spezielle Lehre von Meister Dogen ist, sondern eine der Grundlagen der buddhistischen Lehre überhaupt. Seit der Zeit von Gautama Buddha haben die buddhistischen Meister darauf bestanden, dass Geist und Körper eins sind. Aus der Sicht des Buddhismus ist unsere übliche Vorstellung von Körper und Geist einfach nur eine Interpretation, also eine Annahme, die wir uns von der Wirklichkeit machen. Solche Annahmen sind schwer zu erschüttern und zu hinterfragen. Sie sind Teil des alltäglichen Menschenverstandes, der uns sagt, dass Körper und Geist wirklich existieren. In den Bereichen von Körper und Geist zu denken, erscheint uns also als natürlich und notwendig, als natürlicher Menschenverstand.

Die übliche Trennung von Körper und Geist ist aber nur eine von vielen möglichen Annahmen über die Welt. Generell teilen wir die äußere Welt in zwei Teile: Die eine Seite ist die Natur und die andere Seite ist die menschliche Kultur.

Normalerweise nehmen wir an, dass die Natur die ursprüngliche Welt ist, der Basisstoff des Universums, eine kombinierte Form von Materie und Energie oder das Ergebnis der Wechselwirkung von Material und Energie. Daher haben wir im Allgemeinen das Gefühl, dass die Natur vom Menschen verschieden oder sogar getrennt ist. Die Natur hat keine Meinung, keine Intelligenz und nicht die Qualität des Geistes. Sie ist daher grundsätzlich nicht menschlich. Sie ist nur hier. Sie ist dazu da, benutzt, ausgebeutet und konsumiert zu werden. Aber die Natur hat auch eine große Kraft, ist gefährlich und muss respektiert werden. Wir müssen versuchen, sie zu steuern und zu kontrollieren, uns vor ihr zu schützen und auch anderen Menschen Sicherheit zu geben. Im Großen und Ganzen waren wir dabei erfolgreich. Wir haben eine unnatürliche Welt der Gesellschaft inmitten der natürlichen Welt geschaffen, wir haben unsere Kultur und Zivilisation aufgebaut. Kultur ist nicht zuletzt das Produkt von Intelligenz und damit das Ergebnis unseres Denkens.

Meist sind wir sehr stolz auf unsere Schöpfung und unsere Kunst: Literatur und Wissenschaft sind sehr beeindruckend. Die Menschen haben sehr vielfältige Talente und sie haben eine fantastische Welt geschaffen. Aber wir wagen es oft nicht, diese Welt genauer anzuschauen. Wenn wir dies tun, werden wir Hässlichkeit, Hass und Krieg finden. Irgendetwas stimmt also mit unserer eigenen Schöpfung nicht. Wenn wir diesen Aspekt der Zivilisation betrachten und mit der Welt der Natur vergleichen, kann es sein, dass wir unseren ursprünglichen Blickwinkel auf die Natur verändern müssen. Wir erkennen vielleicht, dass die Natur eine Qualität der Harmonie und Stimmigkeit hat, die der künstlichen Welt unserer menschlichen Kultur und Zivilisation zu fehlen scheint.

Die innere Harmonie und Schönheit der Natur wurde in den Werken unzähliger Dichter beschrieben. Es gibt sicher nur wenige Menschen, die nicht diese Harmonie irgendwann in ihrem Leben empfunden haben. Wenn wir einen Spaziergang im Wald machen, scheinen der Friede und die Ruhe der Natur uns etwas Wichtiges zu sagen. Ist das nicht interessant? Ist es nicht faszinierend, dass die Natur – jene Ansammlung von bedeutungsloser Materie und Energie – eine solch positive Wirkung auf uns hat? Könnte es sein, dass die Trennung von Mensch und Natur künstlich ist und eigentlich gar nicht stimmt? Ist es vielleicht nur ein gedachtes Modell, das wir wie eine Tatsache hingenommen haben? Könnte es sein, dass unser „natürlicher" Menschenverstand auch nur eine bestimmte Interpretation und ein Modell ist?

Unser natürlicher Menschenverstand und seine Sicht der Wirklichkeit scheinen uns oft Probleme zu erzeugen. Wir sehen die Dinge der Welt als getrennt und einzeln an und die Beziehung zwischen ihnen erscheint uns dann als problematisch. Unser Körper braucht Nahrung und andere Formen der Sinnesbefriedigung. Wir haben in unserem Leben bestimmte Ziele und einen bestimmten geistigen oder religiösen Glauben. Verstand und Glauben scheinen aber oft im Konflikt miteinander zu sein. Viele Religionen sehen den Körper als etwas Niedriges oder Schmutziges an: ein unreines Fahrzeug für den Geist und die Seele. Sie drängen uns dazu, die geistige Dimension auszudehnen, ihr Flügel zu geben, so dass sie sich über die triviale Welt der Körper erheben kann. Wir sollten unsere Bindungen an den Körper lösen, der an die Erde, die Natur und an die materielle Welt gefesselt ist.

Solche Standpunkte sind aber für viele Menschen schwierig zu akzeptieren und nicht überzeugend, weil sie ihnen lebensfeindlich erscheinen. Sie freuen sich daran, zu essen, zu trinken und sich zu lieben. Sie schätzen die Welt der Sinne. Diese Welt zu verneinen bedeutet für sie, einfach das Leben selbst zu verneinen. Dies scheint die Basis für Konflikte zu sein: Es gibt Konflikte zwischen den Menschen und Konflikte im Inneren des Menschen. Die Konflikte entstehen teilweise aus unserer Sicht einer geteilten Welt. In der Tat hat unser normales Verständnis der Welt seine Wurzeln in der Dualität. Es gibt den Geist und den Körper, das Denken und das Fühlen, den Geist und die Materie, Himmel und Erde, und diese Liste kann endlos fortgesetzt werden. Wenn wir die Verbreitung dieser Denkweise sehen, die auch tief in unserer Sprache verwurzelt ist, könnten wir uns fragen, warum dies so ist. Warum sehen wir die Welt eigentlich auf diese Weise?

Ich denke, die Antwort ist ganz einfach. Wir sehen die Dinge auf diese duale, gespaltene Weise, weil die Natur des Denkens selbst so beschaffen ist. Allgemein gesagt können wir weder eine einzige Sache denken, noch können wir eine einzige Sache allein wahrnehmen. Es müssen immer mindestens zwei sein, denn wir unterscheiden und vergleichen fortwährend. „Dieses" muss immer in Beziehung zu „jenem" gesehen und gedacht werden. Wenn „jenes" nicht existiert, dann kann „dieses" ebenfalls nicht existieren usw. Die Aktivität des Denkens und des Verstandes beruht also wesentlich darauf, Unterschiede zu finden. Der Geist teilt, spaltet, bricht in Teile und kombiniert diese wieder. Wir versuchen, bestimmte Zusammenhänge zu verstehen, indem wir die Dinge im Gegensatz zu anderen Dingen sehen. Wir teilen die Welt in Teile und stellen in unserem Geist einen Teil dem anderen gegenüber. Dies ist eine sehr leistungsfähige Technik des Denkens. Seit vielen Jahrhunderten hat die Menschheit besonders im Westen diese Technik immer mehr verfeinert, so dass sie immer gründlicher und exakter wurde. Zu einem erheblichen Teil ist der Fortschritt in der Philosophie, Wissenschaft und Technik ein Ergebnis der Entwicklung dieser differenzierenden Denkmöglichkeit der westlichen Kultur – einer Kultur, die auf der Annahme von Dualität beruht.

Die Unterteilungen in unserer Sicht der Welt sind fest in unserem Bewusstsein verankert, so dass sie natürlich, grundsätzlich und selbstverständlich erscheinen. Wir glauben, dort ist der Geist und hier ist der Körper. Wir glauben, dass dies unterschiedliche Dinge sind. An diesem Glauben zu zweifeln, erscheint uns als Flucht aus dem Bereich der Vernunft und des gesunden Menschenverstandes.

Der gesunde Menschenverstand, wie ich ihn hier verstehe, ist etwas Umfassenderes als einfaches Denken oder als die praktische Bewertung einer Situation. Es ist eine Sicht der Wirklichkeit, die aus solchen häufigen Bewertungen entsteht, deren wir uns kaum noch bewusst sind. Diese Sicht des Lebens – des natürlichen Menschenverstandes – ist aber nichts Absolutes, sondern ein Produkt der Geschichte und der Gewohnheiten. Es ist eine erlernte Sicht. Was heute als natürlicher Menschenverstand gilt, mag vielleicht vor einigen hundert Jahren noch unbekannt oder fremd gewesen sein. Der Buddhismus stellt diese Sicht des sogenannten gesunden Menschenverstandes der Wirklichkeit infrage, oder vielleicht sollte ich besser sagen, dass der Buddhismus unseren Glauben an die Sicht des sogenannten gesunden Menschenverstandes infrage stellt. Der Buddhismus behauptet, dass der gesunde Menschenverstand nur ein bestimmter Standpunkt, eine Art des Denkens und Verstehens ist. Er ist sicher für bestimmte Bereiche des Lebens nützlich und leistungsfähig, aber häufig leider nicht verlässlich und auch nicht die Wirklichkeit selbst. Körper und Geist sind nicht zwei verschiedene Substanzen, sondern bilden eine Einheit. Die Menschen und die Natur sind nichts anderes als zwei Gesichter einer Sache. Das ist die Wirklichkeit. Das ist unser wirkliches Leben: das große Universum selbst.

## Fragen und Antworten

*Sie haben uns erläutert, dass das dualistische Verstehen der Wirklichkeit daher kommt, dass wir die sich gegenüberstehenden verschiedenen Welten des Denkens und des Fühlens als wirklich annehmen. Ich möchte Sie fragen, ob aus der Sicht des Buddhismus diese Welten wirklich existieren.*

Nein, von der Welt des Denkens und Fühlens zu reden bedeutet nur, Namen zu vergeben für die einfache und gewöhnliche Weise des Verstehens der Wirklichkeit. Verschiedene Menschen haben verschiedene Sichtweisen und verschiedene Ansichten über die Welt, und sie interpretieren das, was sie sehen, recht unterschiedlich. Manche nehmen das Denken und die Ideen als wirklich an. Andere glauben nur an die Klarheit ihrer Sinne und an das, was sie wahrnehmen. Solche Annahmen und Interpretationen sind aus buddhistischer Sicht eine Art von Illusion. Aus buddhistischer Sicht gibt es nur eine einzige Welt und eine einzige Wirklichkeit. Gleichzeitig müssen wir aber unsere einseitigen und illusionären Interpretationen dieser Wirklichkeit zur Kenntnis nehmen. Wir müssen herausfinden, wie wir wirklich sehen und die reale Welt interpretieren. Solche Interpretationen sind sehr wichtig und meist auch leistungsfähig. Sie sind die Grundlage des gesunden Menschenverstandes im Leben.

*Müssen wir den gesunden Menschenverstand ablehnen?*
Nein, ich denke nicht. Manchmal ist der gesunde Menschenverstand sehr präzise und wahr. Manchmal ist er aber auch verdreht und falsch. Der sogenannte gesunde Menschenverstand ist ein Produkt unserer Geschichte und unserer Denktraditionen, und zwar sowohl der Geschichte unserer Kultur und Gesellschaft als auch von uns selbst als Gruppe und Individuum. Unser Verständnis der Welt hat eine kulturelle Wurzel und ist auch durch persönliche Erfahrungen in der Welt geprägt. Sobald wir geboren sind, beginnen wir eine bestimmte Sicht der Wirklichkeit zu erlernen. Wenn wir älter werden, wird diese bestimmte Sicht immer vertrauter. Unser Denken und unsere Wahrnehmung

verlaufen mehr und mehr in den Strukturen der entstandenen Muster, und die Antworten auf die Fragen der Welt werden immer festgelegter und vorhersehbarer. Wir fangen immer mehr an, die Dinge in einer ganz bestimmten Weise zu sehen, anstatt sie direkt und einfach zu erkennen, so wie sie wirklich sind. Wir sollten daher einsehen, dass die Sicht und Leistungsfähigkeit unseres sogenannten gesunden Menschenverstandes begrenzt sind und wir auf eine bestimmte Weise eine verzerrte Interpretation der Wirklichkeit wahrnehmen. Wir müssen sie nicht zurückweisen, aber wir sollten erkennen, dass sie manchmal nicht sehr zuverlässig oder sogar falsch ist. Sie ist auch nicht für alle Lebensbereiche geeignet.

*Dualistische Vorstellungen wie Körper und Geist mögen eine Art von Illusion sein. Aber wie sollen wir über unsere Erfahrungen reden, wenn wir nicht solche Vorstellungen und Konzepte zur Verfügung haben?*

Ja, es ist wahr, dass wir unsere dualistischen Vorstellungen und Konzepte benötigen, um über unsere Erfahrungen aus bestimmten Sichtweisen reden und schreiben zu können, und wir brauchen nicht zu zögern, sie für diesen Zweck zu benutzen. Aber wir sollten uns daran erinnern, dass es andere Interpretationen derselben Erfahrungen gibt.

*Zum Beispiel?*

Gut, lassen Sie uns überlegen ... Sind Sie jetzt gerade hungrig?

*Nein, ich habe gerade zu Mittag gegessen.*

So sind Sie jetzt satt und zufrieden, nicht wahr?

*Ja, das ist richtig.*

Gut, dann würde ich, wenn wir Ihre Situation nach dem üblichen Verständnis von Körper und Geist analysieren wollen, Folgendes sagen: Vor dem Mittagessen war Ihr Magen leer. Der leere Magen verursachte bestimmte körperliche Gefühle, die Ihnen schließlich bewusst wurden. Dann waren Sie hungrig. So verstanden, ist der Hunger ein Komplex mentaler Ereignisse, die körperlich durch einen leeren Magen verursacht wurden. Nachdem Sie zu Mittag gegessen hatten, produzierte Ihr Magen andere Gefühle, die mental als Sattsein interpretiert werden und Zufriedenheit und Befriedigung signalisieren.

Aus buddhistischer Sicht ist diese Interpretation jedoch zu komplex und zu kausal. Für einen Buddhisten ist die Beziehung eines leeren Magens und des Hungers direkter. Der leere Magen ist der Hunger selbst. Der volle Magen ist die Zufriedenheit selbst. Die Situation im gegenwärtigen Augenblick ist eine einfache Tatsache, eine ungeteilte Tatsache. Es ist nicht eine Frage physischer Ursachen, die mentale Wirkungen haben. Denn dies ist bereits ein Denkmodell mit dem Versuch einer Erklärung. Ihr Magen ist voll und Sie fühlen sich zufrieden. Grundsätzlich gibt es dabei nur eine einzige Situation. Dies ist eine andere Perspektive und Sichtweise und sie ist direkter und einfacher.


*Aber wenn wir nicht gegessen hätten, würden wir immer noch hungrig sein, oder? Sie können die Ursache und Wirkung und deren Beziehung von Essen und befriedigtem Hunger nicht leugnen, nicht wahr?*

Nein, natürlich nicht. Wenn wir uns eine Folge von Ereignissen in der Zeit vorstellen, müssen wir den Zusammenhang von Ursachen und Wirkungen akzeptieren. Aber die Ursache und deren Wirkung zu bedenken, ist eine Art intellektueller Übung und nicht Gegenstand unserer direkten Erfahrung in der realen Welt, Augenblick für Augenblick. Ich habe von einer gegenwärtigen Situation gesprochen. Genau jetzt ist Ihr Magen gefüllt. Genau jetzt sind Sie zufrieden. Das ist die Situation, nicht mehr und nicht weniger. Es gibt nur eine Situation im Augenblick und nicht zwei. Aber hier gehen wir über die direkte Fragestellung hinaus. Wir wollen wieder zu unserem Problem von Ursache und Wirkung zurückkehren, in Ordnung?

**_Können Sie etwas mehr über die buddhistische Haltung zur Natur sagen?_**

Im *Shobogenzo* gibt es verschiedene Kapitel, in denen Meister Dogen die buddhistische Sicht der Natur behandelt. Eines davon hat den Titel „Sansui-Gyo" oder auf Deutsch „Das Sutra der Berge und Wasser". Darin wird Folgendes gesagt: „Die Berge und Wasser der Gegenwart sind die Verwirklichung der Worte des ewigen Buddhas." In einem anderen Kapitel gibt es ähnliche Formulierungen: „Die Stimme des Tales ist [Buddhas] weite und lange Zunge. Die Form der Berge ist nichts anderes als sein reiner Körper." Ich glaube, dass diese Worte die buddhistische Haltung zur Natur sehr klar darstellen. Der Buddhismus betrachtet die Natur als sehr wichtig, sie ist nicht nur Materie und Energie. Sie hat eine besondere Qualität, die uns direkt anspricht. Etwas, das uns sagt, was wir sind und was Wirklichkeit ist. Daher lehrt uns die Natur die Wahrheit und sie enthält die Lehren von Gautama Buddha.

**_Wie können wir die Lehren Buddhas in der Natur finden?_**

Das ist wirklich sehr einfach. Wenn wir eine Blume ansehen, sehen wir dann nicht ihre Schönheit? Fühlen wir nicht die Schönheit der Natur um uns herum, wenn wir Freude daran haben, einen Spaziergang auf dem Lande zu machen?

*Ja, natürlich. Aber es gibt dabei nichts Besonderes. Natur ist eben schön.*

Ja, Natur ist schön. Und diese Schönheit selbst ist die Lehre Gautama Buddhas. Er lehrte uns, wie wunderbar es ist, auf dieser Welt zu leben. Die Schönheit der Natur erinnert uns immer wieder an diese Tatsache. Sie sendet uns immer Nachrichten von Gautama Buddha. Aber, wie Sie sagen, ist dies nichts Besonderes. Die Nachricht ist nicht in einem bestimmten Code verschlüsselt. Die Schönheit der Natur ist direkt hier vor uns, vor unseren Augen. Wir müssen nicht weiter darüber nachdenken. Wir müssen nicht fragen, warum die Natur so schön ist. Alles was wir tun sollten, ist, sie zu sehen, sie zu fühlen, sie direkt und umfassend zu erfahren und in uns aufzunehmen. Wenn wir das tun, können wir die Lehren Gautama Buddhas überall in der Welt finden – an jedem Ort und in jedem Augenblick.

*Mir leuchtet nicht ein, dass die besondere Empfindung der Schönheit der Natur eigentlich im Widerspruch zur gewöhnlichen Sicht der materiellen Welt steht. Könnte die externe Welt nicht auch schön sein, weil sie von der Welt des Geistes verschieden, also getrennt ist?*

Das ist eine interessante Aussage. Aber auf der Grundlage meiner eigenen Erfahrungen kann ich nicht glauben, dass sie wahr ist. Ich glaube, wir empfinden die Natur als schön, weil wir etwas mit der Natur teilen und weil wir etwas gemeinsam mit ihr haben. Wenn wir in der Natur sind, haben wir intuitiv die Empfindung von Harmonie zwischen uns und der natürlichen Welt. Ich glaube, die Tatsache, dass wir in der Natur derartige Schönheit finden, zeigt uns, dass wir Menschen und die Natur Teil einer umfassenden, unerschöpflichen Gesamtheit sind. Im Buddhismus nennen wir diese Gesamtheit Dharma: das große Universum.

**Ist es dann möglich, die buddhistische Wahrheit in der Natur zu erkennen?**

Ja, es gibt viele Geschichten in den buddhistischen Schriften über Meister, die die Wahrheit in der Natur erlangten. Meister Dogen gibt verschiedene dieser Geschichten im *Shobogenzo* wieder. Eine von ihnen handelt von Kyogen Chikan, einem Mönch, der den Buddhismus im Sinne des chinesischen Meisters Isan Reiyu studierte: Eines Tages sagte Meister Isan Reiyu zu dem Mönch Chikan: „Du, der du scharfsinnig und umfassend gebildet bist, beschreibe mir in ein paar Worten deinen Zustand vor der Geburt deiner Eltern, ohne aus den Schriften und Kommentaren zu zitieren."

Der Mönch fand aber keine Worte und konnte nicht antworten. Er erkannte schließlich, dass er zwar viele Bücher gelesen hatte, aber den Buddhismus überhaupt noch nicht wirklich verstanden hatte. Er war beschämt. Er verbrannte alle Bücher und wurde Diener für die Mahlzeiten im Tempel. Nachdem er eine Zeit lang dieses einfache Leben gelebt hatte, sagte er zu seinem Meister: „Mein Körper und Geist sind dumpf und können die Wahrheit nicht ausdrücken. Hätte der Meister ihm etwas zu sagen?"

Aber Meister Isan Reiyu lehnte es ab, etwas zu sagen: „Nicht, dass ich es nicht sagen wollte, aber du könntest es mir später vielleicht vorwerfen."

Chikan blieb in diesem Zustand einige Jahre lang. Dann entschied er sich, zum großen Meister Nanyo Echu zu wandern, und ging zum Berg Buto. Dort baute er sich eine primitive Hütte an dem Ort, an dem Meister Nanyo Echu früher gelebt hatte. Sein einziger Begleiter war der Bambus, den er in der Nähe der Hütte pflanzte. Als er eines Tages den Weg fegte, löste sich ein Ziegelstück, das mit einem Schlag das Bambusrohr traf. Als er diesen Klang hörte, verwirklichte Chikan das große Erwachen. Er machte eine Niederwerfung in Richtung des Tempels seines Meisters und sagte: „Großer Meister Isan! Hättet ihr es mir vorhergesagt, wie hätte das jetzt geschehen können? Eure Güte ist groß, dass sie selbst die meiner Eltern übertrifft." Darauf verfasste er folgendes Gedicht:

Vergessen ist mit einem Schlag alles Wissen,
nicht länger muss ich mich zügeln,
[mein] Handeln offenbart den Weg der Alten,
niemals mehr in Trübsal verfallen,
nirgendwo die geringste Spur:
Würdevolles Verhalten ist jenseits von Klang und Form,
Menschen überall, die zur Wahrheit erwachen,
werden alle [meine] Natur als das Höchste preisen.

Hier ist noch eine andere Geschichte.
Es gab einen Priester mit Namen Reiun Shigon, der hatte seit dreißig Jahren Buddhismus studiert. Als er eines Tages durch das Land wanderte, machte er Rast am Fuß eines Berges und blickte auf die entlegenen Dörfer. Es war Frühling und die Pfirsichbäume standen in voller Blüte. Plötzlich erlangte Reiun Shigon

die Wahrheit. Nach dieser Erfahrung verfasste er folgendes
Gedicht und gab es seinem Meister:

Dreißig Jahre lang ein Wanderer auf der Suche nach einem Schwert.
Wie viele Male fielen die Blätter und erblühten die Knospen?
Mit einem Mal, als ich die Pfirsichblüten sah,
bin ich direkt angelangt im Jetzt und habe keine Zweifel mehr.

Solche Geschichten sagen uns, dass die Wahrheit immer in der
Natur gegenwärtig ist und dass wir zu ihr in jedem Augenblick
erwachen können. Sie ist immer da und sie ist immer hier und
sie ist ein Teil der Schönheit der Natur.

*Ist die Verwirklichung der Wahrheit immer so dramatisch und klar?*
*Ist es auch möglich, dass man nur einen verschwommenen Einblick*
*in die Wahrheit hat?*

In Wirklichkeit waren die Erfahrungen dieser Meister wahrscheinlich nicht so präzise und klar, wie es hier erscheint. Aber
die Geschichtenerzähler neigen dazu, die Ereignisse etwas zu
dramatisieren und zu verschönern. Ich möchte die Frage folgen-
dermaßen beantworten: Ja, selbstverständlich mag die Erfahrung
der Wahrheit nicht so klar oder dramatisch sein. Jeder hat eine
bestimmte Erfahrung der Wirklichkeit. Wenn wir studieren und
praktizieren, mag unsere Vorstellung langsam feiner und klarer
werden. Dann, eines Tages, entdecken wir vielleicht, dass wir schon
immer in der Mitte der Wirklichkeit waren und unsere Zweifel
sind verflogen wie der Nebel an einem sonnigen Morgen.

*Ihr Vortrag macht deutlich, dass die Menschen im Buddhismus ein Teil der Natur sind. Verstehen wir es dann richtig, dass der Buddhismus eine Art von Naturalismus und Verehrung der Natur ist?*

Nein, ich denke nicht. Der Buddhismus betont unsere unauflösbare Verbindung mit der natürlichen Welt, und daher verehren wir die Natur als ein schönes Gesicht der Wirklichkeit. Aber die Wirklichkeit hat viele Gesichter. Die Menschen haben zum Beispiel die Fähigkeit zu denken. Sie können mit der Absicht handeln, die natürliche Welt zu verändern und zu verbessern. Sie können auch eine künstliche Welt erzeugen. Die künstliche Welt ist auch ein Gesicht der Wahrheit. Wir verehren daher die Natur und die menschliche Gesellschaft als zwei Gesichter einer einzigen Wirklichkeit. In dieser Wirklichkeit finden wir unser normales, alltägliches Leben. Das alltägliche Leben verbindet die Natur und die von den Menschen geschaffene Welt. Es verbindet die materiellen und geistigen Aspekte des Lebens. Im Buddhismus verehren wir das alltägliche Leben selbst.

Ein Priester fragte seinen Meister: „Was ist Buddhismus?" Der Meister antwortete: „Sich anziehen und Mahlzeiten essen." Ein anderer Meister sagte: „Buddhismus ist Wasserholen zum Kochen. Es ist das Sammeln von Holz für das Feuer zum Kochen." Diese Worte haben keine verborgene Bedeutung. Sie drücken das grundsätzliche Verhalten des Buddhismus direkt aus. Wahrer Buddhismus ist das alltägliche Leben selbst.

# Kapitel 5:
# Wissenschaft und Buddhismus

Im letzten Kapitel habe ich über unsere typische Art und Weise gesprochen, wie wir die Welt mit unserem gesunden Menschenverstand sehen. Ich habe unsere Neigung aufgezeigt, die Wirklichkeit zu unterteilen und in Einzelbereiche zu spalten. Im Gegensatz dazu betont der Buddhismus die Einheit der wirklichen Welt. Bei dieser Behandlung unseres Themas habe ich vielleicht den Eindruck erweckt, dass der Buddhismus Vorbehalte gegen den Verstand hat, dass er nur eine geringe Achtung für die menschliche Fähigkeit hat, zu denken, zu untergliedern, zu analysieren und zu beurteilen.

Wenn dieser Eindruck entstanden ist, möchte ich mich dafür entschuldigen. Die buddhistische Lehre schätzt die Klugheit und die Intelligenz der Menschen. Die Fähigkeit, zu denken, Schlüsse zu ziehen, kreativ zu sein, und die Fähigkeit, theoretische Systeme zu entwickeln und zu vergleichen, gehören zu den hervorragenden Eigenschaften der Menschen. Es ist unsere Natur. Wenn man diese Tatsache ablehnt, wäre das in der Tat töricht. Der Buddhismus achtet die Intelligenz und die Ergebnisse dieser Intelligenz, die Theorien der Wissenschaft und der anderen Bildungsbereiche. Er besteht aber auch darauf, dass die Theorien als das verstanden werden, was sie sind, das heißt als Instrumente, um die Welt besser zu verstehen. Die Wirklichkeit selbst ist aber keine Theorie. Theorien können niemals die Wirklichkeit selbst sein, denn sie beschäftigen sich mit der Wirklichkeit, sie sind deren Interpretationen.

Ich glaube, dass diese Einsicht von ganz großer Wichtigkeit in der modernen Welt ist. Ich glaube, dass die buddhistische Sicht und Erfahrung der Wirklichkeit ein neues Gleichgewicht und eine neue Perspektive in unsere philosophischen und wissenschaftlichen Untersuchungen bringen können. Gleichzeitig glaube ich, dass die wissenschaftlichen Studien einen großen Wert zur Klärung der Bedeutung der buddhistischen Theorie haben können. Leider müssen die großen Möglichkeiten der Wechselwirkung solcher bislang getrennter Sichtweisen erst noch gesellschaftlich geschätzt und angenommen werden. Aber meine persönlichen Erfahrungen überzeugen mich, dass der gegenseitige Nutzen eines Dialogs wirklich vorhanden ist und ein solcher auch dringend gebraucht wird. Als Erläuterung dazu möchte ich gern eine Geschichte aus meinem eigenen Leben erzählen. Durch dieses Beispiel hoffe ich, dass Sie einige Wertschätzung dafür entwickeln werden, wie die buddhistische Lehre und die Wissenschaft sich begegnen, befruchten und zusammenarbeiten können, wie sie ihre Sichtweisen austauschen und im wechselseitigen Dialog Licht auf die verwirrenden Konturen der Wirklichkeit werfen können. Um mit dieser Diskussion zu beginnen, möchte ich erneut bei der Frage von Körper und Geist ansetzen.

In der westlichen Wissenschaft war die Untersuchung des Körpers traditionell von der Untersuchung des Geistes getrennt. Physiologie ist die Wissenschaft vom Körper und Psychologie die vom Geist. Natürlich überlappen sich beide Bereiche, und heutzutage sind sich viele Mediziner und Psychologen einig, dass ihre Bereiche miteinander eng verbunden sind. Trotzdem haben die Physiologen und Psychologen traditionell das Gefühl, dass sich die Bereiche und Gegenstände ihrer Wissenschaft deutlich unterscheiden.

Ich bin weder Physiologe noch Psychologe, aber mein frühes Interesse an der Beziehung von Körper und Geist brachte mich dazu, viele Bücher zu diesem Thema zu lesen. Dabei entdeckte ich verschiedene Tatsachen und Theorien, die mir halfen, die buddhistische Konzeption der Wirklichkeit zu verstehen. Alte buddhistische Schriften enthalten zum Beispiel eine ausgearbeitete Theorie über die Struktur und Funktion des Geistes. Diese Theorie unterscheidet acht Arten des Bewusstseins. Die ersten fünf beziehen sich auf die Wahrnehmung der fünf Sinne. Die sechste und siebente auf die Zentren des Geistes, die die sinnliche Wahrnehmung und die intellektuelle Aktivität organisieren, und die achte bezieht sich auf ein sogenanntes „Speicherhaus" des Bewusstseins, aus dem die „Samen" unserer bewussten Gedanken und mentalen Bilder aufsteigen sollen. Diese achte Art des Bewusstseins wird in Sanskrit *alaya-vijnana* genannt. Bei meiner frühen Lektüre der buddhistischen Schriften und Kommentare konnte ich keine wirklich zufrieden stellende Erklärung für diese Art des Bewusstseins und ihr Funktionieren finden. Viele Gelehrte entwickelten dazu ihre eigenen Interpretationen, aber weil *alaya-vijnana* jenseits der normalen Erfahrung liegt, waren ihre Interpretationen zum Teil sehr abstrakt und manchmal ganz eigenartig.

Dann fing ich an, die Untersuchungen von Sigmund Freud über das, was er Unbewusstes nennt, zu lesen. Seine Theorie war nicht einfach zu verstehen, aber sie hatte für mich einige Glaubwürdigkeit, denn sie wurde gestützt durch direkte Beobachtungen, wie Menschen denken und handeln. So begann ich schrittweise, die Grundlage von Freuds Theorie zu verstehen, und mit diesem Verständnis bekam die Theorie von *alaya-vijnana* eine neue Bedeutung für mich. Es erschien mir, dass dasselbe mentale Phänomen, das Freud mit der

Theorie des Unbewussten entdeckt und erklärt hatte, vielleicht den buddhistischen Wissenschaftlern, die das Konzept von *alaya-vijnana* entwickelt hatten, geläufig war, um ihre Beobachtungen mentaler Prozesse zu erklären.

Nachdem ich eine Verbindung der Psychologie Freuds mit der buddhistischen Theorie hergestellt hatte, setzte ich meine Bemühungen fort, weitere Theorien zu finden, die helfen könnten, mein Verständnis zu verbessern. Aber während die Theorie des Unbewussten recht hilfreich für mich war, waren andere Ideen Freuds für mich sehr schwer zu verstehen. Ich konnte zum Beispiel nicht verstehen, dass er die Bedeutung des Sexuallebens, der Libido, so sehr betonte und auf ihr beharrte.

Dann fand ich verschiedene Bücher eines Freudianers namens Karl Menniger. Menniger schrieb eine klare und einfache Sprache und illustrierte seine Ideen mit vielen Fallbeispielen. Er erläuterte, dass Freud versucht hatte, das menschliche Verhalten durch die Theorie einer instinktiven Kraft, die er Libido nannte, zu erklären. Dieser grundlegende Instinkt soll Motivationsgrundlage für alles menschliche Verhalten sein. Der Instinkt nimmt verschiedene Formen an, soll aber grundsätzlich sexueller Natur sein. Nach Menniger erkannte Freud später, dass die Libidotheorie unbrauchbar war, um auch destruktive und aggressive Aspekte des Lebens zu erklären. Er fügte daher eine zweite grundsätzliche Kraft oder einen Instinkt zu seiner allgemeinen Theorie hinzu und nannte diese Thanatos, das griechische Wort für Tod. Freuds gereifte Theorie der menschlichen Triebkräfte umfasst daher die Idee, dass das Unbewusste durch eine Wechselwirkung von zwei entgegengesetzten Instinkten gesteuert wird: einen zum Leben und den anderen zum Tod. Menniger arbeitete seine eigene Theorie aus und charakterisierte die beiden Kräfte im menschlichen Leben als Liebe und Hass. Er beschrieb den Hass als einen aggressiven Instinkt: die aktive, willentliche, intellektuelle Seite unserer Natur. Liebe ist auf der anderen Seite eher passiv und gefühlsbetont. Sie ist der schützende und einfühlsame Instinkt der Menschen. Nach Menniger ist es die Aufgabe des Lebens, ein Gleichgewicht zwischen diesen beiden Kräften zu finden und aufrechtzuerhalten. Er führt aus, dass viele menschliche Probleme als Ungleichgewicht zwischen konstruktiven und destruktiven Energien in Individuen und Gesellschaften betrachtet werden können.

Diese einfache Idee sprach mich sehr an. Ich fühlte, dass diese Theorie eine sehr fundamentale Wahrheit ausdrückte. Je mehr ich über die Idee von zwei gegensätzlichen und gegeneinander wirkenden Instinkten in unserem Leben und die Notwendigkeit der Harmonisierung dieser zwei Kräfte nachdachte, desto mehr konnten vorher unverbundene Gedanken zusammengefügt werden. Ich dachte an das buddhistische Konzept von *Jo*, das Gleichgewicht und Stabilität bedeutet und sich auf den Zustand von Körper und Geist beim Zazen bezieht. Meister Dogen sagt oft, dass dieser Zustand der physischen Balance und Stabilität der eigentliche Normalzustand der Menschen ist und es das eigentliche Ziel des buddhistischen Lebens ist, in diesen Zustand zu gelangen. Könnte dann vielleicht die Harmonisierung der Kräfte von Liebe und Hass im Unbewussten, was Menniger als die wichtigste Aufgabe unseres Lebens beschreibt, mit dem Ziel des buddhistischen Lebens, Balance und Gleichgewicht zu erlangen, übereinstimmen?

Es war eine faszinierende Idee. Ich war davon richtig begeistert. Gleichzeitig musste ich jedoch zugeben, dass einige Schwierigkeiten bei der Verbindung dieser beiden Theorien bestehen blieben. Menniger war ein Psychologe. Daher war es für ihn natürlich, in

Begriffen geistig-seelischer Faktoren, mentaler Kräfte und Instinkte zu denken. Seine Theorie war eine Theorie des Geistes und der Psyche. Aber im Buddhismus isolieren wir nicht den Geist vom Körper. Im Buddhismus gehen wir davon aus, dass die Natur von Körper und Geist immer verbunden und eine Einheit ist. Demnach müssten wir, wenn wir gegeneinanderwirkende Kräfte beim Studium der einen Seite finden, dieselben Phänomene finden, wenn wir die andere Seite untersuchen. Das heißt mit anderen Worten, die Theorie von Liebe und Hass im psychischen Bereich müsste eine physische Entsprechung haben. Es müsste also irgendwo im Körper ein physisches System geben, das die psychologische Wechselwirkung von Liebe und Hass widerspiegelt.

Ich suchte nach diesem physischen System, und dabei wurde meine Aufmerksamkeit immer wieder auf das autonome (oder vegetative) Nervensystem gelenkt. Das autonome Nervensystem ist der Teil des Nervensystems, der weitgehend automatisch die inneren Organe und Systeme des Körpers steuert. Es hat die Aufgabe, einen Zustand des inneren Gleichgewichts oder der Balance für das Funktionieren dieser Systeme aufrechtzuerhalten. Diese Balance wird durch die Tätigkeit von zwei getrennten Nervensystemen erreicht: dem sympathischen und dem parasympathischen Nervensystem.

Als ich über die Funktionsweisen dieser beiden Systeme las, war ich von der Tatsache beeindruckt, dass ihre Wirkung auf die inneren Organe normalerweise entgegengesetzt ist und dass dadurch als Ergebnis eine präzise Steuerung ermöglicht wird. Das sympathische Nervensystem erzeugt Erregung oder Spannung, während das parasympathische System den entgegengesetzten Effekt von Entspannung hervorruft. Dadurch werden im Körper bestimmte, für die Organe günstige Zustände erzeugt, die auf der verhältnismäßig großen Steuerungskraft dieser beiden Systeme beruhen. Diese Zustände werden dann durch subjektive Gefühle und Emotionen begleitet.

Ich hatte dann den Eindruck, dass die körperlichen Zustände, die auf natürliche Weise durch das Zusammenwirken der beiden Teile des autonomen Nervensystems entstehen, vielleicht die physischen, also körperlichen Entsprechungen der psychischen Zustände sind, die Menniger und eigentlich auch Freud als das Wirken von Liebe und Hass beschreiben. Vielleicht war die Funktionsweise des autonomen Nervensystems nichts anderes als die Funktion des Unbewussten selbst, also des *alaya-vijnana*, die meist jenseits unserer bewussten Steuerung stattfindet. Der bewusste Wille kann also dieses autonome System kaum beeinflussen.

Auf diese Weise entwickelte ich den Ansatz einer neuen Theorie: Zunächst eine Art von Hypothese, bei der die Theorie der Funktionsweise des Geistes und die Theorie der Funktionsweise des Körpers als zwei Erklärungsmöglichkeiten derselben Sache angesehen werden konnte. Ich war natürlich von meiner neuen Idee fasziniert und sehr daran interessiert herauszufinden, ob sie Bestand haben oder verworfen werden müsste. Ich zog wieder meine Physiologiebücher zurate, testete meine Hypothese an den vorhandenen medizinischen Theorien und am Ende gab es für mich keinen Zweifel mehr an der Richtigkeit dieser Theorie.

Das war vor über vierzig Jahren. In der folgenden Zeit wurden meine zunächst noch versuchsweisen Hypothesen zu meiner festen Überzeugung. Ich bin wie Menniger der Meinung, dass es unsere Lebensaufgabe ist, entgegengesetzte Kräfte, die immer in unserem Geist und in unserem Körper aktiv sind, im Gleichgewicht zu halten. Dies bedeutet, dass die Probleme des Gleichgewichts und der Balance in unserem Leben sowohl psychologisch als auch physiologisch gesehen werden können. Daraus ergibt sich, dass die Balance und Harmonie des Körpers gleichzeitig die Balance und Harmonie des Geistes ist. Die zwei unterschiedlichen Sichtweisen und Theorien sind einfach zwei Seiten desselben fundamentalen Zusammenhangs, desselben grundsätzlichen Problems. Dieses grundsätzliche Problem ist das Leben selbst. Wie wir Gleichgewicht und Harmonie in unser Leben von einem Augenblick zum anderen wirklich schaffen, ist unsere Hauptaufgabe und unser Hauptproblem. Buddhismus zu studieren bedeutet, das Leben (und Handeln) selbst zu studieren.

## Fragen und Antworten

*Sensei, als ich das Nervensystem in meiner Zeit auf der High School studierte, schien es mir nicht besonders wichtig für mein Leben zu sein. Jetzt kann ich mich kaum noch daran erinnern, um was es dabei eigentlich geht. Ich möchte Sie daher bitten, ob Sie das autonome Nervensystem etwas genauer erklären könnten. Wie funktioniert es eigentlich?*

Ich bin nicht wirklich qualifiziert, die Arbeitsweise des autonomen Nervensystems in den Begriffen von biologischen und chemischen Reaktionen usw. umfassend zu erklären. Aber ich denke, dass die grundsätzliche Wirkungsweise verstanden werden kann, ohne in derartige wissenschaftliche Einzelheiten zu gehen. Wenn wir den menschlichen Körper genauer untersuchen, sind wir immer mit seiner unglaublichen Komplexität konfrontiert. Seine Teile, Funktionen und Wechselwirkungen können auf vielfältige Weise verstanden werden. Heutzutage verstehen wir den Körper meist als Zusammenwirken komplexer Teilsysteme. Jedes dieser Teilsysteme erfüllt eine besondere Funktion und hat demzufolge eine besondere Aufgabe.

Alle diese Systeme sind wichtig und sogar lebensnotwendig, aber wir sind uns meist ihrer Funktionen und sogar ihrer Existenz gar nicht bewusst. Sie arbeiten überwiegend ohne unsere bewusste Steuerung. In der Tat sind die meisten Organe, die mit diesen verschiedenen Systemen verbunden sind, voneinander unabhängig aktiv, das bedeutet, sie funktionieren spontan und weitgehend eigenständig. Erinnern Sie sich noch an das Präparieren von Fröschen in Ihrer Biologiestunde? Denken Sie an das Herz. Es schlug zunächst weiter, auch nachdem es aus dem Körper des Frosches entnommen worden war, nicht wahr? Dies ist ein typisches Beispiel für die unabhängige oder autonome Funktionsweise eines einzelnen Organs des Körpers.

Die Organe und Systeme des Körpers sind allerdings nicht vollständig voneinander unabhängig, denn sie müssen zusammenwirken, um das Leben insgesamt zu ermöglichen und zu erhalten. Jedes Organ und System hat eine bestimmte Aufgabe im Zusammenwirken mit anderen Organen und anderen Systemen des Körpers zu erfüllen. Die Organe und Systeme, die wir getrennt im Biologieunterricht untersuchen, sind Teil eines großen Gesamtsystems, nämlich des gesamten Körpers. Dieses größere System muss in koordinierter Weise arbeiten, also in Systemharmonie. Es muss ein inneres Gleichgewicht oder eine Balance aufrechterhalten werden, sonst geht das Leben zu Ende. Außerdem muss es mit den Bedingungen der Umgebung und Umwelt zusammenwirken und fertig werden.

Diese Balance kann jedoch nicht statisch sein. Die inneren Bedingungen des Körpers und die äußeren Bedingungen der Umgebung ändern sich dauernd. Der Körper muss daher die besonderen Anforderungen des Augenblicks erfüllen und gleichzeitig den Zustand des gesamten Gleichgewichts und der Harmonie sicherstellen. Dies ist die Aufgabe des autonomen oder vom Willen unabhängigen Nervensystems. Es hat seinen Namen daher, weil es wie die Organe selbst normalerweise nicht Gegenstand unserer bewussten Steuerung ist.

Bei diesen Überlegungen haben wir gesehen, dass die interessanten Aspekte des autonomen Nervensystems in den Mechanismen liegen, durch die die Aktivität der verschiedenen Organe und Systeme des Körpers einschließlich des Gehirns gesteuert werden. Wie ich schon gesagt habe, hat das autonome Nervensystem zwei Teile oder Teilsysteme: das sympathische und das parasympathische System. Die Nervenstränge dieser zwei Systeme arbeiten in getrennten, eigenständigen Bahnen mit den Organen des Körpers zusammen und ihre Wirkung auf diese Organe ist im Allgemeinen spezifisch und entgegengesetzt, und dies bewirkt insgesamt die notwendige Steuerung.

Wenn sich z. B. das sympathische System in einem Zustand erhöhter Aktivität befindet, schlägt das Herz schneller und mit größerer Kraft. Wenn auf der anderen Seite der Einfluss des parasympathischen Systems größer wird, schlägt das Herz langsamer. Die beiden Systeme arbeiten nicht abwechselnd, sondern gleichzeitig. Auf diese Weise ist zum Beispiel zu einem bestimmten Zeitpunkt die Menge des gepumpten Blutes des Herzens abhängig von der relativen Aktivität der beiden Nervensysteme.

Die beiden Seiten des autonomen Nervensystems haben gleichermaßen entgegengesetzte Wirkungen auf die Organe und Systeme des gesamten Körpers. Das sympathische Nervensystem erzeugt Spannung, also erhöhte Reizung und Aktivität der Organe des Körpers, während das parasympathische System die Wirkung der Entspannung hat. Wie wir gesehen haben, ist die Dynamik einiger Organe, wie z. B. des Herzens, stärker, wenn der Einfluss des sympathischen Nervensystems stärker ist als der des parasympathischen Systems. In anderen Fällen mag jedoch die Wirkung umgekehrt sein. Der Magen und das Verdauungssystem neigen z. B. dazu, intensiver zu arbeiten, wenn das parasympathische System aktiver und stärker ist als das sympathische System.

Auf diese Weise können Sie vielleicht verstehen, wie das autonome Nervensystem die innere Dynamik des Körpers regelt. Es scheint mir ein sehr fein ausbalanciertes System zu sein, wobei die Aktivität bestimmter Organe in spezifischer Weise durch das Aktivitätsniveau des sympathischen und parasympathischen Nervensystems beeinflusst wird.

Wie wird nun das autonome Nervensystem selbst gesteuert? Wir können diese Frage von einer allgemeinen oder einer spezifischen Perspektive aus betrachten. Generell reagiert das autonome Nervensystem auf die Veränderungen seiner inneren und äußeren Umgebung. Wenn sich die Bedingungen ändern, reagiert das autonome Nervensystem auf diese Veränderungen und folgt dabei bestimmten Regeln und Mustern. Im umfassenden Sinne können wir daher sagen, dass das autonome Nervensystem durch die Bedingungen unseres gesamten Lebens gesteuert wird – also durch die Gesamtheit der Einflüsse, die in einer bestimmen Situation und einem bestimmten Augenblick auf uns wirken.

Im engeren Sinne können wir über die einzelnen Funktionen sprechen, die die Veränderungen der Aktivität des autonomen Nervensystems hervorrufen. Die inneren Zustände des Körpers werden durch Nerven-Rezeptoren gesteuert, die von den Organen zu verschiedenen Kontrollzentren im autonomen Nervensystem führen. Daher kann jede Änderung des inneren körperlichen Zustandes direkte Aktivitäten des sympathischen oder parasympathischen Nervensystems hervorrufen.

Informationen der Sinne aus der äußeren Welt führen auch zu Veränderungen der Aktivitäten des autonomen Nervensystems. Diese Informationen werden normalerweise durch die Sinnesorgane empfangen und durch den Cortex des Gehirns verarbeitet, der wiederum mit einem kleinen System des Gehirns, dem Hypothalamus, verbunden ist. Dieser Hypothalamus ist außerdem mit den Nerven des autonomen Nervensystems verbunden und wirkt so auch auf diese ein. Daraus könnte man ableiten, dass der Hypothalamus das Zentrum ist, das die Aktivitäten des autonomen Nervensystems wesentlich steuert, und zwar auch als Reaktion auf die Veränderungen der Umwelt, die von den Sinnesorganen wie Augen, Ohren usw. gemeldet werden. So wird das autonome Nervensystem von den äußeren und inneren Bedingungen gesteuert.

Diese Idee wurde von der Medizinforschung bestätigt. Wissenschaftler haben herausgefunden, dass der Hypothalamus in seiner Struktur das duale System des autonomen Nervensystems widerspiegelt. Er ist nämlich aus zwei Lappen zusammengesetzt. Die künstliche Reizung des einen Lappens erhöht die Aktivität des sympathischen Nervensystems, während die Reizung des anderen diese Aktivität verringert.

Dasselbe Muster kann beobachtet werden, wenn man die Wirkungen radikaler Änderungen in der äußeren Umwelt auf den Hypothalamus und auf das autonome Nervensystem beobachtet. Wenn wir z. B. in einer gefährlichen Stresssituation sind, erreichen Nervenimpulse der Gehirnrinde den Hypothalamus, der wiederum ein hohes Aktivitätsniveau des sympathischen Nervensystems erzeugt. Das hat weitreichende Wirkungen im Körper, die unsere Bereitschaft erhöhen, mit diesen gefährlichen Situationen fertig zu werden. Diese Wirkungen erzeugen zum Beispiel einen verstärkten Stoffwechsel, erhöhten Blutdruck, erhöhte Herzaktivität und verstärkte Blutzufuhr zu den Muskeln und vermindern die Blutzufuhr zum Verdauungsapparat. Dies ist die Antwort auf eine äußere Gefahr für Angriff oder Flucht. An diesem Beispiel können wir gut die allgemeine Bedeutung der erhöhten Aktivität des sympathischen Nervensystems erkennen. Wenn der Einfluss des sympathischen Nervensystems größer ist als der des parasympathischen Systems, sind wir in einem Zustand erhöhter geistiger und körperlicher Spannung und Bereitschaft. Wir wären, einfach gesagt, bereit zu kämpfen. Wir haben dann die Neigung, aggressiv, aufgeregt und übertrieben positiv oder auch kritisch in unserem Denken zu sein. Wir neigen dann zur Übertreibung. In extremen Fällen neigen wir sogar zu Grausamkeit und Gewalt. Mit anderen Worten ist der Zustand erhöhter Aktivität des sympathischen Nervensystems analog zur Kraft der Aggressionen und des Hasses bei Menniger. Wenn auf der anderen Seite das parasympathische Nervensystem stärker ist als das sympathische, neigen wir dazu, passiv und empfindsam zu sein und uns zu schützen. Wir neigen zu Faulheit und Bequemlichkeit, zu Lustlosigkeit und Nachlässigkeit. Dieser Zustand korrespondiert mit der zweiten Kraft in Mennigers Theorie, der Kraft der Passivität und Liebe.

Wenn Ihnen diese Gedanken zu abstrakt und theoretisch sind, denken Sie an einen Augenblick, als Sie in einer schwierigen und stressigen Situation waren. Müssen Sie manchmal ganz schnell zur Toilette? Dies ist nämlich eine andere Wirkung des unbalancierten Zustandes des autonomen Nervensystems. Es mag vielleicht komisch sein, sich daran zu erinnern, aber ich glaube, es zeigt eine interessante Tatsache. Es zeigt, dass die Wirkungsweise unseres autonomen Nervensystems sehr reale und manchmal störende direkte Folgen in unserem täglichen Leben hat. Dies mit dem Verstand wahrzunehmen, ist eine Sache. Aber es kann durchaus etwas Beunruhigendes haben zu realisieren, dass der Zustand des autonomen Nervensystems unser Handeln und Verhalten in einem sehr grundlegenden Sinne beeinflusst oder sogar bestimmt. Um es noch deutlicher zu sagen: Wir können wirklich nicht bewusst die Aktivitäten der Eingeweide und des Verdauungsapparates kontrollieren und steuern.

Es braucht vielleicht etwas Zeit, um sich an diesen Gedanken zu gewöhnen. Wir sind im Allgemeinen der Ansicht, dass wir unser Leben selbst steuern können und dass wir durch unsere Gedanken und bewussten Entscheidungen über unsere Handlungen und unsere Situation in der Welt selbst entscheiden können. Wir haben das Gefühl, dass wir in der Lage sein müssten, die Probleme des Lebens verstandesmäßig und bewusst zu lösen. Wenn wir aber erkennen, dass ein System, über das wir fast keine bewusste Kontrolle haben, in Wirklichkeit wichtige Aspekte unseres Lebens reguliert, dann fangen wir wahrscheinlich an, eine andere Sichtweise des Lebens zu entwickeln. Wir

fangen wahrscheinlich an zu erkennen, dass unser Leben, unser
Verhalten und sogar unsere Bestimmung nicht allein ein Problem
des Verstandes und des Geistes ist, sondern sowohl vom Körper
als auch vom Geist abhängen. Wir mögen dann erkennen, dass
wir bisher unsere Probleme oft zu einseitig behandelt haben. Wir
benötigen daher eine Methode, mit Körper und Geist als Ganzem zu arbeiten. Was wir brauchen, ist also eine Methode, um
das Gleichgewicht des autonomen Nervensystems zu erreichen.

*Ich habe oft gefühlsmäßige Widerstände gegen solche Theorien, die
das Leben und das Verhalten auf der Grundlage der Naturwissenschaften und der Physik erklären wollen. Sie scheinen mir immer zu
mechanistisch und eingeengt zu sein. Sicherlich ist das Leben mehr
als Fleisch und Knochen ...*

Ja, ich kann Ihr Gefühl verstehen, aber bitte denken Sie in diesem Zusammenhang auch an die vorherigen Diskussionen. Wir
haben über verschiedene Sichtweisen gesprochen, über verschiedene Arten, die Welt zu sehen und sie zu begreifen. Mein Ziel
war es dabei, zunächst aufzuzeigen, dass wir die Welt in der Tat
aus verschiedenen Gesichtswinkeln sehen und uns dann einige
theoretische Erklärungen für diese Tatsache erarbeiten. Wie
ich mehrfach gesagt habe, besteht der Buddhismus darauf, dass
Körper und Geist eine Einheit sind, aber das bedeutet nicht,
dass verstandesmäßige und physische Erklärungen des Lebens
verworfen werden müssen. Wenn wir mentale und physische
Theorien verbinden und erweitern wollen, bedeutet dies nicht,
die eine oder andere Theorie ganz zu verwerfen, sondern sie als
Ausgangspunkt einer umfassenderen Konzeption des Lebens
zu verwenden. Wenn wir einen so weiten und umfassenden

Standpunkt eingenommen haben, können wir zurückschauen und sagen: Ja, diese Theorie ist zu mechanistisch oder jene Theorie ist zu idealistisch. Aber was sich an diesem Punkt geändert hat, ist nicht die Qualität oder Brauchbarkeit einer bestimmten Theorie, sondern unsere Einstellung zu ihr. Dies gilt vor allem dafür, dass jede Theorie nur einen bestimmten Erklärungswert hat und nicht jedes und alles erklären kann.

Wenn wir daher eine interessante psychologische Theorie finden, sollten wir sie nicht einfach verwerfen, sondern danach fragen, was sie im physischen Bereich bedeutet und leistet. Wir suchen nach einer physischen Erklärung als Gegenstück oder als Balance zu der mentalen Vorstellung. Dies habe ich hier versucht. Die Theorie von Menniger scheint mir ein guter Weg zu sein, die mentale oder psychologische Seite unserer Fragestellung zu klären, aber wir sollten die körperliche Seite nicht vernachlässigen und übergehen. Die physische oder materielle Seite unserer Existenz ist genauso wichtig wie die geistige oder spirituelle Seite. Wenn wir die körperliche Seite des Lebens betrachten, sollten wir nicht versuchen, sie in Begriffen und Vorstellungen psychologischer oder mentaler Theorien zu erklären. Der Körper muss in physikalischen, chemischen und biologischen Begriffen von Muskeln, Knochen, Blut, Nerven usw. gesehen werden. Ich habe den Eindruck, dass meine Erklärung unserer Situation bezüglich des autonomen Nervensystems durchaus aussagekräftig ist. Ich meine, dass es eine wichtige Deutung der physischen Seite des Lebens ist.

Auf der anderen Seite möchte ich nicht den Eindruck erwecken, dass meine Theorie der einzige Weg ist, unsere physische Existenz auf der Erde zu erklären. Es gibt verschiedene Wege und es gibt viele Standpunkte. Ich hoffe nur, dass durch diese Erklärung auch ernsthafte Wissenschaftler dazu bewegt werden, diese Fragen intensiver zu untersuchen und die Bedeutung des Lebens genauer zu erforschen. Ich weiß, dass in neuerer Zeit hierzu interessante und aussagekräftige Untersuchungen durchgeführt wurden, die das Obige bestätigen.

**Glauben Sie wirklich, dass das Leben überhaupt erklärt werden kann?**

Es gibt immer Bereiche und Zusammenhänge des Lebens, die nicht erklärt werden können. Von einem letztendlichen Standpunkt aus sind das Leben, das Universum und die Wirklichkeit selbst nicht erfassbar. Aber ich möchte mich nicht hinter dem Vorhang des Geheimnisvollen verstecken. Letztlich mag die Wirklichkeit selbst unfassbar sein, aber die verschiedenen Formen der Wahrnehmung und des Verständnisses der Wirklichkeit können genauer untersucht und die Beziehungen zwischen ihnen besser beleuchtet werden. Dies ist aus meiner Sicht der Wert der buddhistischen Lehre. Die buddhistische Lehre enthält ein genaues System des Denkens, eine Art Logik. Indem wir diese Logik verwenden, können wir nach meiner Ansicht viel über die Struktur und Natur des menschlichen Denkens und die Art und Weise der Wahrnehmung der Welt lernen. Es gibt vieles über das Leben und über den Buddhismus selbst, das wir verstandesmäßig begreifen können. Warum sollen wir nicht die modernen Denkmethoden verwenden? Manche buddhistischen Priester teilen allerdings leider meine Meinung nicht. Sie sagen, dass der Buddhismus überhaupt nicht erklärt werden kann. Sie sprechen über das Leben in ungenauen, geheimnisvollen Begriffen. Solche

Erklärungen mögen manchmal anregend sein, aber sie helfen uns kaum in unserer tatsächlichen Situation. Wir leben in einer modernen Welt und es ist auch eine vernünftige und logische Welt. Sie verlangt rationale, logische Erklärungen. Dies ist der Grund, warum ich die buddhistische Lehre und unsere grundlegende Lebenssituation in wissenschaftlichen Begriffen zu erklären versuche. Ich glaube, unsere Situation erfordert einen solchen Aufwand. Um Ihre Frage zu beantworten, muss ich sagen, ja und nein. Das Leben kann erklärt werden und gleichzeitig ist es auch unfassbar. Das ist unsere Situation.

# Kapitel 6:
# Der ungelöste Konflikt von Idealismus und Materialismus in der westlichen Kultur

Ich möchte jetzt versuchen, einige der Gedankengänge, die wir bislang entwickelt haben, zusammenzuführen. In den bisherigen Kapiteln habe ich einige typische Merkmale unserer Welt aufzuzeigen versucht, z. B. wie wir diese Welt sehen, in ihr Erfahrungen sammeln und sie verstehen, um im Alltag sinnvoll zu handeln. Das aus solchen Überlegungen entstandene Bild ist durch Unterteilungen, Unterscheidungen, fehlende Einheit und Konflikte gekennzeichnet. Auf der einfachsten Verständnisebene gibt es zwei Welten: die Welt des Denkens und die Welt der Wahrnehmung und des Fühlens. Wir haben die Neigung, einen Unterschied zu machen zwischen dem, was wir denken, also unseren Ideen und Gedanken, und dem, was wir mit den Sinnen wahrnehmen, also der äußeren Welt. Unser Verständnis dieser beiden Welten und Bereiche ist nicht immer klar, aber wir haben eine gewisse mehr oder minder klare Vorstellung davon, und diese Vorstellung gibt uns eine Grundlage, um unsere Gedankenwelt und Wahrnehmung zu ordnen.

Die unterscheidende Funktion unseres Verstandes dient dazu, eine genaue Sicht der Einzelheiten des Lebens zu ermöglichen und zu unterstützen. Wir versuchen, Sinn in unserer Welt zu finden, indem wir in unserem Geist die Welt in Einzelheiten unterteilen, die Teile klassifizieren und wieder zusammenfassen und dann ordnen und miteinander vergleichen. In diesem Prozess treten entgegengesetzte Positionen auf, die die Grundlage für unseren gesunden Menschenverstand und unser Verständnis des Lebens sind. Die grundlegenden Konzeptionen von Geist und Körper sowie Mensch und Natur, die wir bisher behandelt haben, sind nur zwei von den vielen möglichen dualistischen Erklärungen, die das Wesentliche unserer Gedanken ausmachen.

Wir haben herausgefunden, dass unser Leben u. a. auf einem System mit fein gesteuerter Balance und Sensibilität beruht – einem System, das unser Leben stabil und harmonisch gestalten kann, aber das uns auch in die Extreme von Aggression und Hass oder Passivität und abhängiger Liebe treibt, wenn es aus dem Gleichgewicht gerät. Und dies geschieht öfter, als uns lieb ist.

Wie es scheint, leben wir also in einer komplizierten und häufig auch chaotischen Welt. Ich glaube, dass das Wort Chaos eine durchaus angemessene Beschreibung unserer Situation ist. In unserem Leben werden wir immer wieder hin- und hergezogen von sich widersprechenden Ideen, Wahrnehmungen und Gefühlen. Wir bevorzugen einmal die eine Seite des Lebens und dann wieder die andere und können nicht eine ausgewogene Grundlage, den mittleren Weg finden. In dem Durcheinander unseres täglichen Lebens scheinen wir oft das uns tragende Fundament und unser Gleichgewicht zu verlieren. Wir wissen nicht, welchem Weg wir uns zuwenden und was wir eigentlich tun sollen. Das erzeugt im praktischen Leben natürlich viel Leiden. In der Tat gibt es Zeiten, in denen Leiden und Schmerzen die einzige Konstante in unserem Leben zu sein scheinen. Im Chaos zu leben ist weder einfach noch angenehm.

Ich denke, es ist wichtig, die chaotischen Merkmale unseres Lebens und der Welt, in der wir leben, zunächst möglichst klar und nüchtern zu erkennen. Es war meine Absicht, in den vorherigen Kapiteln ein Bild von dieser chaotischen Welt zu zeichnen. Aber ein solches Bild zu zeichnen ist nicht einfach. Wenn wir unsere Probleme im Leben einzeln anschauen, wird dadurch vielleicht die Tatsache verdeckt, dass sich in der Gesamtheit der Probleme eine gewisse Struktur verbirgt. Daher möchte ich mich jetzt der darunterliegenden Struktur oder dem Muster zuwenden. Für mich wird dieses Muster klar, wenn ich mir den geschichtlichen Anfang unserer Welt vor Augen führe. Ich glaube, dass wir den Grund für das Chaos finden können, wenn wir diesen Ursprung untersuchen. Wenn wir diese Grundlage verstehen, haben wir Hoffnung, einen Ausweg aus dem Chaos zu finden und in eine neue Welt zu gelangen – in eine Welt des Friedens und der Harmonie.

Bei der Untersuchung der Geschichte der Menschheit gibt es durchaus viele Deutungen und Interpretationen. Meine eigene Interpretation der Geschichte ergibt sich natürlich aus meinem Verständnis des Lebens als Buddhist. Das bedeutet unter anderem, dass ich die menschliche Geschichte grundsätzlich in einem positiven Licht sehe und glaube, dass die Menschen schließlich ihre vorhandenen großen Möglichkeiten erkennen und verwirklichen werden. Aus diesem Grund mögen meine Schlussfolgerungen vielleicht für diejenigen etwas naiv und einfach erscheinen, deren Ideen und Verhalten eher pessimistisch sind oder die durch die Erziehung in eher traditionellen Weltanschauungen verwurzelt sind. Es mag vielleicht auch seltsam erscheinen, dass ein japanischer Buddhist den Menschen des Westens die westliche Geschichte zu erklären versucht. Ich untersuche dabei den Westen gewissermaßen von außen und manchmal werden dadurch die Konturen klarer, als wenn man dies innerhalb der eigenen Kultur versucht. Ich möchte mein

Verständnis und meine Ideen kurz darlegen und hoffe, dass meine Gedanken vielleicht den Funken des Interesses überspringen lassen, denn ich bin der festen Ansicht, dass eine solche Auseinandersetzung von großem Nutzen für die moderne Welt sein kann. Ich denke, dass daraus ein neues Verständnis des Ursprungs unserer Lage in der modernen Zeit hervorgehen wird und dass Hand in Hand damit neue Hoffnung für die Lösung der großen Konflikte in dieser verwirrenden und chaotischen Welt keimt.

Wenn ich an den Ursprung der westlichen Kulturen denke, nehme ich als Ausgangspunkt meist das alte Griechenland. Die griechische Kultur war auf ihrem Höhepunkt reich, vielfältig und wunderbar. Ihre Ökonomie war auf der Sklaverei aufgebaut und so konnten sich die Bürger Griechenlands neben ihrem Wohlstand auch an einer sehr wertvollen Möglichkeit erfreuen: Sie hatten Zeit. Sie hatten Zeit zu spielen, Zeit zu studieren, Zeit, die Kunst zu genießen, genauso wie die Schönheit der Natur, und sie hatten Zeit zu denken und zu philosophieren. In weniger glücklichen Gesellschaften wurde das Denken nur in Bezug auf die praktischen Fragen und großen Probleme des Überlebens wertgeschätzt, aber in Griechenland hatte das Denken einen Wert an sich. Jene, die besonders tiefgründig dachten und ihre Gedanken besonders klar und überzeugend vortragen konnten, wurden hoch geschätzt und genossen ein hohes Ansehen. Dies waren die Philosophen.

Unter den bekannten großen griechischen Philosophen ist vor allem Plato zu nennen. Bei ihm kam die griechische Hochachtung für das Denken zu einem Höhepunkt, denn Plato glaubte daran, dass die Welt des Denkens die wirkliche Welt selbst sei. Auf der anderen Seite misstraute er der Welt, die ihm durch seine Sinne vermittelt wurde. Für ihn war die wahrgenommene Welt unbeständig – es war eine Welt, die immer wechselnde Erscheinungen zeigte und über die kein verlässliches Wissen möglich war. Während er also an der Wirklichkeit seiner Sinneswahrnehmungen zweifelte, hatte er an der Wirklichkeit des eigenen Denkens und der Ideen nicht den geringsten Zweifel. Die Gedanken, die auftauchten und sich in seinem Bewusstsein entfalteten, waren für ihn wirklicher und substanzieller als die unsicheren, sich dauernd verändernden Wahrnehmungen der äußeren Welt.

Daher dachte er, dass es eine andere Welt geben müsse, die sich von dieser Welt unterscheidet. Dies war eine vollkommene Welt, eine Welt der Formen und Ideen. Diese ursprünglichen Formen und Ideen könnten durch die Sinne nicht wahrgenommen werden, aber durch einen direkten geistigen Kontakt zu ihnen, der in der Kontemplation verwirklicht werden konnte. Plato glaubte, dass eine solche geistige Kontemplation die Quelle des wahren Wissens sei, und widmete sein ganzes Leben dieser Arbeit. Für diese geistige Arbeit schätzte Plato den Wert der Mathematik sehr hoch. Er glaubte, dass durch das genaue mathematische Verhältnis der Zahlen untereinander die zu Grunde liegende Struktur und der Plan der Welt mit allen ihren vielfältigen Formen offenbart würden. Indem man also diese Beziehungen der Zahlen studierte, könnte man die innere Wahrheit und Harmonie der Welt erkennen und in seinem Leben für sich selbst verwirklichen. Der hohe Wert der Mathematik in der westlichen Kultur hat also in Plato einen wesentlichen Ursprung.

Als ich jung war, fiel es mir sehr schwer, den Wert von Platos Philosophie zu schätzen und anzuerkennen. Für mich war der Glaube Platos, dass die wirkliche Welt nicht diese Welt sei, sondern die Welt der Ideen und Gedanken, sehr schwer nachzuvollziehen. Mir schien dies dem gesunden Menschenverstand gänzlich zu widersprechen.

Ich konnte nicht glauben, dass nur Ideen und Gedanken die Qualität
der Wirklichkeit haben sollten und dass die Sinneswahrnehmungen
nur Illusionen und Schatten seien. Aber in meinem späteren Leben
erkannte ich, dass Platos Denken zu den wichtigsten Grundlagen
der westlichen Kultur gehört. Seine philosophische Theorie war die
Quelle des großen Stroms im westlichen Denken, der als Idealismus
bekannt ist und große Kräfte entwickeln sollte.

In den Jahrhunderten nach Plato nahmen idealistische Philosophien
und Weltanschauungen die unterschiedlichsten Formen an, aber der
Geist von Platos Denken war dabei immer klar zu erkennen. Diesen
Geist gibt es nicht nur bei den theoretischen Systemen der idealistischen Philosophen, sondern er gehört auch zur Grundlage der westlichen Kultur selbst. Denn auch wenn Platos Vorstellungen von einer
Welt der Ideen und Formen aus der Sicht des gesunden Menschenverstandes fraglich sind, müssen wir feststellen, dass die Grundlage
seiner Philosophie eine fast perfekte Verehrung des Verstandes ist.
Diese hohe Wertschätzung des Verstandes und der Ideen, die von
ihm erzeugt werden, ist eine der bemerkenswertesten Merkmale der
westlichen Kultur und hat wesentlich zu deren Erfolg beigetragen.
Und diese Entwicklung ist sicher noch nicht abgeschlossen.

Ich glaube, dass die Philosophie Platos nicht nur für den Bereich
der Ideen, sondern auch für viele andere Bereiche unserer Gesellschaft von größter Bedeutung ist. Selbst der materielle und tech-
nologische Fortschritt der westlichen Zivilisation schuldet diesem
Manne viel, der in der Mathematik den Schlüssel zur Welt der
Ideen sah. Wie hätten wir z. B. jemals den Mond ohne eine solche
Wertschätzung der Mathematik erreichen können?

Zwischen Plato und dem Raumschiff Apollo liegt natürlich eine
große Zeitspanne. Platos Verständnis der Welt wurde vertieft

und modifiziert durch seinen bedeutendsten Schüler Aristoteles. Aristoteles entfernte sich in seinem Denken in vielem von den Positionen seines Lehrers, insbesondere bei der Theorie der Formen. Daher war seine Philosophie nicht rein idealistisch wie bei Plato, aber in seinen Schriften erkennen wir, dass Aristoteles die hohe Wertschätzung des Verstandes als Grundlage des wahren Wissens beibehielt. Seine eigenen Theorien waren ein glänzendes Vermächtnis für die Fähigkeit des menschlichen Geistes, widerspruchsfreie und bedeutungsvolle philosophische Systeme zu entwickeln. Dieses System des Denkens breitete sich dann zusammen mit der Philosophie Platos und der griechischen Philosophie im Allgemeinen im römischen Reich aus und verband sich mit dem Christentum. So wurde es die wesentliche Grundlage der westlichen Kultur.

Das Zusammentreffen der jungen idealistischen Religion des Christentums aus dem Nahen Osten mit der idealistischen Philosophie der Griechen war ein Ereignis von grundsätzlicher Bedeutung für die Entwicklung der westlichen Kultur. Die Lehren der zwei größten griechischen Philosophen ergaben für das Christentum ein hervorragendes und passendes theoretisches System, auf das sie den eigenen idealistischen Glauben aufbauen konnten. Das Zusammenwirken des griechischen und christlichen Idealismus erzeugte neues kraftvolles Denken, das die westlichen Kulturen bis zum Ende des Mittelalters beherrschte. Unter den christlichen Theologen, die daran arbeiteten, die Lehren der Bibel mit der griechischen Philosophie zu versöhnen und dann dieses neue Denken zu erklären und zu verbreiten, sind vor allem der heilige Augustin (350 bis 430) und Thomas von Aquin (1224 bis 1274) zu nennen. Diese beiden hervorragenden Philosophen trugen mit ihrer Kraft und ihrem Denken wesentlich zur Klarheit und Vitalität des Christentums bei. Für mich ist die Periode, die diese beiden Theologen verbindet, das große Zeitalter des westlichen Idealismus.

Eine anschaulichere und populäre Bezeichnung für diese Zeit ist jedoch „Das dunkle Zeitalter" und für viele Menschen muss es in der Tat eine dunkle und schwere Zeit gewesen sein. Die Lebensbedingungen waren für die meisten hart und niederdrückend. Die feudale Ökonomie, die auf primitiven Methoden der Landwirtschaft beruhte, basierte auf der harten physischen Arbeit der Untergebenen, die die Mehrheit der Bevölkerung stellte. Diese Untergebenen waren an ihren Fürsten für ihr ganzes Leben auf Gedeih und Verderb gebunden und der Fürst leitete seine Autorität direkt von Gott ab. Daraus ergab sich, dass die Kirche eine hervorragende Machtstellung für die Aufrechterhaltung der Ordnung in der damaligen Gesellschaft innehatte. Daher gab es für die meisten nur geringe Hoffnung, auf dieser Welt glücklich zu sein. Die Menschen waren gezwungen, in die Zukunft nach diesem Leben zu schauen, um ein neues und glückliches Leben im Himmel und Paradies zu führen.

Aber eine glückliche Existenz im Himmel wurde nicht umsonst vergeben. Sie musste verdient werden durch Aufopferung und Gehorsam gegenüber den Gesetzen Gottes und den Lehren der religiösen Autoritäten, die diese Gesetze bestimmten. Das Ziel des Lebens war also, die Seele für ein besseres Leben in der nächsten Welt vorzubereiten. Bei diesem Ziel konnten die Leiden und Freuden des Körpers und das Bedürfnis nach einer guten physischen Existenz nur als Hindernis und Barriere gesehen werden. Um das Ziel des Paradieses zu verwirklichen, war es in der Tat notwendig, den Körper insgesamt zu verleugnen, um nicht zu sagen zu verachten. In einem solchen Leben von meist ununterbrochener Arbeit war ein Verzicht auf die Freuden des Körpers vermutlich nicht so schwierig, wie es uns heute erscheint. Leiden und physische Qualen wurden entweder verdrängt oder mit Gelassenheit durchgestanden. Wünsche und Begierden, oft schon gedämpft durch die einfache Tatsache der physischen Erschöpfung und des Hungers, wurden meist unterdrückt. Die physischen Freuden des Körpers wurden als Sünde angesehen, die durch Sühne und religiöse Leidenschaft überwunden werden mussten. Diese religiöse Leidenschaft entstand aus der Spannung der Ablehnung des Körpers und des physischen Bereiches. Um als Menschen zu leben, müssen wir jedoch sowohl der körperlichen als auch der spirituellen und geistigen Seite unserer Existenz Aufmerksamkeit und Tatkraft schenken. Aber in den Tagen des rein idealistischen Denkens, das die westliche Welt im Mittelalter regierte, war ein solches Gleichgewicht für die meisten Menschen ganz unmöglich. Die Gefühle der Menschen schwankten oft zwischen Verzweiflung und unterdrückter Wut. Das Leben war oft schwer zu ertragen und grauenvoll. Die Hoffnung auf das Paradies im Himmel, um von diesem Jammertal befreit zu werden, war das einzig Wirkliche in jener Zeit. Allerdings gab es natürlich auch wenige privilegierte Menschen auf der Sonnenseite des Lebens, die das Leben in vollen Zügen materiell und körperlich genießen konnten. Das waren die Adligen und oft auch die Oberschicht der Kirche. Sie verkündeten zwar die Lehre vom Jammertal auf Erden und dem jenseitigen Paradies, verschafften sich jedoch selbst ein materielles Paradies in ihrem Leben auf Erden, oft zulasten der breiten Bevölkerung.

Dann kam jedoch die Zeit, in der die Menschen ihr mittelalterliches Joch abwarfen. Die wieder erstarkte Kunst und Literatur des vierzehnten bis sechzehnten Jahrhunderts wird normalerweise Renaissance genannt. Die Renaissance entwickelte sich in Italien und einer der wichtigsten Katalysatoren für den Wandel war der Reichtum, der sich nicht zuletzt durch den Handel mit dem Orient entwickelte. Diese sich langsam verbessernden Lebensbedingungen befreiten die Menschen allmählich von der ökonomischen und religiösen Herrschaft der Kirche und des Adels. Die Menschen fingen an, als wirkliche Menschen zu leben, als Mann und Frau, die ihren eigenen Geist und ihren eigenen Körper hatten. Dies war, glaube ich, ein außerordentlich wichtiger Wandel, eine fundamentale Veränderung der Art und Weise, wie die Menschen sich selbst und die Welt sahen und erlebten. Ich glaube, dass das Erkennen der physischen Seite des Lebens in der Renaissance die Geburtsstunde der neuen westlichen Kultur war: der Beginn des Zeitalters des modernen Materialismus und Pragmatismus und auch der Naturwissenschaft und Technik.

Dieser grundsätzliche Wandel der Menschen zeigte sich in Veränderungen innerhalb der Kirche und der weltlichen Gesellschaft. In der ersten Hälfte des 16. Jahrhunderts leiteten Martin Luther (1483 bis 1546) und Johannes Calvin (1509 bis 1564) eine Bewegung ein, die ich als Versuch verstehe, das abstrakte Christentum der Kirche in ein Christentum für den Menschen im Alltag umzuwandeln. Die Reformation kann daher als grundsätzliche Veränderung des Christentums und als Verminderung der Macht und Autorität der Kirche gesehen werden. Ich glaube, dass die Renaissance als eine Zeit angesehen werden kann, in der die Christen ihr Recht auf ein Leben als menschliche Lebewesen einzufordern begannen.

Eine ähnliche Erklärung gilt für die politischen Bewegungen, die ihren Anfang in jener Zeit hatten und ihren Höhepunkt 200 Jahre später in der französischen und amerikanischen Revolution erreichten. Im Mittelalter, seit etwa dem achten Jahrhundert, glaubten die

Menschen grundsätzlich, dass das absolute Recht der Könige direkt von Gott abgeleitet war. Aber in dem neuen geistigen Klima des sechzehnten und siebzehnten Jahrhunderts begannen die Menschen das göttliche „Grundrecht" der Könige zu hinterfragen. Sie erkannten, dass normale, nicht adlige Menschen ihr eigenes Land auch regieren können und dass das Land in der Tat den Menschen selbst gehören sollte. Sie fingen an, aus dem langen mittelalterlichen Traum und Albtraum der Religiosität zu erwachen, um die großartigen Möglichkeiten des Lebens und des physikalischen Universums zu erkennen. Nirgends war das neue geistige Klima deutlicher als in England. Dort legten Denker wie Francis Bacon (1561 bis 1626), Thomas Hoppes (1581 bis 1679), John Locke (1632 bis 1702), George Berkeley (1685 bis 1753) und David Hume (1711 bis 1776) die Grundlagen für das moderne naturwissenschaftliche Denken. Diese Philosophen fanden es außerordentlich schwierig, an das spirituelle Denken der meisten idealistischen Philosophen zu glauben. Sie bezweifelten den Glauben, dass das Wissen allein aus dem Denken und der Kontemplation entstehen kann. Für sie waren die Überprüfung von Theorien und die praktische Kontrolle, also die empirische Evidenz, die einzig verlässlichen Lehrer und daher erhielten die Fähigkeiten der Sinnesorgane eine große Bedeutung. Wenn eine Idee oder eine Theorie nicht durch die Sinneswahrnehmungen bewiesen werden konnte, waren diese Philosophen nicht bereit, ihnen Wirklichkeit oder Wahrheit zuzugestehen.

In der Verschiebung des Brennpunktes der Aufmerksamkeit weg von der Welt der Ideen hin zu der äußeren, konkreten Welt, die durch die Sinne wahrgenommen werden kann, veränderten diese empirischen Philosophen die Grundlagen, auf denen das Verständnis des Lebens und der Welt beruhten. Indem sie das taten, entdeckten sie wirklich eine neue Welt. Dieses war die geordnete Welt der Materie, der Form und der Energie. Es war eine vielschichtige Welt: eine Welt, die durch wissenschaftliche Beobachtung und Experimente erforscht und erklärt werden konnte. Die Welt der Naturwissenschaft, Technik und des modernen Materialismus war geboren.

Natürlich begrüßten nicht alle Philosophen diese neue Sichtweise. Viele folgten weiterhin dem Strom des Idealismus, der in dem Denken der westlichen Kulturen so tief verwurzelt war. Die modernen idealistischen Denker wurden angeführt von dem französischen Philosophen René Descartes, der seine Philosophie auf der Grundlage seiner berühmten Worte „Cogito ergo sum" – „Ich denke, also bin ich" entwickelte. Diese Worte verdeutlichen, dass der Schwerpunkt seiner Theorie der denkende Geist war und damit der Mensch, der denkt. Ein solcher Ansatz ist das hervorstechende Merkmal des idealistischen Denkens. Descartes wird meist als ein Philosoph sowohl des Geistes als auch der Materie angesehen. Wir sollten ihn daher nicht einen reinen Idealisten nennen, aber gleichzeitig müssen wir die grundsätzliche idealistische Prägung seiner Philosophie beachten.

Zu jener Zeit wurde das Vorhandensein zweier deutlich getrennter Ströme des westlichen Denkens offensichtlich. Auf der einen Seite gab es die materialistischen, pragmatischen Theorien der englischen Empiristen und auf der anderen Seite die idealistischen Theorien der übrigen Philosophen. Diese klare Unterscheidung setzte sich fort, bis der deutsche Philosoph Emanuel Kant (1724 bis 1804) versuchte, beide Ströme des Denkens zusammenzufassen und ein großartiges System auf der Basis der Vernunft errichtete. Seine Nachfolger konnten jedoch seinen ausgewogenen Standpunkt nicht bewahren und kehrten stattdessen zu dem einseitigen idealistischen Strom des Denkens zurück. Diese Richtung erreichte ihren Höhepunkt mit der Philosophie von Georg Wilhelm Friedrich Hegel (1770 bis 1831), der die idealistische Erklärung der Welt zu einem fast perfekten Abschluss brachte. In seiner großartigen Theorie der Phänomenologie des Geistes wird das gesamte Universum als Offenbarung des „Weltgeistes" gesehen und erklärt. Hegel erzeugte in dem Versuch, alle Dinge aus nur einem einzigen Ansatz zu erklären, eine Theorie von großer, allerdings auch makelhafter Schönheit. Denn eine solch extreme Sichtweise enthält immer die Gefahr, in ihr Gegenteil verkehrt zu werden. Dies ist dann in der Tat geschehen. Unter den Nachfolgern Hegels gab es einige, die den Standpunkt ihres Lehrers als zu einseitig und idealistisch sahen. Diese Schüler wichen von dem Hauptstrom des Denkens Hegels ab und im Sinne einer politisch sozialistisch ausgerichteten Denkschule entstand eine neue Theorie, die Hegels System vollständig auf den Kopf stellte: Karl Marx entdeckte, dass er die Existenz der Welt auf völlig neue Weise erklären konnte, wenn er den „Weltgeist" seines Lehrers durch die Materie ersetzt.

Seine neue Theorie stürzte die europäischen Menschen in große Verwirrungen. Sie erkannten, dass es keinen Platz mehr für das Christentum gab, wenn es möglich war, alle Phänomene auf der Grundlage der Materie und der Naturgesetze zu erklären. Eine solche erhöhte Wahrnehmung des unversöhnlichen Widerspruches zwischen zwei Systemen des Denkens (Idealismus und Materialismus) erzeugte eine Situation, in der die Unterschiede zwischen den Menschen scharf hervortraten und in hohem Maße übertrieben wurden. Bei einer solchen Polarisierung sind große Konflikte fast unausweichlich. Und in der zweiten Hälfte des 19. Jahrhunderts gerieten auch die westlichen Kulturen in eine chaotische Verwirrung, in der jeder Aspekt des Lebens den Konflikt zwischen Geist und Körper widerspiegelte, also den Konflikt zwischen Idealismus und Materialismus. In der Folge wurden die katastrophalen Kriege der westlichen Länder untereinander geführt, die so viel Leid und Zerstörung über die Menschheit brachten.

Dies ist also das kulturelle Erbe und auch unser jetziger Zustand. Wir sind in einer geteilten Welt gefangen – in einer Welt, in der Konflikte und Konfrontationen unausweichlich erscheinen und Kompromisse eventuell nur dazu dienen, den Tag des endgültigen Kampfes zu verschieben. In einer solchen Welt ist es schwierig, optimistisch in die Zukunft zu schauen. Aber ich glaube in der Tat, dass es einigen Anlass zu Hoffnung gibt. Eine dieser Hoffnungen besteht darin, dass die große Klarheit des Konfliktes zwischen Idealismus und Materialismus die Suche nach neuen Lösungen angeregt hat. Seit Mitte des 19. Jahrhunderts haben sich viele Philosophen diesbezüglich engagiert. Besonders erwähnenswert sind die sogenannten existenzialistischen Philosophen: Kierkegaard (1813 bis 1855), Jaspers (1883 bis 1969), Heidegger (1889 bis 1976) und Sartre (1905 bis 1980). Ihre Theorien sind sehr vielfältig und es ist daher schwierig, eine gemeinsame Basis für sie zu finden. Ich habe aber den Eindruck, dass sie große Anstrengungen unternommen haben, um den Konflikt zwischen Idealismus und Materialismus zu überwinden. Ihr Denken ist jedoch noch sehr jung und zum Teil wohl auch unausgereift. Trotzdem glaube ich, dass ihre Theorien sehr wichtig sind. Ich glaube, dass sie die Samen für eine mögliche Befreiung aus dem Chaos und den Widersprüchen des modernen Lebens enthalten.

Sie werden sich sicher wundern, wie es möglich ist, dass philosophische Theorien die Welt derart verändern können. In der Tat, das können sie eigentlich nicht. Theorien allein können uns im praktischen Leben wenig helfen. Theorien können aus sich selbst heraus wenig Kraft entwickeln, um den Gang der realen Welt zu beeinflussen oder wirkliche Änderungen des menschlichen Lebens zu bewirken. Aber die Trennungslinie von Philosophie und Religion ist schmal. Jede Philosophie ist sozusagen ein religiöser Embryo, eine Religion auf der Suche nach Gläubigen. Wenn eine Philosophie zu einer Religion wird, gewinnt sie auch die Kraft und Macht der Religion: die Macht, menschliches Handeln und den Sinn des Lebens wesentlich zu beeinflussen und damit die Kraft, die Welt zu verändern.

Theorien allein können uns daher nicht retten. Aber eine Philosophie, die den fundamentalen Konflikt zwischen Idealismus und Materialismus löst, kann mit einer Religion, die dieselbe theoretische Grundlage hat, zusammenkommen und sich vereinen und dann mag sich die Situation grundsätzlich ändern. Dies ist meine Hoffnung für die Zukunft der Menschheit. Ich glaube, dass die westlichen Kulturen in einer nicht allzu fernen Zukunft die Theorie und Praxis finden werden, um die Trennung der Herzen und des Geistes zu heilen und zu überwinden. Ich bin der festen Meinung, dass diese Theorie und Praxis der Buddhismus ist. Ich glaube, dass die Menschen ein Leben in Frieden und Harmonie führen werden, wenn die westlichen Kulturen und der Buddhismus zusammenkommen und sich gegenseitig befruchten. Und dies ist der Traum der Menschheit seit vielen tausenden von Jahren.

## Fragen und Antworten

*Ihre historische Analyse der Entwicklung des westlichen Denkens ist sehr interessant, aber ich habe immer Probleme, wenn ich derartige*

Die historische Analyse sollte immer objektiver Natur sein und dieser objektive Charakter erzeugt bei solchen Untersuchungen oftmals ein Gefühl, dass sie nicht auf den Menschen bezogen und zu abstrakt sind. Aber wir sollten daraus nicht schließen, dass die Geschichte des menschlichen Denkens und der menschlichen Handlungen deshalb für unser eigenes heutiges Leben unwichtig ist. Wir sind das, was wir sind, im Wesentlichen durch die Geschichte geworden. Die geistigen Standpunkte des Idealismus und Materialismus sind nicht einfach abstraktes Buchwissen. Sie sind in jedem von uns wirksam. Wir übernehmen weitestgehend die geistigen, religiösen und sozialen Verhaltensweisen und Ideen unserer Eltern, Lehrer und Freunde in der Weise, wie sie selbst die grundsätzlichen Verhaltensweisen von ihren eigenen Eltern und diese wiederum von deren Eltern übernommen haben. Wir haben daher eine gewaltige Erbschaft aus der Vergangenheit übernommen – eine Erbschaft mit vielen verwirrenden und widersprüchlichen Elementen und Strömungen.

Zu bestimmten Zeiten unseres Lebens haben wir vielleicht vollständiges Vertrauen in die idealistischen Lehren der traditionellen Religionen. Zu anderen Zeiten erscheint uns dieser Glaube unsinnig und veraltet. Dann neigen wir dazu, der objektiven Wissenschaft und Analyse eine natürliche Überlegenheit zu geben. Wir bewundern die Künste und Wissenschaften, die so viel Fortschritt seit der Zeit der Renaissance und der französischen Revolution erbracht haben. Aber wenn wir von einem verstandesmäßigen Standpunkt zum anderen wandern, können wir nicht

116

anders, als kritisch darüber nachzudenken, ob unser augenblickliches Verständnis des Lebens wirklich wahr ist. Dann finden wir heraus, dass der historische Konflikt zwischen Idealismus und Materialismus auch unser eigenes Problem widerspiegelt. Die widersprüchlichen Arten und Weisen, die Welt zu sehen und zu interpretieren, die über viele Jahrhunderte entstanden sind, entsprechen ganz genau den Konflikten in unserem eigenen Leben, in Körper und Geist.

Wenn Sie daher die historische Analyse unserer Situation zu unpersönlich finden, mag es sinnvoll sein, die Besonderheiten Ihrer eigenen Sichtweise und Vorlieben zu analysieren. Wir entdecken dann oft unsere eigene Weltsicht durch die Fragen, die wir stellen, und durch die Probleme, die wir in unserem Leben haben. Für einige von uns sind die wichtigsten Probleme des Lebens geistiger Art. Es sind Probleme der Ideen oder Probleme des eigenen Geistes. Es mögen religiöse, ethische oder psychologische Probleme sein und trotz der Vielfalt scheinen sie doch eine gemeinsame subjektive Qualität zu haben. Die Wechselwirkung zwischen den wahrgenommenen Problemen und uns selbst ist immer von ganz herausragender Bedeutung. Andere unter uns neigen dazu, die wirklichen Probleme des Lebens in der äußeren Welt zu sehen. Diese Probleme drehen sich um materielle Dinge, Geld, Annehmlichkeiten und sinnliche Freuden. Solche Probleme werden normalerweise als objektiv angesehen. Sie haben eine unpersönliche, scheinbar objektive Qualität.

Es scheint daher, dass wir zwei verschiedene Arten von Problemen in unserem Leben haben: Probleme des Geistes und Probleme des Körpers bzw. Materiellen. Wir mögen beide Typen von Problemen wahrnehmen und mit ihnen kämpfen, aber allgemein gesprochen haben wir meist den Eindruck, dass der eine der beiden Problemtypen wichtiger ist als der andere. Dieser eine jeweilige Typus erscheint uns dann als die wirkliche Wurzel aller unserer menschlichen Probleme.

Unsere Probleme sind die Brennpunkte unseres Lebens. Wir geben ihnen unsere Aufmerksamkeit und Sorge. Wenn wir eine bestimmte Ursache oder Quelle für unsere Probleme annehmen, halten wir diese zugleich für eine wichtige Grundlage unseres Lebens selbst. Wenn unsere Probleme z. B. im Geist aufzutauchen scheinen, werden wir natürlicherweise an die Wichtigkeit des Geistes und die Wirklichkeit der Gedanken glauben. Wenn wir auf der anderen Seite fühlen, dass unsere Probleme von der äußeren Welt verursacht wurden, dann werden wir glauben, dass die externe Welt die eigentliche Wirklichkeit ist.

Dadurch nimmt die persönliche Interpretation des Lebens – unsere Weltsicht – schließlich eine bestimmte Orientierung und Neigung an. Wir tendieren dann dazu, alle Dinge von einer bestimmten Seite und aus einem bestimmten Gesichtswinkel zu sehen. Unsere Gedanken laufen in bestimmten, vertrauten Mustern und Gleisen und wir können dann nicht sehen oder akzeptieren, dass es noch anderes gibt als das, was innerhalb dieser Grenzen ist und in unsere Vision der Welt passt. Das ist der Ursprung von Vorlieben und Vorurteilen und es ist oft der Ursprung von Konflikten und Kriegen. Der Konflikt zwischen Idealismus und Materialismus ist sehr real und er ist niemals unwichtig für unser Leben hier und jetzt.

Es scheint daher so, dass das gesamte Leben davon beeinflusst wird, ob ein Mensch eine bestimmte materialistische oder idealistische Sichtweise hat.

Idealisten neigen dazu, einen Großteil ihrer Zeit den eigenen Ideen und Gedanken nachzugehen oder sie mit Büchern und in Bibliotheken zu verbringen. Vielleicht klingt das komisch, aber ich glaube, dies ist ein charakteristisches Merkmal der Menschen, die eine idealistische Orientierung in ihrem Leben haben. Sie glauben an Ideen und daher suchen sie an jedem Ort und in jeder Situation nach Ideen. Ihre Suche zieht sie in viele verschiedene Richtungen und oft führt dies dazu, dass sie an Religion oder Philosophie interessiert sind. Ihr Studium in diesen Bereichen verstärkt meist ihren natürlichen Glauben an die Wichtigkeit des Geistes. Dieser Glaube beeinflusst sie vielleicht so stark, dass sie das konkrete Leben in dieser realen Welt geringschätzen. Sie träumen von einer besseren Welt, von einer idealen Welt.

Idealisten sind meist von der Richtigkeit ihrer Ziele und Ideen fest überzeugt. Von daher sind sie sehr bemüht, diese zu realisieren. Sie sind oft furchtlos und bereit, vieles für ihren Gott und ihr philosophisches System sowie ihre ideale Welt zu riskieren. Aktuelle Fakten und wirkliche Probleme materieller Natur sind eher unwichtig und werden beiseitegeschoben oder ignoriert. Idealisten sind daher oft blind für alles, was nicht zu den Mustern ihrer Gedanken passt. Sie gehen oft forsch voran, nur um wieder und wieder gegen die harten Felsen der Realität zu stoßen und sich zu verletzen.

Auf der anderen Seite sind Materialisten immer darauf aus, jene Felsen der Realität zu sehen und zu entdecken und sie auch für sich zu nutzen. Sie sind fasziniert von der Schönheit des einen und von der Struktur und Härte eines anderen Felsens. Sie möchten aber die Gefahren der scharfkantigen und gefährlichen Felsen um jeden Preis vermeiden. Materialisten sind daher sehr damit beschäftigt, ihre eigene Situation in der äußeren Welt zu untersuchen und zu verbessern. Ihre Untersuchungen sind häufig sehr exakt und sogar wissenschaftlich genau. Sie sammeln Daten, analysieren diese sorgfältig und formulieren Theorien und Überlegungen auf der Basis dieser Beobachtungen.

Diese Eigenschaft zeigt die enge Beziehung zwischen Naturwissenschaft, Technik und Materialismus. Die Naturwissenschaft ist sehr genau und geht methodisch sauber vor. Ihre Deutungen der Welt sind nützlich, aber die Naturwissenschaft kann nur diejenigen Phänomene studieren, die bereits vorhanden sind und die stattgefunden haben. Sie ist in der Vergangenheit verwurzelt und kann daher nicht unser Handeln im Augenblick oder in der Zukunft leiten, während sie ausgezeichnete Interpretationen vergangener Tatsachen liefern kann. Aber den Materialisten ist diese Tatsache meistens nicht bewusst. Sie versuchen, ihr eigenes Leben an den Erfahrungen der Vergangenheit zu orientieren. Sie neigen dazu, konservativ zu sein. Sie sind unwillig, neue Dinge zu probieren, und ziehen sichere und bekannte Wege vor, die in der Vergangenheit gut funktioniert haben. Sie sind stolz auf ihren gesunden Menschenverstand und schnell dabei, andere zu kritisieren, deren Ideen und Verhalten nicht mit ihren eigenen Maßstäben der Rationalität übereinstimmen.

Wir können daher sagen, dass die Materialisten ausgezeichnete Naturwissenschaftler und Kommentatoren der sozialen Tatsachen sind, aber ohne idealistische Impulse können sie keine wirklichen Führungseigenschaften entwickeln. Um Führungsaufgaben zu übernehmen, muss man den Mut haben, neue Dinge zu versuchen, neue Gedanken zu denken und entsprechend zu handeln. Materialisten mögen kein zukunftsgerichtetes Handeln, misstrauen dem Wandel und neuen Ideen und lehnen alles ab, was ihre Sicherheit in Gefahr bringen könnte. Es ist schwer für sie, spontan im gegenwärtigen Augenblick zu leben. Sie versuchen immer, eine angenehme Situation aus der Vergangenheit zu wiederholen.

Es sollte klar sein, hoffe ich, dass dies typisierte und vereinfachte Beschreibungen und Bilder sind. Reine Idealisten oder reine Materialisten sind sehr selten. Die meisten Menschen haben einen komplizierten Mix aus beiden Tendenzen in sich, einen Mix, der mit der Zeit und den Umständen stark variieren mag. Einige Menschen scheinen durch die widersprüchlichen Ideen und Impulse nicht beunruhigt zu sein, die in ihnen vorhanden sind. Sie verbringen ihr Leben intuitiv, ohne die Bedeutung ihrer Handlungen und die widersprüchlichen Aspekte ihrer Gedanken bewusst zu erleben. Aber für viele Menschen sind die Konflikte und Widersprüche zu offensichtlich und schmerzhaft, um sie übergehen zu können. Solche Menschen müssen jedoch nicht immer bedauert werden, denn die Schmerzen der miteinander im Widerspruch befindlichen Ideen geben uns auch die Kraft, den Willen zur Wahrheit zu erwecken.

*Bei Ihrer Erklärung des Ursprungs der idealistischen und materialistischen Philosophie haben Sie eine klare Verbindung zwischen diesen beiden philosophischen Standpunkten und der Welt des Denkens und Fühlens gefunden. In einem früheren Vortrag sagten Sie, obwohl es natürlich sei, die Objekte des Denkens und der Sinne zu unterscheiden, beruhe eine solche Unterteilung nicht auf der Wirklichkeit, sondern sei eine Art Täuschung. Glauben Sie, dass sowohl die idealistische als auch die materialistische Philosophie auf Täuschung beruht und sie daher falsche Konzepte von der Natur und der Wirklichkeit sind?*

Ja, das glaube ich. Dies ist ein sehr wichtiger Punkt. Die Menschen erzeugen ihre Weltanschauungen und Philosophien auf der Grundlage ihrer Täuschungen. Das ist eine Tatsache. In der Geschichte der westlichen Kultur gab es eine sehr große Täuschung – eine grundsätzliche Täuschung – das ist der Idealismus. Griechisches und christliches idealistisches Denken waren von außerordentlicher Bedeutung, um den grundsätzlichen Charakter der westlichen Kultur herauszubilden. Diese fundamentale Charakteristik ist das Verstandesmäßige, die Tendenz, alle Dinge auf der Basis des dualistischen Denkens zu interpretieren. Eine solche Tendenz führte dann im Gegenzug natürlich und unausweichlich zum Entstehen einer anderen Philosophie, zu einem System des Denkens mit vollständig unterschiedlichem Standpunkt und anderer Grundlage, nämlich den Naturwissenschaften und dem Materialismus. Der Wettbewerb zwischen diesen beiden widersprüchlichen Strömen des Denkens schuf unsere Welt, unsere Kultur. Es ist wirklich eine sehr große Kultur, eine Kultur von wunderbarer Schönheit, Vielfalt und Kraft.
Wenn wir daher den historischen Prozess betrachten, der unsere Welt hervorgebracht hat, müssen wir die Bedeutung des Verstandes und den Wert der auf ihm beruhenden Täuschungen anerkennen. Ohne diese Täuschungen könnte es keine Geschichte geben. Dies ist vielleicht eine etwas erstaunliche Schlussfolgerung, aber sie ist wahr, denke ich. Plato hatte ein absolutes Vertrauen in die Existenz einer Welt der vollkommenen Ideen. Dies war seine Täuschung, sein falsches Konzept von der Natur der

Wirklichkeit. Aus einer solchen Illusion hat sich dann unsere jetzige Welt entwickelt.

Ich glaube daher, dass wir die intellektuellen Theorien und Philosophien wertschätzen sollten, da sie so wichtig für die Entwicklung unserer Welt waren. Gleichzeitig sollten wir aber erkennen, dass die beiden widerstreitenden Ströme des westlichen Denkens in eine Sackgasse, zu einem Stillstand und zu Katastrophen geführt haben. Das ist unsere gegenwärtige Situation. Wir sind daher heute mit einer schwierigen Herausforderung konfrontiert, um diesen Stillstand zu überwinden und eine Lösung für den Konflikt zwischen Idealismus und Materialismus zu finden. Eine solche Lösung kann nicht dadurch entstehen, dass wir das eine oder das andere Denken einfach ablehnen. Das wurde häufig genug vergeblich in der Vergangenheit versucht. Nur auf der Grundlage der ehrlichen Anerkennung und Dankbarkeit für diese beiden großen Richtungen des westlichen Denkens können wir realistische Hoffnung haben, eine neue Religion oder Philosophie zu finden, auf der wir unser Leben aufbauen können. Dies ist meine feste Überzeugung.

*Ihre Vorstellung von der Zukunft ist faszinierend, aber es überrascht mich, dass Sie den großen Wert westlichen Denkens betonen. Wenn ich die Welt heutzutage ansehe, erscheint es mir, als ob die westliche Gesellschaft insgesamt den Idealismus längst verlassen hat. Die alten idealistischen Religionen sind fast kraftlos geworden in der Hetze nach materiellen Vorteilen. Mir scheint, dass das Verdienst des Buddhismus und anderer östlicher Religionen darin liegt, dass sie uns lehren können, einen vernünftigen Weg zurück zu einer spirituellen und harmonischen Lebensweise zu finden. Was meinen Sie?*

Ich möchte Ihren Beobachtungen des materialistischen Charakters der westlichen Welt nicht widersprechen. Die westliche Welt ist heute überwiegend materialistisch. Ich glaube jedoch, dass eine Gefahr in Ihrer Überlegung des „Zurückkehrens" zu einer mehr spirituellen Lebensweise liegt. Natürlich erhoffen wir alle ein friedliches und harmonisches Leben, nach dem wir streben können. Aber kann ein solches Leben durch die Ablehnung der materiellen Kultur und durch die Rückkehr zu einer angeblich spirituellen Reinheit eines früheren Zeitalters gefunden werden?
Ich glaube nicht. Die westliche Kultur hatte ihr spirituelles, idealistisches Zeitalter. Für viele Menschen war das nicht gerade eine glückliche und harmonische Zeit, in der man gut leben konnte. Im Idealismus gab es keine Freiheit zum Handeln und keine Freiheit, die körperliche Seite des Lebens bewusst zu erleben und daran Freude zu haben. Jeder Aspekt des Lebens war an vorgeschriebene Ideen und Verhaltensweisen einer idealistischen Religion und an Dogmen der Gesellschaft gebunden. Die Renaissance, die Reformation und die Französische Revolution waren große Anstrengungen, die Ketten der engen idealistischen Vision des Universums und des Lebens zu sprengen.
Diese Anstrengungen dauern bis heute an. Als Ergebnis sind wir jedoch in das andere Extrem verfallen. Wir finden uns in einer relativ genusssüchtigen Gesellschaft wieder, in der Moral, Ethik und religiöser Glaube immer stärker unter Beschuss geraten – einer Gesellschaft, in der der Wert aller Dinge in Dollars, Yen oder Euros gerechnet wird. Es ist nicht schwer, eine solche Gesellschaft zu kritisieren, denn sie muss kritisiert werden.
Aber in unserem Bestreben, den Materialismus der modernen Gesellschaft zu kritisieren, neigen wir dazu, die Lektionen der

Geschichte zu vergessen. Wir erkennen nicht, dass unsere Situation durch einen langen Prozess gewachsen ist – einen Prozess, der bis heute andauert. Viele möchten diesen Prozess umkehren. Sie möchten gern zu einer einfacheren und natürlicheren Lebensweise zurückkehren. Sie möchten zurückkehren in ein Zeitalter einfacher Hoffnungen und einfacher Ideen. Es ist eine schöne Vorstellung, aber eine ziemlich romantische Idee. Ich habe die Sorge, dass dies ein unmöglicher Traum ist, der neues Unheil bringt, da er nur rückwärtsgewandt ist.

Wir können das Rad der Geschichte nicht zurückdrehen. Wir können das Leben jener, die vor uns waren, nicht außer Acht lassen und wir sind durch unsere Vorfahren zu unserer gegenwärtigen Kultur gekommen. Wir sollten die Werte ihrer Leben nicht ablehnen und wir sollten ihren Beitrag zur Entwicklung der Welt nicht zurückweisen. Die ganze lange Geschichte der westlichen Kultur hindurch haben die Menschen eine gemeinsame Grundlage für eine lebenswerte menschliche Gesellschaft gesucht. Ich schätze diese Anstrengung sehr. Ich glaube, dass uns diese Anstrengungen in die Nähe einer neuen Kultur gebracht haben, die die Extreme des einseitigen Idealismus und Materialismus überwindet. Diese Gesellschaft wird die idealistische und materielle Kultur hinter sich lassen und an ihrer Stelle wird eine neue und wirklich menschliche Gesellschaft entstehen. Ich hoffe und glaube, dass der Buddhismus dabei eine bedeutende Rolle für das Entstehen dieser neuen Gesellschaft hat – dieser neuen Zivilisation der Menschlichkeit.

# Kapitel 7:
# Gautama Buddha

Dies ist ein Buch über den Buddhismus. In den vorherigen Kapiteln ist vielleicht die Beziehung zwischen Buddhismus und unseren bisherigen Untersuchungen noch etwas unklar geblieben. Wir haben uns bisher verschiedene Aspekte des menschlichen Denkens, Fühlens, der Wahrnehmung und des Handelns angeschaut. Wir haben uns die Art und Weise, wie wir sehen und wie wir die Welt verstehen, vor Augen geführt, wir haben die Kräfte von Körper und Geist und die Entwicklung des menschlichen Denkens in der westlichen Kultur betrachtet. Kurz gesagt haben wir das menschliche Leben in seinen verschiedenen Aspekten und Bereichen studiert. Wir haben das menschliche Leben und seinen Sinn in einem gewissen Umfang untersucht. Dies ist in der Tat auch wesentlich für das Studium der Lehre Buddhas. Der Buddhismus ist ein Humanismus, es geht also immer um den Menschen und wie sein Leiden verringert und das Leben verbessert werden kann. Es ist eine zutiefst menschliche Religion, eine Religion, die die Würde der Menschen betont, und zwar der Menschen, wie sie wirklich sind. Diese wirklichkeitsnahe Sicht steht also immer am Anfang.

Wenn wir die Lehre Buddhas nachvollziehen wollen, müssen wir verstehen, was es heißt, ein Mensch zu sein und jetzt zu leben. Um hierfür einen Einstieg zu finden, haben wir die Untersuchungen im ersten Teil dieses Buches durchgeführt. Ich wollte ein Fundament erarbeiten, auf dessen Grundlage wir das Verständnis des menschlichen Lebens aufbauen können. Eine solche Grundlage ist auch von größter Bedeutung, um den Buddhismus wirklich zu verstehen. Ich meine, wir sind jetzt so weit, um mit der direkten Untersuchung dieser menschlichen Religion mit dem Namen Buddhismus zu beginnen und damit Buddha und seiner Lehre zu begegnen.

Der Beginn dieser Untersuchung ist Gautama Buddha selbst. Er war die Quelle, aus der die buddhistische Religion entstanden ist. Die Geschichte von Gautama Buddhas Leben ist für die meisten Buddhisten und auch für viele, die nicht Buddhisten sind, ziemlich gut bekannt. Sie wurde immer wieder erzählt und dies mit Recht, denn aus seiner eigenen Lebenserfahrung erwuchs sein Verständnis des menschlichen Lebens. Es ist daher sinnvoll, dass wir ein Verständnis für die Lebensumstände, Erlebnisse und Erfahrungen von Gautama Buddha bekommen, um daraus einige wichtige Einsichten für die Bedeutung und den Sinn des Buddhismus selbst zu bekommen. Ich möchte daher die Lebensgeschichte von Gautama Buddha noch einmal zusammenfassen und diese Geschichte auf meine Weise und nach meinem eigenen Verständnis erzählen.

Vor etwa 2500 Jahren gab es ein kleines Königreich an den Abhängen des Himalaya, das als das Land der Sakyas bekannt war. Eines Tages erhielt der König der Sakyas die Nachricht, dass seine Frau einem Jungen das Leben geschenkt hatte. Entsprechend der damaligen Tradition rief der König seinen spirituellen Berater, einen brahmanischen Priester, zu sich, um seinen gerade geborenen Sohn und Erben segnen zu lassen. Als der Priester den Jungen sah, bemerkte er, dass in der Erscheinung des Jungen etwas Besonderes war. Es drängte ihn, eine Voraussage über die Zukunft des Jungen zu machen, und er sagte, dass der Königssohn eine große Zukunft vor sich habe. Er sei dazu bestimmt, ein Führer der Menschen zu werden. Diese Führerschaft könne in zwei verschiedene Richtungen gehen: Entweder könne der Junge seine Fähigkeiten auf dem Gebiet der politischen Macht entwickeln oder er würde sich spirituellen oder philosophischen Aufgaben zuwenden. Wenn er dem ersten Weg folge, werde er der Herrscher von ganz Indien werden. Wenn er den zweiten Weg einschlage, werde er tief in religiöse, geistige und philosophische Fragen der Menschen vordringen. Er werde eine neue Wahrheit finden und ein großer Lehrer der Menschheit werden.

Für den König war diese Prophezeiung hoffnungsvoll und beunruhigend zugleich. Er war ein stolzer, praktischer Mann und er wollte gern, dass sein Sohn die politische Macht, die er selbst mit Freude wahrnahm, von ihm übernahm und ausweitete. Aber er wusste auch, dass sein Sohn das Interesse am weltlichen Leben verlieren würde, wenn er sich für die Religion und Philosophie entschied. Er überlegte daher, wie er es verhindern könnte, dass dieser für ihn unerwünschte Fall eintreten würde. Schließlich fasste er einen einfachen Plan. Er wollte seinen Sohn vor den dunklen und negativen Seiten des Lebens bewahren und hoffte, dass er nicht wegen seiner besonderen, natürlichen Wissbegier in die unerklärlichen Widersprüche und Abgründe der Welt hineingezogen würde. Vor allem sollte er nicht an moralischen Zweifeln und philosophischen Widersprüchen leiden, die ihn dann wohl nicht wieder loslassen würden.

Daher richtete der König das Leben seines Sohnes derart ein, dass er so glücklich und frei von Sorgen und Konflikten wie nur möglich lebte. Er umgab ihn mit Schönheit, Annehmlichkeit und Luxus. Er gab strikte Anweisungen für seine Erziehung. Es sollte vor allem dafür gesorgt werden, dass es in der Welt seines Sohnes keinerlei Hinweise auf Hässlichkeit, Konflikte, Krankheit und Tod gab. Die kindliche Welt von Gautama Buddha spielte sich daher an einem besonderen Ort ab: Es war ein Wunderland, ein Ort, an dem der junge Prinz frei zwischen seinem Spielzeug und seinen Tagträumen umherwandern konnte, sorgfältig beschützt vor der harten Wirklichkeit, die es außerhalb der Mauern des Palastes gab.

Aber indem er eine derartig künstliche Welt schuf, begünstigte der König unabsichtlich die Entwicklung philosophischer Neigungen, die er ja gerade verhindern wollte. Der Junge Gautama Buddha war oft von scheinbar unbedeutenden Ereignissen tief bewegt. Als er eines Tages einen Bauern beobachtete, der auf dem Feld arbeitete, zerschnitt dessen Pflug einen Regenwurm, die beiden Teile zuckten und drehten sich hilflos auf der Oberfläche der Erde hin und her. Plötzlich kam ein Vogel herab und schnappte sich die beiden noch zuckenden Teile des Wurms, um sie zu fressen. Der Junge hatte dieses Geschehen genau beobachtet, war von Leid und Traurigkeit überwältigt und hatte tiefes Mitleid in seinem Herzen. Er erkannte in diesem Augenblick, dass manche Lebewesen töten müssen, um selbst zu überleben. Dieses Wissen warf einen schweren Schatten auf seine schöne Welt. Er beobachtete die ihn umgebenden Dinge nun genauer, um herauszufinden, welche dunklen Geheimnisse sie vielleicht verbargen. In ihm wuchsen auch Neugier und Verlangen, die Welt außerhalb der Mauern des Palastes genauer kennen zu lernen. Es war nur eine Frage der Zeit, bis er sich entscheiden würde, jene Welt draußen selbst zu sehen und zu erfahren.

Die Schriften berichten, dass er zunächst zum östlichen Palasttor ging. Dort sah er einen sehr alten Mann. Sein Körper war gebeugt und gebrechlich, seine Augen lagen tief in den Augenhöhlen und seine Haut war faltig und dunkel verfärbt. Der junge Prinz hatte niemals zuvor einen so hässlichen Menschen gesehen. Geschockt und erschreckt zog er sich in die Sicherheit des Palastes zurück. Er war jedoch noch immer fest entschlossen, die Welt draußen kennen zu lernen, und ging daher zum südlichen Tor. Dort fand er auf dem Boden, direkt vor dem Tor, einen Mann liegen, der schwer krank war und sichtbar an seiner Krankheit litt. Er war verkrüppelt und konnte nicht gehen. Der junge Gautama konnte es nicht aushalten, diesen unglücklichen Mann zu sehen. Er floh wieder in den Palast zurück und mit aufsteigender Angst lief er nun zum westlichen Tor. Als er an dem Tor ankam, sah er eine Prozession von Menschen, die etwas auf den Schultern trugen. Als er genauer hinsah, erkannte er, dass es ein Körper war, der tote Körper eines Menschen, der zur Verbrennung getragen wurde.

Plötzlich kamen die Begegnungen an den drei Toren in seinem Geist zusammen und er sah zum ersten Mal das wahre Gesicht der Welt. Er erkannte, dass jeden Menschen dieselbe schlimme Bestimmung erwartete und dass wir alle Krankheit, Alter und Tod erleiden müssen. Als der junge Prinz schließlich zum Nordtor ging, war er sehr niedergeschlagen und traurig. Dort wartete jedoch eine ganz andere Neuigkeit auf ihn: Er sah einen Mann, der in eine einfache, saubere Robe gekleidet war. Seine Haltung war aufrecht und würdevoll, sein Gesicht ruhig, gelassen und freundlich. Als dieser Mann langsam durch das Tor schritt, strahlte er eine große Klarheit und Würde aus. Obgleich der Prinz niemals einen solchen Menschen vorher gesehen hatte, wusste er, dass es ein Heiliger oder Yogi war, jemand, der seine sozialen Ängste und seine Bindungen an das verwirrende Leben beendet hatte, um in ruhiger Meditation ein Leben für die Wahrheit zu führen. Der junge Gautama bemerkte, dass er auf eine seltsame Weise sehr von diesem Mann angezogen wurde.

Das Bild seines friedlichen Gesichtes war lange Zeit in ihm lebendig und hat ihn nie ganz verlassen.

Gautama Buddhas Welt war nicht mehr länger die der glücklichen und unbeschwerten Welt seiner Kindheit. In diese war eine Fülle von verwirrenden Tatsachen und widersprüchlichen Bilder eingedrungen. Für ihn war klar, dass er nicht länger die Bequemlichkeit einfacher Ideen und angenehmer Tagträume genießen konnte. Es gab zu viele Zweifel und Unsicherheiten in dieser Welt. Es schien ihm, dass immer mehr Zweifel und Unsicherheiten hochkamen, je mehr er über die Wirklichkeit des Lebens in der realen Welt erfuhr. Er war einem neuen, harten und beunruhigenden Gesicht dieser Wirklichkeit begegnet und dieses Gesicht passte nicht zu den ordentlichen, sauberen, bequemen und schönen Ideen seines früheren Lebens. Viele dieser früheren Ideen stammten von den Priestern des Palastes, die für seine Erziehung verantwortlich waren. Von ihnen lernte er den Glauben und die Lebensweise der Brahmanen. Dieser Glaube beinhaltet das Vertrauen zu einem Schöpfer, einem Gott namens Brahma, dessen Geist, so glaubte man, in den Menschen in Form einer nicht körperlichen Essenz anwesend ist, die man Atman nannte. Entsprechend dieser Lehre war Atman eins mit dem Göttlichen Brahman und wurde daher als Bindungsglied zwischen Mensch und Göttlichem verehrt. Nach diesem Glauben war es durch Gebete, Meditation und rituelle Reinigungen möglich, dass Atman sich im Geist der Menschen offenbarte und dass man sich auf diese Weise mit dem großen, umfassenden Atman oder Brahman vereinen könne. Dem Brahmanismus zufolge waren dies das wahre Ziel und der Sinn des menschlichen Lebens. Eine solche Sichtweise betrachtete den Körper und andere Bereiche der physischen Existenz natürlich als untergeordnet und sogar störend. Die harten Lebensrealitäten der Menschen, die den jungen Prinzen so sehr erschüttert hatten, waren danach triviale, lästige äußere Erscheinungen, die zu verschiedenen, aufeinanderfolgenden Phasen des ewigen Geistes Atman gehörten. Verglichen mit der strahlenden Welt des Brahman war das äußere Leben der Menschen nur *Maya*, eine unwirkliche Erscheinung, die aus Träumen und Illusionen bestand, die man nicht so wichtig nehmen durfte. Nur diese Essenz des Atman sei die Wirklichkeit, alles andere sei nur Schein und Traum.

Wenn diese Auffassung die einzige gewesen wäre, die Gautama Buddha kennen gelernt hätte, hätte er vielleicht seine Zweifel beiseitegeschoben und seine Rolle im Palast wieder eingenommen, die sein Schicksal ihm nach der Meinung seines Vaters zugedacht hatte. Obgleich der Brahmanismus die vorherrschende Religion im alten Indien war, gab es jedoch auch andere Philosophien und Glaubensrichtungen in der damaligen Gesellschaft, die miteinander oft im Wettbewerb und Widerspruch standen. Viele Denker, Wissenschaftler und Philosophen hatten angefangen, die überlieferte und zum Teil unglaubwürdig gewordene Weisheit des Brahmanismus zu hinterfragen und herauszufordern. Einige waren Skeptiker, andere Agnostiker, die glaubten, dass man nichts wissen könne und dass die wirkliche Existenz aller Phänomene, aller Erfahrungen und alles Denkens fraglich war und dass daher nichts mit Sicherheit über die Welt gesagt werden könne. Deshalb sei Zweifel der einzige richtige und kluge Standpunkt, denn dieser konnte nicht angegriffen und verneint werden.

Wieder andere Denker forderten den Brahmanismus heraus, weil sie ein eigenes Denksystem entwickelt hatten. Die meisten von ihnen vertraten einen radikalen Naturalismus und glaubten daran, dass das rohe, einfache Gesicht der Natur die einzige Wirklichkeit sei. Sie behaupteten, dass die spirituellen Philosophien wie der Brahmanismus und die damit verbundenen sozialen Werte nicht aus der wirklichen Welt abgeleitet werden können und keine reale Grundlage hätten. Moral und Ethik konnten danach einfach beiseitegelassen werden, um der wirklichen Ordnung des Universums ihren natürlichen Lauf zu lassen. Einer dieser Philosophen erarbeitete eine extrem nihilistische Weltsicht, indem er erklärte, dass man es nicht als unmoralischen Akt ansehen könne, wenn man einen Menschen mit dem Schwert tötet, weil es sich nur um eine einfache und klare Tatsache handelt: Eine dünne, schmale Platte aus Metall zerschneidet einige Zellen des menschlichen Körpers – nichts mehr und nichts weniger. Um die tiefere Wahrheit dieser Haltung zu erkennen, bedürfe es nur der Beobachtung. Mit solchen Worten wurden die brahmanischen Priester stark herausgefordert und sie mussten die Grundlage und Theorie ihres eigenen Glaubens offenlegen, begründen und verteidigen.

Aus dem Verständnis der brahmanischen Priester und ihrer Kritiker können wir leicht wieder den zu Grunde liegenden Konflikt zwischen Idealismus und Materialismus erkennen. Dieser Konflikt ist im Menschen selbst enthalten, wie wir bereits erläutert haben. Es handelt sich also um einen alten und zeitlosen Konflikt, der nicht nur in der westlichen Kultur zu finden ist. In der Geschichte der Menschheit tauchte er immer wieder auf: manchmal deutlich und dramatisch und manchmal in einer anderen Epoche unauffällig und durch andere soziale und ökonomische Verhältnisse verdeckt. Die indische Gesellschaft zur Zeit Gautama Buddhas war verhältnismäßig offen und tolerant. Das geistige Klima war frei und kraftvoll. In einer solchen Atmosphäre war es ganz natürlich, dass die verschiedenen Möglichkeiten, wie die Menschen die Welt sehen und verstehen können, deutlich wurden und gründlich diskutiert wurden.

Ich bin sicher, dass der junge Gautama Buddha diese Diskussionen sehr gut kannte. Für ihn ging es dabei jedoch um weit mehr als nur um interessante theoretische und intellektuelle Probleme. Für ihn waren sie wirklich zentrale Probleme des Lebens. Der Konflikt zwischen Idealismus und Materialismus war ein wesentlicher Teil seiner Erfahrung und von großer Bedeutung für sein persönliches Leben. In seiner Jugend hatte er die Attraktivität von Ideen entdeckt – das Wunder, die Welt mit dem Geist zu verstehen, und die bittere Enttäuschung, als er den tiefen Graben zwischen den Ideen und dem wirklichen Leben kennen lernen musste.

Später, als erwachsener Mann, entdeckte er neue Seiten des Lebens. Er fand die Freude an der Liebe und an sinnlichen Berührungen, den Stolz des Eigentums und die Segnungen, aber auch Belastungen eines Familienlebens. Dies war eine neue Welt für ihn, eine Welt, die man sehen, berühren und vollständig fühlen konnte. Seine familiäre Lage, die durch politische Macht und Reichtum gekennzeichnet war, ermöglichte es ihm, diese Welt zu erforschen, zu erproben und sich seinen Leidenschaften und Begierden hinzugeben. Vielleicht verstand er wegen seiner großen Freiheit und den fast unbegrenzten Möglichkeiten verhältnismäßig schnell die Grenzen dieser neuen materiellen und sinnlichen Welt. Es wurde ihm klar, dass angenehme Handlungen oft unangenehme Folgen haben können. Er entdeckte eine gewisse Schwere und Dumpfheit in der Welt der Dinge und des Eigentums. Das Streben nach sinnlichen Genüssen wurde schnell langweilig und wiederholte sich immer wieder in gleicher Form. Er bemerkte, dass sein Leben sich sehr von den Ide-

alen seiner Jugend entfernt hatte, und er fühlte schmerzhaft ihren
Verlust. Trotzdem hatte die materielle Welt eine gewisse Wirklichkeit. Sie schien real zu sein. Was war aber die Wirklichkeit? Wo
könnte er die Wahrheit der Welt und des Lebens finden?

Die Diskussion zwischen den Priestern und den materialistischen
Denkern half Gautama Buddha, seine Fragen klarer zu fassen, aber er
fand keine überzeugenden Antworten. Die theoretischen Argumente
allein schienen seine Verwirrung eher noch zu vergrößern. Er hatte
Verlangen nach einer grundsätzlichen Wahrheit, einer Wahrheit, die
wirkliche Zufriedenheit und wirklichen Frieden bringen konnte, und
zwar im Gegensatz zu rein intellektuellen Theorien, die immer wieder
neue Zweifel entstehen ließen, anstatt sie zu überwinden.

Als er erkannte, wie unfruchtbar rein verstandesmäßige Anstrengungen bei der Suche nach der Wahrheit sind, fing er an, andere Lö-
sungsmöglichkeiten für seine Probleme zu suchen. Er interessierte
sich für die Lehren der Yogis, jener mysteriösen, heiligen Männer,
die spirituelle Befreiung in einem Leben suchten, das frei war von
den Bindungen weltlicher Existenz. Ihr Denken hatte vieles mit dem
philosophischen Glauben des Brahmanismus gemeinsam, aber sie
lehnten einfache Gebete und Rituale als Mittel ab, um die Vereinigung mit dem Absoluten zu erreichen. Sie bestanden darauf, dass
wahre spirituelle Einsicht das Ergebnis von anstrengendem Training
sei, dass es also notwendig sei, einen Weg strenger spiritueller Arbeit
und Disziplin zu gehen. Ein solcher Weg wurde immer attraktiver für den jungen Prinzen. Im Alter von 29 Jahren fasste er dann
den Entschluss, seine verwirrende, kleine Welt zu verlassen, einen
Meister zu finden und nach dem Sinn des Lebens zu suchen.

Er ging zunächst zur Stadt Vaisali und traf dort Meister Arada
Kalama, der für sich geltend machte, einen Weg zur vollständigen

Freiheit gefunden zu haben: die Freiheit eines Menschen, der nichts mehr will und der in einem Zustand ohne Begierden lebt. Ein solcher Zustand konnte durch das Erlernen und die Vervollkommnung bestimmter meditativer Techniken erreicht werden. Daher folgte Gautama Buddha seinem Meister Kalama und dessen Anweisungen und lernte bei ihm. Innerhalb verhältnismäßig kurzer Zeit meisterte er die Techniken, die von seinem Meister empfohlen wurden. Er entdeckte, dass es für ihn in der Tat möglich war, einen Zustand zu erreichen, der frei von Begierden war. Er fand aber auch, dass dieser Zustand recht schnell wieder vergeht und nicht dauerhaft ist. Die normalen Gedanken und Begierden kamen nach Beendigung dieser Praxis schnell zurück und verwirrten und frustrierten ihn sogar noch mehr als vorher.

Daher verließ er Master Kalama und wanderte südwärts auf der Suche nach einem anderen Meister. In Magadha traf er Meister Ramaputra. Dieser Meister versprach ihm, eine tiefere Ebene der meditativen Sammlung zu erreichen, einen Zustand, der das Denken und das Nicht-Denken überschreitet. Mit neuer Hoffnung und Energie erlernte der frühere Prinz die Methoden und Lehren seines neuen Meisters. Er erlangte den Zustand jenseits des Denkens und Nicht-Denkens, aber er fand wiederum, dass dieser Zustand nur für eine begrenzte Zeit Bestand hatte. Das auf diese Weise erlangte klare Verständnis für seine Konflikte und Probleme, die ihn dazu gezwungen hatten, sein Zuhause zu verlassen und die Suche nach der Wahrheit zu beginnen, war ebenfalls nicht von Dauer. Schließlich kam er zu dem Schluss, dass er seine Verwirrung direkt und eigenständig angehen musste und nicht auf irgendetwas anderes außerhalb seiner selbst setzen konnte, wenn er jemals die Wahrheit erreichen wollte. Er verließ Meister Ramaputra und schloss sich

einer Gruppe von fünf Asketen an, die in völliger Abgeschiedenheit
von der Welt lebten. Diese Männer glaubten, dass die letztendliche
Freiheit des Geistes nur erreicht werden könnte, wenn man die Ab-
hängigkeit von dem physischen Körper überwindet und nicht mehr
an die Sinne gebunden ist. Diese Idee zog den wandernden Prinzen
sehr an und mit der für ihn typischen Direktheit und Begeisterung
begab er sich auf diesen neuen schweren Lebensweg.

Er folgte dem Beispiel der fünf neuen Freunde und fing an, strengste
Entbehrung zu erdulden. In seinem Eifer übertraf er sie bald und
ging bis zur absoluten Grenze körperlicher Härte, Entbehrung und
Ausdauer. Er praktizierte mit geradezu grimmiger Entschlossen-
heit, er aß und schlief nur, wenn der Hunger und die Erschöpfung
übermächtig waren. Sein früher starker Körper wurde schwach und
zerbrechlich, sein Geist wurde von Träumen und Illusionen gequält.
In einem kurzen Augenblick der Klarheit erkannte er schließlich,
dass diese Praxis nicht den ersehnten Erfolg bringen konnte. Es
schien, dass sein geistiges und körperliches Leiden immer stärker
wurde, je mehr er seinen Körper bestrafte und quälte. Er hielt jedoch
zunächst noch weiter durch, denn er konnte keinen anderen Weg
erkennen. Aber die Zweifel an der Wirksamkeit des asketischen Lebens verschwanden nicht. Schließlich erkannte er, dass Asketentum
kein Weg zur Wahrheit war, sondern nur zum Tod. Er wusste auch,
dass der Tod nicht die Freiheit war, nach der er suchte.

Diese Erkenntnis war ein grundsätzlicher Wendepunkt im Leben Gautama Buddhas. Bis dahin hatte er nach der Wahrheit wie
nach einem Wunschtraum gestrebt. Dieser Traum hatte ihn dazu
gebracht, alle möglichen Arten von extremen Übungen zu versuchen
und große Schmerzen, Entbehrungen und Härten durchzustehen.
Aber jetzt erkannte er, dass solche extremen Praktiken ihn niemals

zum Frieden bringen konnten und ihm niemals Glück und eine ausgeglichene Lebensweise ermöglichen würden.

Daher verließ Gautama Buddha kurz entschlossen, ohne Bedauern und ohne weitere Erklärung, den Ort seiner asketischen Praxis und wanderte am Ufer eines kleinen Flusses entlang. Dort traf er ein Mädchen, das einen Krug mit Milch trug. Als das Mädchen die elende und abgemagerte Gestalt des ehemaligen Prinzen sah, wusste sie, dass er unbedingt Nahrung brauchte, um nicht zu sterben. Sie bot ihm ihre Milch an, er nahm sie an und trank sie langsam voller Dankbarkeit. Bald kehrten auch die früheren Kräfte in seinen gequälten Körper zurück. Er fühlte sich zum ersten Mal seit Jahren entspannt und wohl. Er verstand auf eine direkte und einfache Weise die große Bedeutung von Essen und Trinken im Leben der Menschen. Er sah zum ersten Mal, dass ein gesunder Körper und ein friedlicher Geist kein Gegensatz sind. Er entschied sich, ein neues Leben zu beginnen: ein einfaches und maßvolles Leben mit einfachen und angemessenen Aktivitäten.

Er fand einen schönen Baum am Ufer eines Flusses, und unter den schützenden Ästen bereitete er sich einen angenehmen Sitzplatz. Als er dort unter dem Baum saß, ließ er sich in der natürlichen Sitzhaltung mit gekreuzten Beinen nieder, die ihm seit seiner Zeit der asketischen Schulung vertraut war. Jetzt saß er jedoch ohne besonderes Ziel und ohne asketische Absicht. Er saß nur – ruhig und friedlich. In der Ruhe dieses friedlichen Zustandes konnte Gautama Buddha sehen, was wirklich um ihn herum war. Er sah Bäume, Steine und Blätter. Er hörte die Vögel singen. Er spürte das Schlagen seines Herzens und die Kühle des Schweißes auf seiner Stirn. Er sah und fühlte alles genau so, wie es war, und dies war wirklich wunderbar.

Ganz früh am Morgen, als er unter dem Baum saß, sah er einen einsamen Stern, hell und strahlend am östlichen Himmel. In diesem Augenblick entdeckte er, dass das ganze Universum wunderbar und lebendig war. Jeder Stern, jeder Baum, jeder Grashalm hatte gleichen Anteil an dieser Vollkommenheit, die das gesamte Universum umfasste. Gautama Buddha wusste, dass diese Vollkommenheit die große und einfache Wahrheit ist, die er so viele Jahre lang gesucht hatte. Er wusste nun ohne jeden Zweifel und mit klarer Sicherheit, dass die Wahrheit in jedem Ding und jeder Sache gegenwärtig ist – an jedem Ort und in jedem Augenblick. Er wusste, dass der Weg der Wahrheit, der Weg des Wissens und der Erfahrung dieser Wahrheit darin besteht, direkt an der sich entfaltenden Wirklichkeit des Lebens teilzuhaben. Die Wahrheit besteht darin, sich selbst im einfachen Handeln, im Tun, zu verwirklichen, so z. B. mit ganzem Herzen und mit ganzem Geist zu sitzen. Das Sitzen, der reine und einfache Vorgang des Sitzens, in der alten Haltung der Meister, war für Gautama Buddha das Tor zum wunderbaren Universum, das Tor zur wirklichen Welt. Dies war die Wahrheit selbst.

Als Gautama Buddha diese einfache Tatsache erkannte, drängte es ihn, sie der ganzen Welt mitzuteilen. Er wollte seine wunderbare Entdeckung mit der ganzen Menschheit teilen. Er zögerte jedoch, dies zu tun. Er zögerte, weil er wusste, dass die Wahrheit zu einfach war, so außerordentlich einfach, dass es fast unmöglich war, sie anderen zu erklären. Aber nach einigen Überlegungen entschied er, dass er es versuchen musste. Zunächst dachte er daran, zu seinen alten Meistern zu gehen, aber er musste erfahren, dass beide inzwischen gestorben waren. Daher entschied er sich, seine früheren Freunde zu besuchen, die noch immer ihre asketische Praxis ausübten.

Als sie ihn kommen sahen, waren sie überrascht und ärgerlich, denn sie sahen ihn als Verräter und als Feigling an, als einen Mann, der die asketischen Gelübde aus Schwachheit gebrochen hatte. Sie beschlossen daher, ihn zu übersehen und zu ignorieren. „Wir müssen still sein", sagten sie, „wir wollen nicht mit ihm sprechen, wenn er es wagt herzukommen." Aber als Gautama Buddha ruhig vor ihnen stand, sahen sie einen ganz anderen Menschen als den gebrechlichen Prinzen, der fortgegangen war. Der Mann, der vor ihnen stand, war ein neuer, strahlender, wunderbarer Mann. Sein Körper war stark, sein Gesicht strahlte. Er verkörperte den vollkommenen Frieden und eine ihnen bisher unbekannte ruhige Würde. Sie vergaßen ihren Vorsatz und seine fünf früheren Freunde öffneten den Kreis und machten für ihn Platz, damit er sich setzen konnte.

Dann begann Gautama Buddha zu sprechen. Er sprach mit der Ehrlichkeit und Überzeugung eines Mannes, der die Fülle des Lebens erfahren hatte, eines Mannes, der durch alle Phasen menschlicher Erfahrung und menschlichen Verstehens gegangen war und der durch diese Lebensphasen etwas ganz Wesentliches und Gutes gefunden hatte, durch das er sein eigenes Leben, das Leben der anderen und die Wahrheit selbst klar sehen konnte. Es wird berichtet, dass seinen fünf Freunden plötzlich klar wurde, dass sie der Wahrheit selbst lauschten, als sie seine Worte hörten. Sie gaben ihr asketisches Leben auf und wurden die ersten Schüler ihres früheren Freundes. Auf diese Weise begann der Lebensweg Gautama Buddhas als Meister und Lehrer der Wahrheit, Wirklichkeit und des erfüllten Lebens. Nachdem er seine Freunde gelehrt hatte, begann er in Indien von einem Ort zum anderen zu wandern und vermittelte durch seine Worte und Handlungen die Wahrheit, die in der wirklichen Welt gefunden werden kann. Da er vollständig in dieser

Welt und in jedem Augenblick lebte, war er lebendig und offen für
alle Möglichkeiten, die Situationen innewohnen. Seine Lehren waren daher eine direkte und spontane Antwort auf die Menschen und
Verhältnisse, denen er auf seinen Reisen begegnete.

Viele Menschen waren von seiner Direktheit und Offenheit tief berührt. Sie fanden in Gautama Buddha einen Menschen des Mitgefühls
und der Ehrlichkeit, einen Mann, der ohne Geld zu nehmen lehrte und
sich nicht um Vorteile, Geld oder Ruhm kümmerte. Vielen erschien er
als ein vollkommener Mensch und in einem bestimmten Sinne war er
dies auch. Gautama Buddha war ein vollkommener Mensch – nicht im
Sinne eines abgehobenen Ideals, sondern indem er einfach so war, wie
er war: gänzlich und vollständig Mensch. Eine solche Vollkommenheit
ist kein abgehobenes Ideal, denn sie ist in jedem von uns vorhanden,
gerade hier und gerade jetzt. Gautama Buddha lehrte uns, wie wir diese
Vollkommenheit erreichen können. Er lehrte uns, wie wir uns selbst
finden und durch die Praxis des Zazen ein Meister unserer selbst werden können. Mit anderen Worten, er lehrte uns, genauso ein Mensch
zu werden, wie er: ein Buddha in der wirklichen Welt.

Buddhas sind also keine Übermenschen oder gar Götter. Sie müssen ihr Leben auch den Gesetzen des Universums folgend führen.
Gautama Buddha lebte, lehrte und erfuhr das Leben sehr einfach und
natürlich. Als er ungefähr 80 Jahre alt war, erkrankte er an der Ruhr
und starb – ein ruhiger Tod in Anwesenheit einiger seiner Schüler.

**Fragen und Antworten**

*Sie haben erwähnt, dass die Erkenntnis der Nutzlosigkeit asketischer
Praxis der entscheidende Wendepunkt im Leben Gautama Buddhas
war. War dies das Erlangen der Erleuchtung?*

Nein, ich denke nicht. Vielleicht können wir sagen, es war ein Vorbote der Erleuchtung. Wann immer wir eine klare Einsicht in die wirkliche Situation unseres Lebens haben, ist dies eine Art von Erleuchtung. Solche Erkenntnisse sind sehr wichtig. Aber sie sind nicht die fundamentale Erleuchtung im Buddhismus. Erleuchtung in der buddhistischen Tradition ist nicht ein verstandesmäßiges Entdecken, sondern es ist ein Zustand des Seins, des Körpers und des Geistes. Es ist ein Zustand augenblicklicher Einheit mit der Welt, in der die dualistische Sichtweise entfällt und die wirkliche Qualität aller Dinge zum Vorschein kommt. Es ist mit anderen Worten der Zustand in Zazen.

Daher war Buddhas wirkliches Erlangen der Wahrheit Teil des einfachen Handelns beim Zazen-Sitzen. Als er sich unter den Bodhibaum setzte, ohne ein Ziel und ohne eine andere Absicht als zu sitzen, war dies das Erlangen der Wahrheit selbst. Später, als er dies bewusst erkannte und diese Tatsache dankbar annahm, erlangte er die Wahrheit in einem anderen Sinne. Das war das bewusste Erkennen der wunderbaren Welt hier und jetzt. Wir können daher annehmen, dass Gautama Buddha die Wahrheit in zwei Schritten erlangte. Der erste bestand darin, dass er in die wirkliche Welt direkt durch die Praxis des Zazen eintrat. In der zweiten Stufe erkannte er die Schönheit, still in dieser Welt zu sitzen.


*Gautama Buddha fand die Wahrheit, nachdem er seine asketische Praxis aufgegeben hatte. Waren diese Praktiken ein Hindernis für ihn oder waren sie ein notwendiger Teil seines Weges? Ist es für uns notwendig, durch solche schmerzhaften Perioden hindurchzugehen, um die Wahrheit zu erkennen?*

Die endgültige Erkenntnis besteht einfach darin, dass das Sitzen in Stille und in der richtigen Haltung die Wahrheit selbst ist. Diese einfache Tatsache war die höchste Entdeckung von Gautama Buddha und sie wurde von allen wahren Meistern seit jener Zeit bis in die gegenwärtigen Tage bestätigt. Vor Gautama Buddha gab es eine solche Lehre nicht. Niemand hatte vor ihm die grundsätzliche Natur der Wirklichkeit klar gesehen und dann an andere weitergegeben. Wenn wir daher die Lebensgeschichte Gautama Buddhas verstehen wollen, müssen wir erkennen, dass er ein wirklicher Wegbereiter und Pionier war. Er suchte nach der Wahrheit, ohne selbst Vorbilder zu haben. Er wusste vorher nicht, ob ihn ein bestimmter Weg oder eine bestimmte Lehre zur Wahrheit führen würde oder nicht. Asketentum gab es bei den religiösen Suchern jener Zeit häufig. Gautama Buddha konnte die Wirkung seiner eigenen Übungspraxis auch nicht erlernen, indem er nur theoretisch darüber nachdachte. Er musste es wirklich selbst versuchen. Wenn wir uns auf diese Weise den Weg Gautama Buddhas vor Augen führen und ihn als Pionier und vielleicht als Wissenschaftler sehen, wird uns klar, dass alle seine Lebenserfahrungen für ihn selbst wichtig und nützlich waren. Als Ergebnis konnte er uns dann seine Lehre übermitteln, so dass wir daran teilhaben können.

Im Grunde sind wir alle in derselben Lage wie Gautama Buddha. Am Beginn der Suche nach der Wahrheit können wir noch nicht wissen, was die Wahrheit ist. Daher müssen wir ein bestimmtes Risiko eingehen und einfach etwas versuchen. In unserem Leben begegnen wir täglich vielen komplizierten und verwirrenden Situationen und Problemen. Wenn wir lernen wollen, müssen wir bereit sein, mit ihnen zu ringen und an ihnen zu arbeiten. Wenn wir dies tun, werden unsere Erfahrungen wichtige Trittsteine auf dem Weg zur Wahrheit und als solche sind sie sehr wichtig und nützlich. Daher sollten wir nicht zögern bei unserer Suche nach der Wirklichkeit und Wahrheit. Wenn wir Angst haben, Fehler zu machen oder dem falschen Weg zu folgen, werden wir unser Leben mit Fantasien und Träumen vergeuden. Wir müssen uns dem Leben öffnen und Vertrauen haben, dass uns das Leben selbst den richtigen Weg zeigen wird. Einem solchen Weg von Versuch und Irrtum zu folgen und daraus zu lernen, ist das buddhistische Leben selbst.

*War es nicht irgendwie egoistisch, als Gautama Buddha beschloss, ein Mönch zu werden? Er verließ sein Zuhause, seine Familie und seine dortige Verantwortung, um etwas für sich selbst zu finden. Strebte er nicht irgendwie nur nach seinem persönlichen Heil?*

In den buddhistischen Schriften heißt es, dass Gautama Buddha sein Zuhause verließ, um die Wahrheit zu suchen und alle Lebewesen zu retten. Er wird als der Inbegriff der Selbstlosigkeit beschrieben und seine Jahre der Askese werden als sichtbares Zeichen gesehen, dass er keinen persönlichen Ehrgeiz hatte. Aber ich fürchte, dass ein solches Bild ein wenig einseitig ist. Ich kann nicht glauben, dass Gautama Buddha ganz ohne eigennützige Motive war. Seine Suche nach der Wahrheit wurde wahrscheinlich zum Teil durch seine eigene Verwirrung und sein Leiden vorangetrieben, aber sicher auch durch seinen Wunsch, anderen Menschen zu helfen.

Ich glaube daher, dass es ein Fehler ist, Gautama Buddha für seine angebliche Selbstsucht zu kritisieren. Aber gleichzeitig sollten wir nicht durch die übertriebene Vorstellung idealistischer Heiligkeit in die falsche Richtung gehen. In der Tat war Gautama Buddha sowohl egoistisch als auch selbstlos, aber vielleicht sollten wir sagen, dass er weder selbstsüchtig noch selbstlos war. Er war einfach Gautama Buddha. Ein wirklicher Mensch in der wirklichen Welt, der den Sinn des Lebens suchte.

*Ich bin persönlich an den Problemen der Selbstsucht sehr interessiert. Einige meiner Freunde haben gesagt, dass Buddhismus egoistisch sei, weil er uns ermutigt, an uns selbst zu arbeiten. Sie meinen, dass Zazen uns dazu bringt, dass wir uns zu sehr mit unserer Innensicht und unserem Innenleben beschäftigen. Sie sagen, dass man hinausgehen und etwas für die anderen tun solle, wenn man wirklich für andere Menschen sorgen will. Manchmal bin ich völlig überzeugt davon, dass es für mich das Richtige ist, Buddhismus zu studieren, aber zu anderen Zeiten belastet mich diese Kritik. Manchmal fühle ich mich wirklich selbstsüchtig.*

Sie lehren Englisch hier in Japan, nicht wahr?

*Ja, das ist richtig.*

Werden Sie gut bezahlt?

*Relativ gut, glaube ich.*

Ich verstehe. Und wenn Sie Ihre Schüler unterrichten, denken Sie dann an das Geld, das Sie dabei verdienen?

*Manchmal ja. Aber normalerweise bin ich zu sehr mit dem Lehren beschäftigt.*

Geben Sie also beim Unterrichten Ihr Bestes?

Gut, dann glaube ich, dass es kein besonderes Problem für Sie gibt. Sie sind Lehrer. Sie arbeiten, um Geld für Ihr Leben zu verdienen, aber gleichzeitig möchten Sie Ihre Schüler ernsthaft lehren und Sie arbeiten für sie. Ich glaube, das Leben ist immer so. Es hat immer eine ich-bezogene und eine selbstlose, altruistische Seite, die anderen helfen will. Ich glaube, es ist sehr schwierig, in unserer Lebensführung nur selbstsüchtig oder nur selbstlos und altruistisch zu sein. Wenn wir daher generell entscheiden wollen, ob wir selbstsüchtig sind oder nicht, werden wir dabei Probleme haben, weil dies sehr schwierig zu entscheiden ist. Wenn wir unser Leben von der einen Seite betrachten, erscheinen wir selbstlos, aber wenn wir unser Leben von einer anderen Seite sehen, scheinen wir selbstsüchtig zu sein. Wir sind dann in Gefahr, vorwärts und rückwärts und nach rechts und links zu taumeln. Wir können dann unsere Balance und unser Gleichgewicht nicht finden und sind nicht in der Lage, sinnvoll zu handeln und sinnvoll zu leben.

Die meisten Religionen drängen uns dazu, vollkommen selbstlos zu sein. Sie sagen, dass es gut ist, altruistisch zu sein, und schlecht ist, ich-bezogen zu sein. Aber dies ist nicht das buddhistische Verständnis. Der Buddhismus sagt uns, dass wir uns keine Sorgen machen sollen, ob wir ich-bezogen sind oder nicht. Wenn wir unser Handeln zu sehr mit dem Verstand zergliedern und analysieren, zieht uns das von einer Seite zur anderen und führt uns weg vom mittleren Weg, von der Wirklichkeit in jedem Augenblick. Wenn wir aufrichtig leben, Augenblick für Augenblick, entfaltet sich unser Leben auf natürliche Weise und die Frage, ob wir selbstsüchtig sind oder nicht, entsteht dann gar nicht. Nach der Lehre des Buddha ist es nicht unsere Aufgabe dauernd zu analysieren, sondern direkt zu leben, das wirkliche Leben zu leben. Wir müssen in den Strom des Lebens eintauchen oder mit den Worten von Meister Dogen: Wir müssen im Wasser stehen. Im Wasser zu stehen bedeutet, aufrichtig in dieser Welt zu leben, so wie sie ist, ohne Sorge, ob es die richtige oder falsche Welt und die gute oder eine schlechte Welt ist. Wenn wir den Gegensatz zwischen Ich-Bezug und Selbstlosigkeit hinter uns lassen, finden wir die wirkliche Welt, wie sie ist. Wir kommen direkt an in der Wirklichkeit und handeln im Hier und Jetzt.

# Kapitel 8:
# Die vier edlen Wahrheiten

Was lehrte nun Gautama Buddha? Mit welchen Worten beschrieb er sein Verständnis des Lebens, seine Erkenntnis der Wahrheit? Was war genau der Inhalt seiner ersten Rede, mit der er versuchen wollte, seinen fünf Freunden die einfache Wahrheit zu erklären, die hinter dem komplizierten Äußeren der Wirklichkeit liegt? Wie konnte mit dieser Wahrheit den Menschen geholfen werden, das schwierige Leben zu meistern und jene tiefe Befriedigung zu erlangen, die Gautama Buddha selbst erfahren hatte? Dieses sind leider Fragen, die man niemals ganz genau beantworten kann. Gautama Buddha schrieb keine Bücher. Seine Worte und die Geschichte seines Lebens wurden durch mündliche Überlieferung etwa 200 Jahre lang bewahrt, bevor die Inhalte seiner bis dahin mündlichen Lehren in geschriebener Form niedergelegt wurden. Diese frühen Schriften, die Agama Sutras, enthalten nur eine Kurzfassung dessen, was Gautama Buddha lehrte. Sie berichten, dass sein erster Vortrag von vier wichtigen grundsätzlichen Ideen oder Lehren ausging: den vier edlen Wahrheiten. Wörtlich aus dem Sanskrit übersetzt bedeuten sie:

+ die Wahrheit des Leidens,
+ die Wahrheit der Vielfalt (wörtlich: Ansammlung) der Welt,
+ die Wahrheit der Negation oder Synthese von 1. und 2.,
+ die Wahrheit des richtigen Weges oder der richtigen Lebensweise.

Was bedeuten diese vier Wahrheiten nun wirklich? Spätere buddhistische Schriften enthalten viele Kommentare und Interpretationen, aber wenn wir einigen dieser Interpretationen folgen, kommen wir zu dem Schluss, dass der Buddhismus eine recht pessimistische Religion ist: eine Religion, die auf Askese und Selbstverleugnung beruht. Mein eigenes Verständnis ist jedoch anders, da der Buddhismus keine pessimistische Religion ist. Meine eigene Interpretation beruht hauptsächlich auf den Erfahrungen meines eigenen Lebens, auf dem Studium der Arbeiten von Meister Dogen und nicht zuletzt auf der Begegnung mit lebenden Meistern. Sie basiert auch auf meinem Glauben, dass Gautama Buddha sich in seinem ersten Vortrag für seine früheren Freunde sehr bemüht hat, eine zusammenhängende neue Lehre zu erklären: eine Lehre, die die Schwierigkeit und Komplexität des Lebens anerkennt und einen Vorschlag enthält, wie diese Komplexität vernünftig gesehen werden kann und wie mit ihr umzugehen ist, und zwar sowohl theoretisch als auch im praktischen Handeln. Natürlich gibt es keine Möglichkeit, genau zu wissen, wie Gautama Buddha seine Erklärung vortrug, um an jenem Tag sein neu gewonnenes Verständnis an seine fünf Freunde weiterzugeben. Aber ich bin davon überzeugt, dass die nun folgende Interpretation den Kern seiner Gedanken enthält und das Wesen des Buddhismus selbst ist.

Zu Anfang müssen wir uns über einige wesentliche Eigenschaften der Menschen Klarheit verschaffen. Wir sind Lebewesen, die denken und Denken ist eine Aktivität, die Bilder und Gedanken unabhängig von dinglichen Substanzen erzeugt. Zu bestimmten Zeiten erscheinen uns diese Bilder als Wirklichkeit, aber tatsächlich sind sie es nicht. Sie sind nur Träume und nur Widerspiegelungen der wirklichen Welt. In der ersten Phase unseres Lebens sind wir im Allgemeinen fasziniert von diesen traumgleichen Bildern. Wir möchten ihre Quelle kennen lernen. Indem wir nach dieser Quelle forschen, entdecken wir den Geist, das Selbst oder einige symbolische Repräsentationen des Geistes: einen Gott oder Dämon. In dieser Phase haben wir normalerweise eine kindliche Unschuld, eine Fähigkeit, den Ideen und Bildern des Geistes absolut zu glauben, ohne jeden Zweifel und ohne jede Frage. Wir glauben, dass alle Dinge möglich sind, da es in unseren Gedanken keine Grenze gibt. Wir haben viele Hoffnungen und viele Träume und wir wollen sie alle verwirklichen.

Gautama Buddha schätzte den Wert der Ideale, Hoffnungen und Träume der Menschen sehr. Er wusste, dass wir ohne Träume keinen Antrieb, keine Motivation und keinen Ehrgeiz und auch keinen Antrieb zum Arbeiten und zum Lernen haben. Aber in einer bestimmten Phase unseres Lebens müssen wir die wirkliche Natur der Träume erfahren. Früher oder später müssen wir erkennen, dass Träume nicht die wirkliche Welt, sondern nur Träume sind. Dieser Lernprozess ist für viele von uns oft schmerzhaft. Es ist schmerzhaft zu erkennen, dass wir nicht das bekommen können, was wir wollen, und dass unsere Träume – ganz gleich, was wir tun – nicht vollständig realisiert werden können. Jeder einzelne Mensch muss diese Entdeckung und Erfahrung für sich selbst machen. Jeder einzelne Mensch wird unter diesem Konflikt zwischen Traum und Wirklichkeit leiden. Leiden ist in der Tat etwas sehr Allgemeines in der ersten menschlichen Phase des Verstehens und Erfahrens. Dies ist der Grund, warum Gautama Buddha die erste Wahrheit als Wahrheit vom Leiden bezeichnete, und niemand wird bestreiten, dass es in unserem Leben Leiden gibt. Die erste der vier edlen Wahrheiten betrifft daher das Leiden.

Die Entdeckung einer Welt, die sich von den Ideen, Träumen und geistigen Bildern unterscheidet, ist der Beginn der zweiten Phase des menschlichen Verständnisses. In dieser Phase fangen die Menschen an, die Dinge in einer objektiveren Form zu sehen. Die selbstbezogenen Ideen und der Glaube des denkenden Subjekts beginnen unwichtiger zu werden und an ihrer Stelle erscheinen die Tatsachen, Dinge und Gegebenheiten der konkreten Welt. Gautama Buddha drängte seine Freunde in dieser Phase des Verständnisses, die Welt sehr genau zu betrachten und zu bedenken, wie die Welt aufgebaut ist, wie sie gemacht ist und wie sie wirklich funktioniert.

Derartige genaue Beobachtungen der Welt führen natürlich dazu, dass man sich der Vielfalt und den Unterscheidungen in der Natur der Dinge bewusst wird: z. B. erkennt, dass alle Dinge aus Teilen zusammengesetzt sind, dass diese Teile wiederum aus kleineren Teilen bestehen und dass alle diese kleineren Teile weiter in Basiselemente aufgeteilt werden können usw. Schließlich findet man theoretisch immer kleinere Einheiten der Materie, aus denen das ganze Universum aufgebaut ist. Diese Ansammlung von Dingen und Elementen und deren Vielfalt in der konkreten Welt nannte Buddha daher die Wahrheit der Ansammlung.

Was bestimmt nun die endgültige Form, die diese kleinsten Einheiten der Materie haben? Wie groß ist das Universum, wie ist es entstanden und seit wann existiert es? Dies hängt vor allem von dem Wirken eines klaren, unveränderlichen Gesetzes ab: dem Gesetz von Ursache und Wirkung. Alle Dinge, die in dieser Welt erscheinen, sind das Ergebnis einer Kette von vorangegangenen Ursachen und Wirkungen. Diese Kette bildet ein zusammenhängendes Netzwerk von verursachenden Bedingungen und den entsprechenden Wirkungen. Das ganze Universum kann daher als eine gewaltige Ansammlung dieser zusammenhängenden Netze von Ursachen und Wirkungen verstanden werden.

Wenn man diesem Denken folgt, führt das zwar zu einer sehr festgelegten deterministischen Sichtweise des Lebens, in dem es keine Entscheidungsfreiheit des Menschen zu geben scheint, und man kann dem schwerlich logisch widersprechen. Solche deterministischen Sichtweisen hatten in der Zeit, als Gautama Buddha die Wahrheit entdeckte und versuchte, diese Wahrheit seinen Freunden zu erklären, viele leidenschaftliche Befürworter. Er bat seine Freunde, über diese materialistischen Lehren sehr sorgfältig nachzudenken und sie nicht gleich abzulehnen. Er regte an, die Zusammenhänge von Ursache und Wirkung in ihrem eigenen Leben zu beobachten. Er drängte sie, die „Wahrheit" der konkreten Dinge und Systeme zu sehen und zu verstehen: die Lehre und Philosophie, die das materielle Gesicht des Universums aufzeigt und erklärt.

Nachdem er dieses objektive Gesicht der Wirklichkeit erklärt hatte, zeigte Gautama Buddha eine sehr interessante Tatsache auf. Er bat seine Freunde zu erkennen, dass eine solche Lehre, die auf der Sinneswahrnehmung der Gegenstände und des Universums beruht, keinen Platz für den Geist des Menschen hat. Wenn wir an die Welt des Geistes glauben, müssen wir diese Theorie, die auf der objektiven Wahrnehmung und Forschung beruht, zurückweisen. Wenn wir aber an jene objektiv begründete Theorie und Philosophie glauben wollen, müssen wir wiederum die substanzlosen Bilder und Träume des Geistes und vor allem deren Bedeutung verneinen.

Diesen Konflikt und Widerspruch zwischen den beiden Sichtweisen der Wirklichkeit wollte Gautama Buddha nicht hinnehmen. Eine solche Situation musste geklärt und überwunden werden, wenn die Menschen in Frieden mit sich selbst und in Harmonie mit anderen leben wollten. Es mussten eine neue und erweiterte Lehre und eine neue Sichtweise entwickelt werden, die sich zwar auf diese beiden im Konflikt befindlichen Lehren beziehen, aber sie auch zusammenbringen müsste.

Daher schlug Gautama Buddha einen neuen Weg des Denkens über die Welt und das Leben vor. Es war eine Lehre, die den offensichtlichen Konflikt zwischen der Welt des Geistes und der Ideen einerseits und der physischen materiellen Welt andererseits auflöste, indem er die Zeit und den Ort mit einbezog, in der sich die beiden Welten begegnen. Diese Zeit ist der jetzige Augenblick. Dieser Ort ist das Hier. Hier und jetzt leben wir. Hier und jetzt tun wir etwas: Wir handeln. Wenn wir handeln, werden das Selbst und die äußere Welt zu einer Einheit. Im Handeln erscheint die wirkliche Welt direkt und unmittelbar. Daher kann Buddhas neue Lehre in moderner Sprache als Theorie des Handelns bezeichnet werden. Die Theorie des Handelns im Hier und Jetzt war der Kern des neuen Lebensverständnisses von Gautama Buddha. Sie löste in der Tat den Konflikt zwischen Idealismus und Materialismus auf.

Diese neue Theorie lehnte teilweise die beiden oben genannten Sichtweisen des Idealismus und Materialismus ab. Sie wies den Glauben zurück, dass wir unser Leben nur auf einer einzigen dieser Sichtweisen und auf einem einzigen Verständnis der Welt aufbauen müssten. Dies ist der Grund, warum die dritte edle Wahrheit „die Wahrheit der Negation" genannt wird. Sie negiert die beiden Extreme des Idealismus und Materialismus zu Gunsten einer Verbindung der beiden – einer  Synthese, die eine dritte Perspektive aufdeckte: die Lebensphilosophie des Handelns.

Wir können sehen, dass Gautama Buddhas Erklärung der Wahrheit auf drei verschiedenen Sichtweisen der Wirklichkeit aufbaute, die miteinander in Beziehung stehen: Die erste basiert auf Träumen, Vorstellungen, Fantasien, Ideen, Idealen und mentalen Bildern. Die

zweite basiert auf den konkreten Sinneswahrnehmungen und die
dritte auf dem Handeln im Hier und Jetzt. Zu Anfang müssen wir
Träume haben. Ohne unsere Träume, Ideen, Ideale und Ziele können wir niemals die konkrete Welt entdecken, die sich aber von der
Welt der Träume und Ideen unterscheidet. Das ist die Welt, wie wir
sie mit den Sinnen wahrnehmen. Wenn wir aber in der Welt der
Sinne gefangen bleiben, verliert unser Leben die Frische, Kraft und
Fantasie und wir verlieren vor allem den Sinn des Lebens. Wir fühlen
uns niedergeschlagen und entmutigt durch die Unnachgiebigkeit des
Gesetzes von Ursache und Wirkung. Wir sehen keine Freiheit für
uns und verlieren vermutlich auch das Interesse am Leben selbst.
Daher brauchen wir eine neue Grundlage und eine neue Ausgangs-
basis für ein ausgeglichenes Leben, und dies finden wir im Handeln.
Aber die wirkliche Bedeutung der Lehre vom Handeln kann nur klar
werden, wenn man sich des dynamischen Zusammenspiels von Ideen
und Wahrnehmungen bewusst wird, das durch den Widerspruch
der Standpunkte von Idealismus und Materialismus entsteht.

Die Beziehungen dieser drei Sichtweisen der Wirklichkeit sind
daher sehr komplex und zu einem gewissen Teil widersprüchlich,
aber wenn wir nur einen Aspekt weglassen, können wir den Sinn
und die Mitte unseres Lebens nicht mehr finden. Ohne Träume,
Fantasien und Ideale können wir unsere Lebensreise nicht beginnen. Ohne die Wahrnehmung der Sinne können wir nichts über
die objektiven Wirklichkeiten des Lebens erfahren und ohne die
Lehre des Handelns können wir niemals die Konflikte zwischen
diesen beiden widersprüchlichen Aspekten des Lebens lösen und
ein umfassendes Verständnis erlangen.

Alle drei Sichtweisen sind daher notwendig, um unser Verständnis des Lebens zu vervollständigen. Aber das Verstehen des

Lebens ist noch nicht das Leben selbst. Leben ist keine Theorie, keine Philosophie oder keine ausgeklügelte Logik. Das Leben ist etwas vollständig anderes. Es ist etwas, das wir weder mit Sicherheit benennen noch vollständig beschreiben können. Es ist letztlich etwas Unfassbares. Gautama Buddha erkannte diese Tatsache sehr klar. Er sah, dass wir nicht in Theorien und philosophischen Systemen leben, sondern in der unfassbaren, wunderbaren Wirklichkeit selbst. Er wusste, dass wir diese Welt selbst erfahren müssen – wir müssen sie direkt selbst verwirklichen, wenn wir die Wirklichkeit kennen wollen. Ohne die direkte Verwirklichung in der Realität des Lebens sind alle Theorien und Philosophien wie nutzloses Unkraut, das sich im Wasser des Lebens dauernd hin und her bewegt.

Daher drängte Buddha seine Freunde dazu, sich nicht nur auf intellektuelle Theorien über die Welt zu verlassen, sondern direkt Wirklichkeit zu erfahren. Um dies zu erreichen, empfahl er die alte Meditationshaltung im Lotossitz, die er von seinen eigenen Meistern gelernt hatte: die einfache Haltung oder Praxis, die als *dhyana* in Indien bekannt war und später in China *chan* und in Japan *zazen* genannt wurde. Er erklärte, dass der einfache Vorgang des Sitzens in der Lotoshaltung die vollständige Realisierung der Wahrheit und Wirklichkeit ist. Es ist die Praxis und die Erfahrung der Wahrheit und das wirkliche Tor zur realen Welt in ihrer ganzen Fülle. Dadurch finden wir unsere Mitte, gewinnen innere Ruhe und Kraft zum tätigen Handeln und gewinnen Befriedigung und dauerhafte Freude im Leben.

Diese vierte und letzte Wahrheit war der Höhepunkt der ersten Lehrrede Gautama Buddhas, der Höhepunkt seiner einzigartigen Konzeption des Lebens und des Universums.

## Fragen und Antworten

*Ich möchte gern etwas mehr über Ihre „neue" Interpretation der vier edlen Wahrheiten wissen. In allen Büchern, die ich über den Buddhismus gelesen habe, wurden die vier edlen Wahrheiten als das Leiden, die Ursache des Leidens, den Weg aus dem Leiden und schließlich die praktische Befreiung vom Leiden beschrieben. Ich finde es daher recht schwierig, dies mit Ihrer Beschreibung der ersten Lehrrede von Gautama Buddha für seine Freunde in Übereinstimmung zu bringen.*

Ja, ich kann Ihre Verwirrung verstehen. Die Interpretation der vier edlen Wahrheiten, die Sie gerade beschrieben haben, ist bekannt. In den meisten Büchern über Buddhismus werden die vier edlen Wahrheiten in einem sehr einfachen Schema von Ursache und Wirkung dargestellt. Nach diesem Schema ist die erste Wahrheit die Wahrheit des Leidens.

Danach ist unser Leben angefüllt mit Leiden, Wut und Enttäuschung. Das Leben selbst ist Leiden. Nach der zweiten Wahrheit hat das Leiden eine bestimmte Ursache und diese Ursache ist die Gier. Dann ist die dritte Wahrheit, dass wir das Problem des Leidens dadurch lösen können, dass wir die Gier beseitigen. Die vierte Wahrheit ist der rechte und wahre Weg der Buddhas – der Weg, der erlangt ist, wenn die drei ersten Wahrheiten vollständig verwirklicht sind.

Als ich jung war, stellten diese traditionellen Interpretationen der vier edlen Wahrheiten ein gewaltiges Hindernis für mich dar. Schon bei der ersten Begegnung mit ihnen schien mir irgendetwas daran falsch zu sein. Ich konnte die Ausgangslage der vier edlen Wahrheiten nicht akzeptieren. Sicher gab es Leiden in der

Welt. Aber das ganze Leben sollte nur Leiden sein? Gab es nicht auch Glück und Zufriedenheit? Nicht einfache Freude am Leben? Dann war da auch die Einstellung zur Gier. War das Begehren wirklich ein teuflisches Element im menschlichen Leben? Etwas, das vollständig unterdrückt oder beseitigt werden musste? Persönlich konnte ich mir kein Leben vorstellen, ohne dass man nicht irgendetwas haben will. Ist das schon Gier? Dies schien mir aber mit dem Leben unauflösbar und unteilbar verbunden zu sein. Für mich waren das Leben und das Begehren einfach zwei verschiedene Seiten derselben Sache. Wenn Gautama Buddha wirklich lehrte, uns von der Gier vollständig zu befreien, schien es mir, als ob er von uns etwas verlangt, das unmöglich ist, wenn man lebt. Schließlich war da die vierte Wahrheit, der höchste Weg des Buddha zur Befreiung. Unter diesem verstand ich den edlen achtfachen Pfad: die rechte Sichtweise, das rechte Denken, die rechte Sprache, das rechte Verhalten, die rechte Lebensführung, die rechte Anstrengung, der rechte Geist und der rechte Körper. Für mich war dieser letzte Teil der vier edlen Wahrheiten nicht das Problem, aber die Beziehung zu den anderen drei Wahrheiten war für mich nicht nachvollziehbar. Ich konnte einfach keine Verbindung zwischen ihnen erkennen. (Vor allem in Bezug auf die erste der vier edlen Wahrheiten in dieser Interpretation hatte ich starke Zweifel, ob die traditionelle Deutung der vier edlen Wahrheiten richtig und vollständig sei.) Ich konnte nicht glauben, dass diese dogmatische, pessimistische und unlogische Theorie, dass alles im Leben Leiden sei, sich in irgendeiner Weise auf die höchste Erkenntnis des Gründers der buddhistischen Lehre beziehen ließe.

Als ich anfing, das *Shobogenzo* zu studieren, war ich gespannt, ob ich dort eine Erklärung der vier edlen Wahrheiten finden würde, aber ich sah, dass Meister Dogen wirklich wenig darüber aussagte. Er wiederholte einfach die Worte aus den ursprünglichen Schriften und sagte, dass dies die Worte Gautama Buddhas seien und dass man sie als die buddhistische Wahrheit selbst verehren solle. In jener Zeit war ich vollständig damit beschäftigt, Meister Dogens eigene Gedanken zu verstehen, und ich war zunächst damit zufrieden, meine Beunruhigung über die Lehre der vier edlen Wahrheiten für eine Weile zurückzustellen. Einer der Gründe, warum das *Shobogenzo* für mich so schwierig zu verstehen war, lag darin, dass die Sätze von Meister Dogen kaum einer stimmigen Kette von Argumenten zu folgen schienen. Stattdessen schien er sich fortwährend zu widersprechen. Diese Tatsache war so offensichtlich, dass ich den Eindruck hatte, dass er dies genau so gewollt hatte, also ganz bewusst in scheinbaren Widersprüchen sprach, und das ließ mich für lange Zeit nicht los. Nachdem ich das *Shobogenzo* viele Male studiert hatte, wurde mir das zu Grunde liegende Muster von Meister Dogens Gedanken allerdings immer klarer. Ich erkannte, dass Meister Dogen die buddhistischen Lehren und andere praktische oder philosophische Probleme nach einem bestimmten Schema von vier Phasen oder Sichtweisen erklärte. Zunächst besprach er ein Problem in abstrakten Worten und stellte dabei oft ein bestimmtes idealistisches Prinzip in den Mittelpunkt. Dann wechselte er plötzlich seine Sichtweise und erklärte dasselbe Problem in präziser objektiver Weise, indem er zum Beispiel konkrete Beispiele oder beobachtbare Tatsachen aufführte. In der dritten Phase nahm er einen speziellen Standpunkt ein, der als buddhistischer Realismus beschrieben werden kann, ein Standpunkt, der die augenblickliche Wirklichkeit in der bestimmten Situation beleuchtete. Da es unmöglich ist, eine solche Wirklichkeit vollständig mit Worten zu beschreiben, versuchte er meist, eine Erklärung vom Standpunkt einer Einheit von Subjekt und Objekt zu entwickeln – eine Einheit, die im Handeln im Hier und Jetzt verwirklicht wird. Schließlich verwendete er symbolische oder poetische Ausdrucksformen, um jenseits von theoretischen Überlegungen auf etwas sehr Reales, Substanzielles, aber letztlich Unerklärbares zu verweisen: die unfassbare, wunderbare Wirklichkeit selbst.

In jedem Kapitel des *Shobogenzo* fand ich dasselbe Muster, und eines Tages dachte ich, dass dieses Muster der wirkliche Kern der ganzen buddhistischen Lehre sein müsse. Wenn dies richtig ist, so fühlte ich, muss eine direkte Beziehung zwischen den vier verschiedenen Sichtweisen im *Shobogenzo* und der ursprünglichen Lehre von Gautama Buddha bestehen. Daher studierte ich die vier edlen Wahrheiten genauer, um zu sehen, ob eine solche Beziehung wirklich vorhanden sei. Ich fand heraus, dass in den frühen buddhistischen Schriften die Bedeutung der vier edlen Wahrheiten noch nicht klar definiert war. Es gab dort eine gewisse Offenheit und Bandbreite der Bedeutung, die mir angesichts des eher dogmatischen Stils der späteren Schriften erstaunlich erschien. Es hatte für mich den Anschein, dass diejenigen, die zuerst versuchten, die Lehren Gautama Buddhas aufzuschreiben, selbst nicht ganz sicher waren, was die ursprüngliche Bedeutung der vier edlen Wahrheiten sei. Diese gewisse Unklarheit der frühen Schriften ermutigte mich anzunehmen, dass die vier edlen Wahrheiten breiter und umfassender interpretiert werden könnten, als die späteren Sutras und Kommentare uns glauben machen wollen. Ich fand auch heraus, dass viele Aspekte des Lebens und der Lehre von Gautama Buddha klarer und verständlicher würden, wenn die vier edlen Wahrheiten auf Grundlage der vier Sichtweisen von Meister Dogen interpretiert würden. Diese Entdeckung – verbunden mit der Aussage von Meister Dogen, dass seine Lehre in jeder Beziehung identisch mit der von Gautama Buddha sei – führte mich zu der Schlussfolgerung, dass die traditionelle Interpretation der vier edlen Wahrheiten zumindest teilweise ein gewisses Missverständnis ist und eine zu enge Bedeutung der ursprünglichen Lehren von Gautama Buddha darstellt. Dieses Missverständnis konnte nur durch eine klare erweiterte Bedeutung für die vier edlen Wahrheiten korrigiert werden.

Diese Einsicht traf mich wie ein Schlag und ich fürchtete die damit verbundenen Schlussfolgerungen. Ich hatte kein besonderes Bedürfnis, ein Reformer zu sein oder die traditionellen Vorstellungen einer Religion, die ich bewunderte und schätzte, zu erschüttern und herauszufordern. Aber ich fühlte, dass die Wahrheit eine höhere Bedeutung gegenüber allen anderen Überlegungen haben müsste. Daher begriff ich zunächst mein neues Verständnis der vier edlen Wahrheiten nur als Versuch und Arbeitshypothese und setzte meine Studien über den Buddhismus auf dieser Basis viele Jahre lang fort. Schließlich wurde diese Hypothese dann zu meiner festen Überzeugung. Ich bin überzeugt, dass Gautama Buddha ursprünglich nicht allein das Problem des Leidens erklären wollte, sondern dass er die wirkliche Natur des Lebens aufzeigen wollte, die aus vier verschiedenen Aspekten besteht. Er vertraute dann darauf, dass mit dieser neuen Sichtweise auch das Leiden seine Schrecken verliert und überwunden werden kann. Wir sind heute in der Lage, diese verschiedenen Aspekte der Welt sehr klar und genau zu erkennen. Daher erkläre ich die vier edlen Wahrheiten in Form der vier Sichtweisen.

Sie sind Idealismus, Materialismus, Realismus im Handeln und
die Lehre von einer Wahrheit jenseits dieser drei Bereiche: die
unfassbare Wirklichkeit selbst.

Wenn Sie viele Bücher über den Buddhismus gelesen haben,
mag es sein, dass es für Sie an diesem Punkt schwierig ist, mein
Verständnis der vier edlen Wahrheiten anzunehmen, aber ich
hoffe, dass Sie sich dafür einen offenen Geist bewahren. Bevor
wir diese Erörterung beenden, hoffe ich zu zeigen, dass viele der
ursprünglichen Lehren des Buddhismus in der Tat dieses erweiterte Verständnis wiedergeben und stützen. Ich hoffe auch,
dass es mir gelingt zu zeigen, dass meine Deutung der vier edlen
Wahrheiten über einen nur theoretischen Wert weit hinausgeht.
Ich bin der festen Meinung, dass der Buddhismus nur dann einen
großen Wert für unser Leben hat, wenn er uns mit einem Verständnis und mit guten Hilfsmitteln ausstattet, mit deren Hilfe
wir unsere Probleme wirklich lösen können. Diese Probleme sind
bekanntlich nicht so einfach. Unser Leben ist oft kompliziert und
verwirrend. Wenn wir gut leben wollen, brauchen wir Hilfsmittel, um mit der Komplexität unseres Lebens fertig zu werden, um
möglichst viel zu verstehen und richtig zu handeln. Ich denke,
dass Gautama Buddha versuchte, uns solche Hilfsmittel an die
Hand zu geben, als er seinen Freunden und ersten Schülern die
vier edlen Wahrheiten lehrte. Und ich glaube, dass dieses Ziel
erreicht wird, wenn wir die vier edlen Wahrheiten entsprechend
meinem Ansatz der vier Sichtweisen oder Lebensphilosophien
verstehen.


*Ihr Gebrauch der modernen philosophischen Begriffe zur Erklärung
des Buddhismus ist spannend. Aber besteht dabei nicht die Gefahr,*

*dass dies ihre ursprüngliche Bedeutung verändert? Es scheint mir, dass sich unser Verständnis des Buddhismus von Gautama Buddha unterscheidet, wenn wir Begriffe und Konzepte zur Erklärung benutzen, die in seiner Zeit in Indien noch nicht verwendet wurden.*

Es ist wahr, dass es in der Zeit von Gautama Buddha keine ausgearbeiteten philosophischen Lehren des Idealismus, Materialismus, Realismus usw. gab. Aber wir sollten uns daran erinnern, dass solche Lehren nur Theorien sind, um zu erklären, was wir in unserem Leben wirklich erfahren und wie wir das Leben einschätzen. Wenn wir mit der Vielfalt unserer Erfahrungen konfrontiert sind, erscheint es manchmal unglaublich, dass wir uns überhaupt darüber unterhalten und kommunizieren können. Aber wir können dies in der Tat und wir tun es auch. Dies legt nahe, dass es eine gemeinsame Grundlage für alle menschlichen Erfahrungen gibt. Dieses ist der feste Glaube des Buddhismus. Wir glauben als Buddhisten, dass unser Leben nicht grundsätzlich anders ist als das von Gautama Buddha. Wir glauben, dass unsere Erfahrungen des Lebens grundsätzlich dieselben sind wie seine, selbst wenn wir heute viele neue Wege haben, diese Erfahrungen zu erklären.

Gautama Buddha entdeckte, dass das Leben vier Dimensionen hat. Er hatte kein modernes wissenschaftliches Konzept, um deren Unterschiede zu erklären, daher versuchte er sein Verständnis durch eine einfache Theorie der vier Wahrheiten zu erklären. Leider wurde die Bedeutung der vier edlen Wahrheiten von vielen seiner Anhänger wohl nicht in ihrer ganzen Breite und Tragweite verstanden. Sie sahen die vier edlen Wahrheiten als eine einzige Theorie, welche die Kette von Ursachen und Wirkungen des

Leidens erklärt. Diese Einengung hat den Buddhismus meines Erachtens viele Jahrhunderte lang behindert. Die Komplexität des Lebens und des Leidens kann man nicht allein durch eine Theorie von Ursache und Wirkung erklären.

Glücklicherweise haben Philosophie und Wissenschaft seit der Zeit Gautama Buddhas große Fortschritte gemacht. Wir haben jetzt viele neue Werkzeuge zur Verfügung, um unsere Erfahrungen des Lebens erklären zu können. Wir brauchen nicht zu zögern, diese neuen Werkzeuge zu benutzen, obgleich sie vor 2500 Jahren noch nicht in derselben Qualität vorhanden waren. Wir müssen versuchen, unser jetziges Leben entsprechend dem Fortschritt unseres heutigen Denkens zu verstehen. Wir müssen also versuchen, den Buddhismus mit unseren eigenen Methoden des Denkens zu verstehen. Der Buddhismus selbst kann sich im Kern niemals verändern. Die Erfahrung und deren grundsätzliches Verständnis sind für immer dieselben, aber die Methoden der Erklärung dieser Erfahrungen und Wahrnehmungen können sich weiterentwickeln, um den Bedingungen der jeweiligen Zeit zu genügen. Ich glaube, dass der Buddhismus heute klarer verstanden werden kann als jemals zuvor, wenn wir alle Werkzeuge, die uns zur Verfügung stehen, benutzen. Ich bin der festen Überzeugung, dass die vier edlen Wahrheiten in der Tat die Bereiche und Sichtweisen des Idealismus, Materialismus, des Handelns und der unfassbaren Wirklichkeit selbst sind. Ich glaube, dass die wahre Bedeutung der buddhistischen Lehre nur lebendig bleiben kann, wenn wir die vier edlen Wahrheiten auf diese Weise verstehen.


**Was meinen Sie damit, wenn Sie sagen, dass Leben und Begierde zwei Seiten derselben Sache sind?**


164

Der Buddhismus beginnt mit der Annahme, dass die Welt und wir selbst wirklich vorhanden sind und existieren. Die Welt ist ein unfassbares Etwas, etwas Unteilbares, das letztlich nicht vollständig mit Worten beschrieben werden kann. Aber unabhängig davon ist es unsere Natur als Menschen, alle Dinge mit dem Verstand anzugehen: das Unfassbare in Teile zu zergliedern, und wenn wir dies getan haben, Namen und Konzepte zu verwenden für das, was wir gefunden haben. Durch diesen Prozess können wir vielleicht entdecken, dass es Begierden gibt, und wir halten sie möglicherweise für etwas, das vom Leben getrennt ist. Wenn wir das Leben und die Begierden in unseren Gedanken unterscheiden, werden die Begierden schnell etwas, dessen wir uns schämen, etwas Schmutziges und „Weltliches". Doch wenn wir die Begierden schlicht als das erfahren, was sie sind, können wir sie nicht so auffassen und verstehen. In der wirklichen Welt können das Leben und die Begierden nicht getrennt werden. Wenn es Leben gibt, gibt es Wünsche und Begierden. Wenn es keine Begierden gibt, gibt es kein Leben. Dies ist die Art und Weise, wie die Dinge in der Welt wirklich sind. Um es genau zu sagen: Leben und Begierden sind nur Begriffe und Konzepte. In der wirklichen Welt sind Leben und Begierden immer zu einer einzigen Tatsache zusammengefasst: Sie sind nur zwei Gesichter derselben Sache. Wir können diese die eine Wirklichkeit oder das Leben oder die Begierden nennen. Daher stellt im Buddhismus die Begierde in unserem Leben nichts Beschämendes dar, sondern sie ist das Leben selbst.

Sie ist etwas Reines und Heiliges. Sie ist die Wahrheit selbst.

# Kapitel 9:
# Die Übertragung der Wahrheit

Ich habe die Geschichte von Gautama Buddha erzählt, um zu verdeutlichen, dass er wirklich ein Mensch seiner Zeit war. Ich denke, es ist wichtig zu verstehen, dass Gautama Buddha kein Gott oder Supermann war, sondern ein ganz normaler Mensch wie wir: ein Mensch, der die Freuden und Leiden des Lebens auf dieser Erde erfahren hat. Wenn wir dies sehen, können wir noch einen Schritt weiter gehen. Wir sollten nach einer ganz direkten und unmittelbaren Verbindung zwischen uns selbst und Gautama Buddha suchen. Ich selbst habe das klare Gefühl einer solchen tiefen Verbindung mit ihm. Dieses Gefühl ist seit den Jahren meines Studiums und durch die Übungspraxis gewachsen, und ich bin der festen Meinung, dass es auf etwas Wirklichem beruht. Ich glaube, es gibt eine wirkliche Verbindung von uns selbst zu Gautama Buddha. Ich möchte jetzt versuchen, diese Verbindung genauer zu erklären, so dass Sie Buddha selbst begegnen können.

Eines der wichtigsten Dinge, die wir beim Studium des Lebens von Gautama Buddha erfahren können, ist, dass er nicht die Früchte der erlangten Wahrheit allein genießen wollte. Er fühlte sich dazu berufen, seine Erfahrung und sein Verständnis mit der Welt zu teilen. Er wollte die Menschen aus der Welt des Leidens und der Verwirrung in die wirkliche Welt hinausführen, in seine Welt, in die Welt Buddhas.

In vielen Schriften wird Gautama Buddha als ein Mensch voller Mitgefühl beschrieben, als jemand, der sich entschieden hat, in dieser Welt zu bleiben, anstatt direkt in das Nirvana, den Bereich des ewigen Glücks, einzugehen. Diese Darstellung vom Mitgefühl und der Selbstlosigkeit Gautama Buddhas hat sicher einen wahren Kern, aber ich habe den Eindruck, dass wir dies nicht zu romantisch und zu idealistisch sehen sollten. Ich denke, Gautama Buddha begann zu lehren, weil er selbst schon im Nirvana angekommen war. Nach meinem Verständnis ist Nirvana kein mystischer Bereich, kein Himmel, der jenseits dieser Welt ist, sondern die wirkliche Welt selbst. In dieser wirklichen Welt war das Verbundensein von allem für Gautama Buddha klar und offensichtlich geworden. Er sah die Welt und die Menschen nicht als etwas an, das von ihm selbst getrennt war, sondern als Teil von ihm selbst. Wenn er daher für das Wohl anderer da war und für sie arbeitete, geschah dies gleichzeitig zu seinem eigenen Wohle. Daher glaube ich, dass das Wirken Gautama Buddhas nicht zutiefst altruistisch war, wie es in manchen Schriften berichtet wird, sondern es war für ihn ein ganz natürliches Handeln in der Einheit von sich selbst und anderen. Es war für ihn selbstverständlich, so wie er Nahrung zu sich nahm und Wasser trank. Es was das natürliche Handeln eines Mannes, der erwacht war und die wirkliche Welt kannte.

Ich denke, dass die Menschen, die ihm auf seinen Reisen begegneten, diese Eigenschaften und Qualitäten erkennen konnten. Sie spürten, dass er uneigennützig und entsprechend eines viel umfassenderen Selbstverständnisses handelte. Mit anderen Worten: Sie konnten die Reinheit und die Absichten dieses Mannes spüren. Wo immer er hinging, versammelten sich die Menschen, um ihn zu sehen und zu hören, den erwachten Buddha. Sie waren von seinen Worten und seiner Anwesenheit tief bewegt. Sie kamen spontan zu ihm, baten darum, bei ihm Schüler zu werden, und Gautama

Buddha nahm sie alle mit demselben offenen Geist an. Er begrüßte alle Menschen gleich, denn alle Menschen waren in seinen Augen gleich.

Die Suche nach spiritueller Wahrheit wurde in der alten indischen Gesellschaft in jener Zeit sehr hoch geschätzt. Dass jemand wie Gautama Buddha seine Familie verließ und seine sozialen Bindungen aufgab, war damals nicht selten und kein Einzelfall, sondern in der Tat eine häufige, allgemeine Praxis bei denen, die aus dem einen oder anderen Grunde unzufrieden mit ihrem Leben in der Gesellschaft waren. Das hauslose Leben, frei von materieller Bequemlichkeit, war ein Ideal, das viele ernsthafte Sucher inspirierte. Viele der Schüler Gautama Buddhas führten ein solches Leben, bevor sie ihm begegneten, und es war für sie etwas ganz Natürliches, es so weiter fortzusetzen, wenn sie ihn auf seinen Wanderungen begleiteten.

Viele Menschen waren inspiriert, dem Beispiel Gautama Buddhas und seiner Schüler zu folgen, und in relativ kurzer Zeit wurde eine Art monastischer Orden ins Leben gerufen. Natürlich waren nicht alle, die dem Buddha folgten, motiviert, ihr Zuhause, ihre Familien und ihre Arbeit aufzugeben. Viele zogen es vor, im Rahmen ihres alltäglichen Lebens in der Gesellschaft die Lehre des Buddha zu studieren und zu praktizieren. Diese Laienschüler formten zusammen mit den Mönchen und Nonnen im monastischen Orden die Sangha, die buddhistische Gemeinschaft.

Jede Gemeinschaft muss für ihre Mitglieder einige Regeln haben, um ein harmonisches Zusammenleben zu ermöglichen. Die Schüler Gautama Buddhas kamen oft mit Fragen zu persönlichen oder sozialen Problemen zu ihm. Er nahm sich solcher Fragen an, weil er wusste, dass sie maßgeblich mit dem Streben seiner Schüler zusammenhingen, seine Lehren in ihrem Leben mit seinen praktischen

Problemen umzusetzen. Seine Ratschläge waren immer realistisch und punktgenau: Sie sollten dieses tun und jenes lassen. Er entwickelte solche Regeln als Hilfsmittel für das tägliche Leben. Diese Regeln wurden dann später zusammengefasst und formalisiert und wurden die buddhistischen Gelöbnisse. Die Menschen, die in die Sangha eintreten wollten, „empfingen" diese Gelöbnisse als Symbole eines neuen Lebens. Solche Regeln und Zeremonien waren wichtiger Teil der Sangha als Gemeinschaft und unterstützten die Entwicklung des Buddhismus als Religion.

Es gibt aber leider auch bestimmte Gefahren, die unauflösbar mit dem Aufbau von religiösen Gruppen und Institutionen verbunden zu sein scheinen. Eine dieser Gefahren besteht darin, dass den Mitgliedern der Gemeinschaft der eigentliche Sinn und Inhalt ihrer religiösen Einrichtung verloren geht. Sie haben die Tendenz, die äußere Form und die äußeren Regeln mit der Religion selbst zu verwechseln. In ihren Augen bekommen die Regeln, Zeremonien und die anderen sichtbaren Zeichen und Symbole der Religion eine überhöhte Bedeutung. Gautama Buddha unterlag nie solchen Täuschungen. Er erkannte und schätzte den wirklichen Wert der Gemeinschaft, die auf natürliche Weise um ihn herum entstanden war. Dies schuf ein Umfeld, in dem die Menschen mit der Lehre in Berührung kommen konnten, um so ihren Weg zur Wahrheit zu finden. Gautama Buddhas Ziel in seinem Leben war es, die Wahrheit zu lehren, den Menschen zu zeigen, wie sie in ihrem Leben durch ihre eigene Anstrengung und Bemühungen die Wahrheit finden, das Leiden vermindern und ein erfülltes, positives Leben führen könnten. Die Sangha gab ihnen die Möglichkeit und die Unterstützung, um diese Ziele zu erreichen. Sie ist wie ein Fahrzeug, um die Wahrheit in die Welt zu tragen. Als die Sangha wuchs, kamen immer mehr Menschen mit den Lehren in Berührung und der Buddhismus erblühte.

Die Sangha wurde von Menschen ganz unterschiedlicher Art und ganz verschiedener Lebensweisen gebildet. Als sie in die buddhistische Gemeinschaft eintraten, brachten sie ihre Fähigkeiten und Eigenschaften, ihre gesammelten Erfahrungen, ihr Wissen und auch ihre Lebensprobleme mit ein. Einige von ihnen waren Gelehrte, die die theoretischen Unterweisungen ernsthaft studierten, aber die Bedeutung der körperlichen Übungspraxis nicht kannten. Andere waren praktisch veranlagte Menschen, die in Zazen ein Mittel gefunden hatten, um ihr tägliches Leben harmonisch zu gestalten, die aber nur geringes Interesse an abstrakten Theorien hatten. Es gab außerdem einige sehr ernsthafte Schüler, die sich diesen beiden Bereichen des buddhistischen Lebens vollkommen widmeten. Da sie Gautama Buddha Tag für Tag begleiteten, waren die geistige Arbeit und die körperliche Praxis ganz natürliche Handlungen ihres Alltags. Es war ihre tägliche Arbeit. Langsam und zunächst kaum merkbar veränderten sich dabei ihr Geist und ihr Körper, und schließlich war der Unterschied zwischen ihnen als Schülern und Gautama Buddha als Meister kaum noch zu erkennen und schien sich aufgelöst zu haben. Es gab nicht mehr irgendetwas, das sie trennte. Sie waren in gewissem Sinne derselbe Mensch geworden.

Als Gautama Buddha diese Entwicklung erkannte, hielt er eine formale Zeremonie ab, um ihre Verwirklichung der Buddha-Lehre zu bestätigen. Diese Zeremonie war die Bestätigung des buddhistischen Verständnisses, das sie erreicht hatten, und eine formale Anerkennung, dass der Dharma auf einen neuen Buddha übertragen worden war. Unter denen, die die Übertragung der Wahrheit erhielten, sah Gautama Buddha Mahakasyapa als seinen hervorragendsten

Schüler an. Er ernannte ihn zu seinem Dharma-Erben, zu seinem Nachfolger als Leiter des buddhistischen Ordens und Sangha. Mahakasyapa übertrug die Wahrheit und die Leitung der Sangha dann auf Ananda. Der Nachfolger von Ananda war Sanavasa, der den Dharma wiederum an Upagupta übermittelte. Auf diese Weise entstand eine direkte Linie der Nachfolge, bei der die Übertragung der Wahrheit mit der Leitung der Sangha verbunden war.

Dieser Grundsatz der Übertragung der Dharma-Nachfolge funktionierte eine Zeit lang recht gut, doch gab es dann bald mehrere Linien in der Nachfolge. Die Lehren Buddhas verbreiteten sich auf diese Weise vom Ursprung in Indien in viele Richtungen. Die Schüler Gautama Buddhas lehrten ihre eigenen Schüler entsprechend ihrem eigenen Verständnis und nach ihren eigenen Erfahrungen des Buddha-Dharma. Viele Schulen und Linien entwickelten sich um diese Meister und jede Schule hatte etwas andere Schwerpunkte und Kennzeichen, die auf den besonderen Eigenschaften des jeweiligen Meisters beruhten und an die Schüler weitergegeben wurden. Dies führte schließlich zu einer beachtlichen Vielfalt der buddhistischen Schulen und Organisationen und zum Teil auch zu einer gewissen Verwirrung über die wesentlichen Grundlagen der Religion selbst. Es entwickelten sich viele Besonderheiten der Lehre und der Praxis des Buddhismus und diese wurden intensiv von den Anhängern der verschiedenen Schulen erörtert.

Bei all diesen Diskussionen und offenen Fragen gab es immer wieder einige herausragende Meister, die zum Ursprung des Buddhismus zurückkehrten und ihn dann weiterentwickelten und an die jeweilige Zeit anpassten. Durch ihre Praxis und Weitsicht waren sie in der Lage, eine wahre Verbindung zu Gautama Buddha selbst herzustellen. Diese Erfahrung einer persönlichen Verbindung zum ursprünglichen Buddhismus half ihnen, nicht länger durch politische oder intellektuelle Probleme ihrer Zeit verwirrt zu sein. Im Zazen fanden sie die wirkliche Grundlage des Buddhismus und diese Entdeckung gab ihnen das unerschütterliche Vertrauen, die Wahrheit zu kennen. Dieses Vertrauen war Kern ihrer eigenen Lehre, die die theoretischen und oft fruchtlosen Argumente anderer überwand und den direkten Weg zur wirklichen Welt öffnete. Wo immer solche Meister auftauchten, war auch der wahre Buddhismus anwesend. In ihnen war die wahre Übertragung verwirklicht und die wahre Nachfolge von Gautama Buddha fortgeführt.

Ein solcher Meister war bekanntlich auch Bodhidharma. Nachdem er in Indien die Wahrheit erlangt hatte, wollte er unbedingt die Lehren von Gautama Buddha nach China bringen. Er war nicht der erste Buddhist, der nach China ging, aber die, die vor ihm gekommen waren, hatten nur die äußere Form und Theorie der Religion übermittelt. Bodhidharma fand bei seiner Ankunft in China Menschen vor, die intensiv über die buddhistischen Theorien diskutierten und buddhistische Rituale vollzogen. Aber er konnte nicht einen Einzigen finden, der in der Haltung von Gautama Buddha praktizierte. Bodhidharma hatte wenig Sinn und Zeit für abstrakte und spitzfindige Diskussionen. Buddhismus war für ihn etwas Aktives, etwas, das man in seinem Leben durch die Praxis verwirklichen konnte. Er lehrte daher, dass die ursprüngliche Praxis von Gautama Buddha der Kern des Buddhismus selbst sei. Er lehrte dies durch Worte und durch sein aufrichtiges, überzeugendes Handeln. Die Legende berichtet, dass er neun Jahre in Zazen vor einer Wand saß. Diese Geschichte ist sicher eine Übertreibung, aber sie zeigt Bodhidharmas hohe Wertschätzung der Übungspraxis als zentrale Grundlage des buddhistischen Lebens.

Es wird berichtet, dass die Chinesen der damaligen Zeit das Verhalten und Handeln des indischen Meisters recht seltsam fanden. Bodhidharma wurde dort z. B. von den Lehrern anderer Religionen verspottet. Aber ein Mensch, der auf diese Weise praktiziert, hat eine große innere Kraft und Klarheit, die immer stärker sein wird als der Spott und die Kritik von Menschen, die niemals die Wahrheit erfahren haben. Schließlich überzeugte Bodhidharma auch die Skeptiker und Theoretiker und hatte Erfolg mit der Übermittlung des wahren Buddhismus nach China.

Von Bodhidharma ging die Übertragung und Nachfolge weiter zu den großen Meistern des chinesischen Buddhismus. Um sie herum prosperierte und erblühte der Buddhismus auch in China. Viele Schüler studierten, praktizierten und erlangten die Wahrheit. Viele Klöster wurden gebaut und entwickelten sich zu bedeutenden Zentren des Lernens. Die chinesische Kultur als Ganzes wurde auf diese Weise durch die Kraft des Buddhismus positiv beeinflusst, und die buddhistischen Institutionen selbst wurden von den besonderen Eigenschaften der Chinesen geprägt. Leider wichen die buddhistischen Institutionen später, wie auch teilweise in Indien, von den wesentlichen Lehren der Gründer ab.

Als Meister Dogen nach China kam, war er zunächst enttäuscht von dem Buddhismus, den er vorfand. Die großen Klöster waren im Niedergang begriffen. Die Meister, denen er begegnete, und ihre Lehren schienen wenig besser zu sein als jene des heimatlichen Japan. Er konnte nichts Neues finden, nichts, was versprach, ihn der Wahrheit näherzubringen. Aber als er schließlich Meister Nyojo traf, fühlte er, dass er nun seinen wirklichen Meister gefunden hatte, der fest mit dem ursprünglichen Geist und Körper von Gautama Buddha verbunden war. Später verstand er die Grundlage seines eigenen intuitiven

Fühlens und Denkens. Er verstand, dass es in der wirklichen Welt nur einen einzigen Buddhismus gibt und dass dieser wahre Buddhismus sich in einem Meister offenbart, der in dieser Welt lebt. Ein solcher Meister kennt immer den wesentlichen Kern des Buddha-Dharma. Er ist stets vorbereitet, ihn an aufrichtige und offene Schüler zu übermitteln. Einem solchen Meister zu begegnen, ist ein wunderbares Ereignis. Meister Dogen liebte seinen eigenen Meister und er schätzte die großartige Linie der indischen und chinesischen Meister sehr, durch die die Wahrheit bis zu ihm übermittelt wurde.

Nachdem er die Dharma-Übertragung von Meister Nyojo erhalten hatte, kehrte Meister Dogen nach Japan zurück. Er war sicher, dass er den wahren Buddha-Dharma von Gautama Buddha gefunden, empfangen und verwirklicht hatte. Er hatte keine Zweifel und es gab für ihn keine Missverständnisse mehr. Er wusste, dass es seine Aufgabe war, diese Übertragung fortzuführen, die schon mehr als 1700 Jahre bestanden hatte.

Er machte sich direkt an die Arbeit und ging dabei keine Kompromisse ein. Er lehrte das, was er als den wahren Kern des Buddhismus erkannt hatte, und kritisierte jede Art von Theorie oder Praxis, die nicht diese wesentliche Wahrheit besaß. Der Buddha-Dharma bestand weder in der Anbetung von Göttern noch in der Beschwichtigung von Dämonen. Er bestand nicht im Rezitieren von Buddhas Namen, im Lesen der Sutras oder dem Entzünden von Räucherwerk. Er war nicht das Auslöschen der Begierden oder die vollständige Beseitigung des Bewusstseins vom eigenen Selbst. Solcher Glaube und solche Praxis sind nicht der wahre Buddhismus. Der wahre Buddha-Dharma muss, so Meister Dogen, in der wirklichen Welt gefunden werden und die richtige Lehre muss den direkten Weg zu dieser wirklichen Welt aufzeigen.

Die wirkliche Welt ist die Welt Gautama Buddhas. Jeder von uns kann in diese Welt eintreten. Wir können dann die Welt Gautama Buddhas in jedem Moment erfahren. Wenn wir die Sitzhaltung von Gautama Buddha einnehmen, werden wir nach Dogen sofort selbst Buddhas. Das ist unsere direkte Verbindung zu Gautama Buddha. Es ist unsere Verbindung zu der Wahrheit, es ist der Buddhismus selbst.

Dies war der Kern der Lehre von Meister Dogen. Er lehrte dies während seines gesamten Lebens auf verschiedene Weisen und von unterschiedlichen Standpunkten aus. Sein Vertrauen in die Lehre wurde in dieser Zeit niemals erschüttert. Als ich selbst das erste Mal das *Shobogenzo* von Dogen las, konnte ich dieses Vertrauen und diese Kraft spüren, obgleich ich kaum die wirkliche Bedeutung seiner Worte verstand. Als ich schließlich seine Lehre verstand, wurde mir klar, wo der Ursprung seines großen Vertrauens lag, und dieses Vertrauen von Meister Dogen ist daher jetzt auch mein eigenes. Ich glaube, dass der Buddhismus von Meister Dogen der wahre und ursprüngliche Buddhismus ist. Ich möchte seine Arbeit gern mit all meiner Kraft fortsetzen. Ich glaube, es ist meine Pflicht, dies zu tun.

## Fragen und Antworten

*Manchmal sprechen Sie von der Übertragung, als ob es ein kontinuierlicher Entwicklungsvorgang beim Schüler ist. Auf der anderen Seite scheint es manchmal ein einziges Ereignis oder eine bestimmte Zeremonie zu sein. Was stimmt nun wirklich?*

In Wirklichkeit ist es beides. Wenn ein Mensch Buddhist wird, wird er Schülerin oder Schüler eines Meisters. Im Laufe dieser

Verbindung studiert der Schüler den Buddhismus und arbeitet an den praktischen Problemen seines Lebens, so wie sie bei ihm auftauchen. Langsam ändern sich Geist und Körper mit dem Studium und der Praxis. Auch die Art und Weise, wie er die Welt wahrnimmt, ändert sich und es vollzieht sich mit ihm eine Verwandlung. Der Schüler beginnt Schritt für Schritt zu entdecken, was Wirklichkeit und was Illusion ist. Seine Handlungen werden realer und vertrauensvoller. Viele frühere Probleme lösen sich auf, und neue Probleme, die auftauchen, sind einfach und konkret und können als Herausforderung oder Inspiration für unser Handeln verstanden werden. Dies ist eine neue Qualität des Lebens in der wirklichen Welt, die natürlich auch die Welt der Meister ist. Auf diese Weise folgt der Schüler langsam und schrittweise seinem Meister in die wirkliche Welt. In der wirklichen Welt zu leben bedeutet, in der geistigen und physischen Welt des Meisters zu sein. In dieser Welt können sich beide auf der gleichen Ebene begegnen, miteinander reden und handeln. Sie sind derselbe Mensch geworden. Der Schüler wurde Buddha. Zu diesem Zeitpunkt hat die wirkliche Übertragung bereits stattgefunden, aber diese Tatsache muss noch bestätigt werden. Diese Entwicklung muss also formal im Sinne der Tradition dokumentiert werden. Eine solche Zeremonie wird in der Nacht durchgeführt und in der Zeremonie ist der Meister selbst Buddha. Als Buddha hat er die Befugnis, den Buddha in der Person des Schülers anzuerkennen. Er bestätigt in der Tat, dass der Schüler selbst Buddha ist, also dass er wirklich Buddha geworden ist. Von diesem Zeitpunkt an ist der Schüler selbst ein Meister, ein Mensch, der seinen Platz in einer direkten Linie der Nachfolge von Gautama Buddha gefunden hat.

Der Wert der formalen Zeremonie ist etwas schwierig zu verstehen, vor allem von einem idealistischen Standpunkt aus. Wenn wir von der Übertragung der Wahrheit sprechen, scheint dies sehr spirituell und mystisch zu sein. Wir fühlen, dass solche spirituellen Ereignisse heilig sind und keine Beziehung zu den weltlichen Tatsachen des Alltags haben. Eine solche Einstellung führt uns eventuell sogar zur Abwertung anderer wichtiger praktischer Aspekte unseres täglichen Lebens. Buddhismus hat selbstverständlich eine wichtige spirituelle Seite und die Übertragung der Wahrheit enthält etwas von dieser unfassbaren Natur, aber gleichzeitig schätzt der Buddhismus immer den Wert der praktischen Tatsachen und des Handelns im wirklichen Leben. Beides kommt also zusammen.

Die Übertragung ist eigentlich kein dramatisches Ereignis. Sie hat eine ähnliche Unbestimmtheit wie der Übergang von der Jugend zum Erwachsensein. Die Zeremonie der Übertragung bestätigt diesen Übergang. Sie schärft sozusagen die Konturen des Bildes. Sie macht die Situation klar und handhabbar. Daher hat die formale Zeremonie einen sehr praktischen Wert. Der Buddhismus bejaht stets den Wert der formalen, traditionellen und praktischen Tatsachen des Lebens.



178

*schiedliche Linien, viele Schulen und Gruppierungen gibt und dass
sie zum Teil verschiedene Vorstellungen und Übungspraktiken haben. Ich hatte den Eindruck, dass der Buddhismus für mich immer
unübersichtlicher wurde, je mehr ich las. Schließlich wurde mir klar,
dass der Buddhismus nicht aus einer einzigen Religion, sondern aus
vielen Teilreligionen besteht, die aber wohl eine gemeinsame Grundlage haben. Jetzt sagen Sie, dass es nur einen einzigen Buddhismus
gibt, und dies erscheint für mich etwas seltsam. Können Sie das erklären?*

Gut, das ist eine ausgezeichnete Frage. Für eine Antwort müssen wir eine klare Unterscheidung treffen, die ich bereits früher
erläutert habe. Wie ich sagte, neigen die Menschen als Mitglieder einer religiösen Organisation dazu zu glauben, dass die Institution und die Religion dasselbe ist. Dies ist aber ein großes
Missverständnis. Viele Gelehrte und Historiker machen übrigens auch diesen Fehler. Es ist der bedauerliche Fehler jener, die
eine Religion nur theoretisch und mit dem Verstand studieren.
Aber der Kern einer Religion ist nicht die Institution, die um sie
herum entstanden ist, obgleich sie natürlich den religiösen Kern
widerspiegelt. Die Essenz einer Religion findet man in den zentralen Glaubensvorstellungen und in der Übungspraxis. Diese
können aber nicht in der Rolle eines Zuschauers verstanden
werden. Jeder, der wirklich eine Religion verstehen will, muss
die Grundlagen ihrer Glaubensvorstellungen durch die Praxis
finden und erfahren.

Daran scheitern viele Wissenschaftler. Vielleicht fürchten sie,
dass sie den Abstand zu ihrem Forschungsobjekt und damit ihre
Objektivität verlieren, aber wenn sie diese Angst nicht überwinden
und nicht wirklich persönlich in die Religion „hineinkommen",

werden sie niemals genau wissen, über was sie sprechen. Weil ihnen die persönliche Erfahrung fehlt, können sie nur die äußeren Tatsachen der Vergangenheit studieren. Diese Tatsachen mögen sehr interessant sein, aber ohne persönliche Erfahrung und ohne Kriterien für die Einschätzung ihrer Bedeutung werden diese Menschen niemals den wahren Kern kennen lernen. Die Religion wird letztlich immer ein Rätsel für sie bleiben.

Als ich anfing, Buddhismus zu studieren, tat ich dies im Wesentlichen mit dem Verstand, und ich entdeckte eine große Vielfalt von Schulen, Lehren und Übungspraktiken, und dies verunsicherte mich. Aber nachdem ich selbst Buddhist geworden war und begonnen hatte, Zazen zu praktizieren, klärte sich langsam die Natur des Buddhismus für mich. Schließlich erkannte ich, dass der Buddha-Dharma sehr einfach und direkt ist. Er ist nicht abhängig von irgendwelchen sehr speziellen Lehren oder auf eine bestimmte Schule oder Sekte begrenzt. Er kann immer dort gefunden werden, wo Menschen ernsthaft die Wahrheit suchen, indem sie studieren und praktizieren. Wir können diese einfachen Elemente des Buddhismus genau hier und jetzt in diesem Raum finden. Die buddhistische Lehre ist sehr einfach – es gibt nur einen einzigen Buddhismus.

*Sie scheinen in religiösen Institutionen eher Hindernisse als notwendige Bestandteile von Religionen zu sehen. Aber eine bestimmte Art von Institution ist doch notwendig, nicht wahr?*

Als Gautama Buddha die Wahrheit erlangte, wurde der Buddhismus geboren. Er existierte in ihm und er existierte in allen wahren Meistern seit jener Zeit. Wann immer wir ihrem Beispiel folgen und ernsthaft Zazen praktizieren, wird der Buddhismus sofort neu geboren. Daher ist eine Institution, wenn man es genau nimmt, nicht unbedingt notwendig. Eine Institution wird normalerweise aus praktischen Gründen aufgebaut, wenn Menschen wegen eines gemeinsamen Interesses zusammenkommen und gemeinsam daran arbeiten, dieses Interesse zu verwirklichen und voranzubringen. Es ist ein sehr natürlicher Vorgang. Solange die Institution die ursprüngliche, organische und praktische Natur der Religion beibehält, kann sie ihr dienen, ohne Behinderung und ohne die Grundlagen der Praxis wesentlich zu verändern. Leider verlieren aber viele religiöse Institutionen und Einrichtungen ihren ursprünglichen Charakter und neigen dazu, immer konservativer zu werden und zu erstarren. Dann geht der religiöse Inhalt verloren.

Wir können diese Tendenz schon zu Beginn der buddhistischen Geschichte erkennen. Als Gautama Buddha starb, empfanden dies viele in der buddhistischen Gemeinde als einen großen Verlust. Die Menschen sorgten sich, ob der Buddhismus ohne den Meister überleben würde. Sie machten verschiedene Anstrengungen, die Erinnerung an ihn wachzuhalten und seine Lehren zu bewahren, indem sie die Geschichten seines Lebens und die Lehren immer wieder erzählten. Dies war eine ehrliche Anstrengung, aber es markierte auch den Beginn einer großen Veränderung im Buddhismus. Diese Änderung vollzog sich, indem man sich von der direkten Lehre eines lebenden Meisters auf die Erinnerung an ihn verlegte. Gautama Buddhas ursprüngliche Lehren waren immer auf eine bestimmte Zeit und einen bestimmten Ort bezogen, also für eine bestimmte Situation. Als die Geschichten aus der Erinnerung berichtet wurden, verloren sie diese Qualität der Frische und des direkten Bezuges. Sie wurden fixiert und formalisiert, wurden also zu einer Art Dogma, das sich zum Teil weit von Gautama Buddhas ursprünglicher Absicht entfernte.

Die Gelöbnisse entwickelten sich nach demselben Muster. Sie wurden später eher zu strengen Regeln als zu nützlichen Hilfen für das Leben und sie vervielfältigten sich schnell, bis fast jeder Lebensbereich der Gemeinde durch solche Regeln oder Gesetze festgelegt war. Dadurch wurde das buddhistische Leben recht formal und verlor seinen inneren Wert und seine Frische. Glücklicherweise gab es innerhalb der buddhistischen Institutionen immer wieder Meister, die die wahre Übertragung des Buddhismus empfangen hatten und weitergaben. Sie durchschauten die starren Strukturen der Institutionen und sie versuchten den ursprünglichen Geist von Gautama Buddha wiederzuerwecken. Schließlich entwickelte sich eine Trennung dieser neuen Meister von den älteren, die die formalen Regeln der Institutionen aufrechterhielten und kontrollierten. Diese Trennung war die Geburt des Mahayana-Buddhismus.

Die Entwicklung des Mahayana-Buddhismus brachte meines Erachtens den ursprünglichen Kern und Charakter der buddhistischen Lehren wieder zum Vorschein und brachte neues Leben in die buddhistischen Einrichtungen. Aber auch der Mahayana-Buddhismus war nicht immun gegenüber den konservativen, zur Erstarrung neigenden Tendenzen, die auch die alten Institutionen eingeengt hatten. In der Tat ist dieses Problem immer vorhanden und wir müssen uns stets davor hüten, dadurch die Verbindung zum wahren Buddhismus zu verlieren. Wir müssen uns immer wieder daran erinnern, dass der wahre Buddhismus etwas Wirkliches und Direktes ist, etwas, das aktiv, frisch und lebendig ist. Wenn unsere Lehren und Institutionen den Kontakt mit der Quelle des Lebens und dessen Kraft verlieren, sind sie eher ein Hindernis als eine hilfreiche Unterstützung auf dem Weg zur Wahrheit.

*Glauben Sie, dass die buddhistischen Institutionen in Japan die ursprüngliche Absicht von Gautama Buddha noch widerspiegeln?*
Es gibt viele verschiedene buddhistische Institutionen in Japan. Sie alle glauben, dass sie der wahre Buddhismus sind, aber mich überzeugt das nur zum Teil. Vielleicht sollte ich meine Meinung nicht so unverblümt aussprechen, aber ich glaube, dass nicht sehr viel vom wirklichen Buddhismus in den buddhistischen Institutionen der Gegenwart erhalten ist. Selbstverständlich können wir viele schöne Tempel besuchen und bewundern. Ihre Bibliotheken sind voll mit alten Sutras und in ihren Räumen gibt es herrliche alte Kunst zu bewundern. Sind diese Tempel aber Heimat des wahren lebendigen buddhistischen Lebens und der Praxis oder sind sie nur Museen voller Erinnerungen und Überbleibsel der alten Zeit? Wenn wir uns die Priester anschauen, werden wir meistens erleben, dass sie fleißig die Begräbniszeremonien und andere traditionelle Rituale vollziehen. Derartige Aktivitäten haben sicher einen sozialen Wert im Leben der Gemeinschaft und den praktischen Sinn, dass sie die finanziellen Mittel zur Unterstützung der Priester und zur Erhaltung der Tempel erbringen. Obgleich dies wichtige Anliegen sind, haben sie jedoch keine zentrale Bedeutung für die Religion selbst. Leider werden die Priester oft in diese weltlichen Angelegenheiten so intensiv eingebunden, dass sie wenig Zeit für das buddhistische Studium und die Praxis haben. Ohne Studium und Praxis verlieren sie schnell den Kontakt zur wahren Quelle ihrer Religion und ohne

diesen Kontakt wird die Religion selbst bald formal und schwach. Wo können wir den Buddhismus ohne wahre Meister erleben? Daher fürchte ich, dass die heutige Situation in Japan nicht sehr ermutigend ist. Viele Menschen sind ehrlich bemüht, die alten Tempel und traditionellen Zeremonien zu erhalten, aber wenn man nur die alten Denkmäler der Vergangenheit pflegt und erhält, kann man damit den Buddhismus nicht am Leben erhalten. Dies ist aber sehr wichtig.

**Kann der wahre Buddhismus aus den vorhandenen buddhistischen Institutionen wieder neu entstehen?**

Ich würde gern glauben, dass dies möglich ist. Aber ich bin in dieser Beziehung leider nicht sehr optimistisch. Ich glaube, wir müssen eine neue Bewegung schaffen, die auf den Lehren des *Shobogenzo* und der ehrlichen Praxis des Zazen beruht, wenn wir den wahren Buddhismus neu erschaffen wollen. Wenn wir jeden Tag Zazen praktizieren, wird der Buddha-Dharma neues Leben bekommen und neu erblühen. Wir müssen uns nicht damit befassen, die alten Institutionen zu neuem Leben zu erwecken oder neue zu erschaffen. Diese Probleme lösen sich dann ganz natürlich von selbst. Aber wir müssen unbedingt Zazen praktizieren. Dann können wir die wahren Gesetze unseres Lebens und die Gesetze des Universums finden und unser Handeln wird stets im Einklang mit diesen Gesetzen sein. Dann wird der wahre Buddhismus leben und ganz natürlich wachsen.

# Kapitel 10:
# Der mittlere Weg und der Wille zur Wahrheit

Ich mache mir manchmal über die Menschen Gedanken, die aus dem Westen nach Japan kommen, um hier Buddhismus zu studieren. Ich denke, viele von ihnen suchen auch das Wesen und das Herz des geheimnisvollen Asiens. Vielleicht ist ihr Alltag im Westen langweilig und uninteressant geworden. Sie können den Sinn ihres sozialen Lebens nicht finden und die religiösen Einrichtungen ihrer Herkunftsländer scheinen wesentlicher Teil dieser negativen sozialen Situation zu sein. Die Institutionen dort sind den Menschen vielleicht zu vertraut und erscheinen ihnen zu gewöhnlich, zu langweilig und bieten zu wenig Neues. Daher suchen sie nach etwas anderem. Der Zen-Buddhismus ist für sie so etwas anderes und Exotisches. Er hat seltsame und paradoxe Geschichten, ungewohnte Ideen und Konzepte und eine fremdartige Übungspraxis. Alles erscheint geheimnisvoll und exotisch. Solche Geheimnisse ziehen manche Menschen gewaltig an, aber ich fürchte, es handelt sich dabei doch weitgehend um Illusionen. Es geht mir in meinen Ausführungen auch darum, solche Illusionen und fehlerhaften Konzepte zu berichtigen.

Der wahre Buddhismus ist nicht exotisch und nicht seltsam. Der wahre Buddhismus ist im Grunde sehr einfach, sehr praktisch und sehr realistisch. Wenn wir den Buddha-Dharma wirklich verstehen, finden wir, dass andere Religionen dieser Welt demgegenüber zum Teil recht seltsam und geheimnisvoll sind. Sie sind auch mysteriös, weil sie oft auf einen ganz bestimmten Bereich des Geistes oder der Seele beschränkt sind, denn im Bereich des Geistes und der Fantasie ist wirklich alles möglich. Aber die reale Welt hat ihre konkreten und praktischen Grenzen wie Zeit und Raum. Die wirkliche Welt ist nicht fantastisch und fremdartig, sondern gradlinig und einfach: Die Wirklichkeit ist „normal". Die Wirklichkeit kann in diesem Sinne nicht in den Extremen des Denkens und Fühlens gefunden werden, denn sie ist nur im Zustand des Gleichgewichts zwischen solchen Extremen vorhanden. Die Wirklichkeit herrscht in der Mitte oder im Zentrum, daher sprechen wir im Buddhismus auch vom mittleren Weg und davon, dass wir durch den Buddha-Dharma unsere Mitte finden.

Der mittlere Weg ist ein sehr wichtiges Konzept im Buddhismus und wie die meisten buddhistischen Lehren kann er auf verschiedenen Ebenen und aus vielen Sichtweisen heraus verstanden werden. Die meisten Buddhisten verstehen den mittleren Weg als Leitlinie, um ihr Leben richtig zu führen – ein Leben, das in der Mitte zwischen den Extremen eines allzu genusssüchtigen, weltlichen Lebens einerseits und einer übermäßig harten und entbehrungsreichen spirituellen Askese andererseits liegt. Ich glaube, dass dieses Verständnis sehr wichtig ist, und ich bin der festen Meinung, dass es das ursprüngliche Konzept von Gautama Buddha im damaligen Indien ist.

Zu Lebzeiten des Buddha gab es viele verschiedene Ansichten, Haltungen, Denkrichtungen und Ideologien über das Leben. Eine Denkrichtung wurde von einer Gruppe naturalistischer Theoretiker angeführt, die auch als die sechs nichtbuddhistischen Priester bekannt waren. Ihre materialistische Einstellung unterstützte das Streben nach sinnlichen Freuden als dem wichtigsten Ziel des

Lebens. Das andere Extrem bildeten brahmanische Priester und andere idealistische Sucher. Sie drängten die Menschen dazu, von sinnlichen Freuden und Genüssen ganz Abstand zu nehmen und die Freiheit des Geistes durch Glauben und Gebet unabhängig vom Körper zu erreichen. Wir können daher im philosophischen Sinne den mittleren Weg als eine Haltung bezeichnen, die in der Mitte zwischen Materialismus und Idealismus liegt. Es ist eine Haltung, die extreme Standpunkte vermeidet und das Ziel eines gemäßigten, ausgeglichenen und harmonischen Lebens verfolgt.

Der mittlere Weg ist eigentlich eine einfache und gradlinige Idee. Wenn wir die Welt und die Menschen um uns herum studieren, können wir ohne Schwierigkeiten das Durcheinander und das Leiden erkennen, die durch eine Lebensführung der sinnlichen Genüsse oder der unrealistischen Ideale entstehen. Wir haben oft das Gefühl, dass unser Leben aus dem Gleichgewicht geraten ist, wenn wir unerreichbare Träume verfolgen oder flüchtigen sinnlichen Genüssen nachjagen und dabei letztlich nur Enttäuschungen und Frustrationen erleben. Es ist unmöglich, dass wir alles bekommen, was wir haben wollen. Oft können wir nicht einmal erkennen oder entscheiden, was wir wirklich wollen. Manchmal sind wir in Hochstimmung und optimistisch, zu anderen Zeiten sind wir niedergeschlagen, depressiv und mutlos, was unsere Zukunft betrifft. Einmal denken wir, dass wir großartige außergewöhnliche Menschen sind, und ein anderes Mal leiden wir unter Gefühlen der eigenen Kleinheit und fehlenden Bedeutung. Im Auf und Ab eines solchen Lebens fangen wir an, uns nach einer gewissen Ordnung und Klarheit zu sehnen. Vielleicht sollten wir versuchen, Harmonie in unser Leben zu bringen. Vielleicht sollten wir also dem mittleren Weg folgen. Dies ist sicher eine ausgezeichnete Idee, aber leider ist sie nicht so leicht zu verwirklichen. Dem mittleren Weg zu folgen ist nämlich nicht so einfach, wie es zunächst erscheint und wie man vielleicht glaubt. Dies ist ein sehr wichtiger Punkt, den wir nicht leichtfertig übergehen sollten. Warum ist es nun so schwierig, dem mittleren Weg zu folgen? In einer Hinsicht ist das Problem jedoch sehr einfach. Der mittlere Weg ist ein geistiges Konzept, also ein Ideal, das wir uns zwar gut vorstellen können, es ist jedoch nicht die Wirklichkeit selbst, es ist nicht unser Leben. Ideale sind immer einfach zu denken und schwer zu verwirklichen. Sie sind eben Ideen und nicht die Wirklichkeit.

Wir wundern uns vielleicht darüber, dass Gautama Buddha uns lehrte, etwas anzustreben, das in der wirklichen Welt nicht zu erreichen ist. Warum sagte er uns nicht, dass wir unsere Träume und Ideale vergessen sollten, um nur in der unfassbaren Wirklichkeit und Wahrheit zu leben? Ich fürchte, dass seine Schüler ihn mit einem verständnislosen Ausdruck im Gesicht angestarrt hätten, wenn er sie dies gelehrt hätte. Wie kann man aber in einer mit dem Verstand nicht fassbaren Wirklichkeit leben? Wie kann man etwas suchen, das keinen Namen hat und nicht genau beschrieben werden kann? Am Anfang unseres Studiums des Buddhismus scheinen die Lehren des unfassbaren Dharma und der unfassbaren Wirklichkeit unklar und nicht besonders wichtig zu sein. Wir brauchen daher ein geistiges Bild, das einfacher zu verstehen ist, wir benötigen eine Idee, die direkter mit unserer täglichen Erfahrung verknüpft werden kann. Ich denke, dass Gautama Buddha dies sehr genau wusste. Er wusste, dass die Menschen ein verständliches Ziel benötigen – eine Idee, die als Ziel oder Leitlinie für ihre Bemühungen im Leben dienen kann.

Der mittlere Weg ist ein solches Ziel. Es ist in der Tat ein gutes Ziel, dass wir ein ausgeglichenes, harmonisches Leben führen und extreme Sichtweisen und Handlungen vermeiden sollten. Dieses Ziel können wir mit unserem Geist leicht erfassen. Der mittlere Weg ist ein Ideal, aber er spiegelt die wirkliche Natur des Universums wider. Es ist ein Ideal, das realistisch ist und unser Leben nachhaltig verbessert. Unser Bemühen, ein Leben auf dem mittleren Weg zu führen, wird uns im Laufe der Zeit zu Harmonie mit der Welt, den Menschen und dem Universum führen. Danach können wir das Ideal eigentlich vergessen und einfach in der wirklichen Welt leben und handeln. Wenn wir ein einfaches, realistisches Ziel haben, ist dies ein wichtiger Ausgangspunkt für viele menschliche Handlungen und Unternehmungen. Gautama Buddha berücksichtigte diese Tatsache, indem er den mittleren Weg lehrte. Wenn man die Notwendigkeit eines Zieles anerkennt, bedeutet dies, dass wir die Wichtigkeit von Idealismus und Idealen in unserem Leben anerkennen. Dies ist, denke ich, die tiefere Bedeutung der buddhistischen Lehre des mittleren Weges.

Auch Meister Dogen hat den Wert des Idealismus anerkannt, aber auf eine andere Art und Weise. Im *Shobogenzo* drängt er uns oft, den Willen zur Wahrheit zu erwecken, zu pflegen und zu bewahren. „Wille zur Wahrheit" ist meine Übersetzung des Sanskritwortes „Bodhicitta". Es bezeichnet ein sehr altes Konzept im Buddhismus, und in den Arbeiten von Meister Dogen nimmt es einen besonders wichtigen Platz ein. Er sagt mit Nachdruck, dass es von herausragender Bedeutung für das Studium des Buddhismus ist, den Willen zur Wahrheit zu besitzen und weiterzuentwickeln. Wir mögen hervorragende Kenntnisse der buddhistischen Theorien und sogar der Übungspraxis haben, aber ohne den Willen zur Wahrheit ist ein solches Wissen weitgehend sinnlos. Auf der anderen Seite unterstreicht Dogen, dass Fehler und falsche Handlungen in unserem

Leben eine wichtige Voraussetzung für den Lernprozess sind, durch den wir die Wahrheit erlangen und sogar die Ursache dafür sein können, dass wir sie erlangen, sofern wir den Willen zur Wahrheit in unserem Leben fest verankert haben.

Als ich solche Sätze zuerst im *Shobogenzo* las, verstand ich, dass der Glaube an den Willen zur Wahrheit bei Meister Dogen unerschütterlich war und keine Kompromisse zuließ, aber ich konnte nicht verstehen, warum dies so wichtig sein sollte. Ich wunderte mich darüber, dass er eine so hohe Meinung vom Willen zur Wahrheit hatte. Jetzt, im Licht meiner eigenen Erfahrung eines langen Lebens, kann ich den Grund für diesen kompromisslosen Glauben verstehen. Ich denke, wir können ihn in der Geschichte seines Lebens selbst finden. Er begann das Studium des Buddhismus, als er noch sehr jung war. Damals hatte er keine klare Vorstellung von dem, was Buddhismus wirklich ist. Er hatte viele zum Teil einseitige Ideen und idealistische Fantasien, aber er konnte den Buddhismus letztlich überhaupt nicht verstehen. Er konnte weder die Sutras noch die buddhistische Theorie und auch nicht die Lehren seiner Meister wirklich begreifen. Seine Gedanken über den Buddhismus waren meist den Absichten Gautama Buddhas vollständig entgegengesetzt. Er hatte keinen Maßstab, um die Wahrheit von der Unwahrheit zu unterscheiden, kein realistisches Ziel, auf das er zuarbeiten konnte. Er hatte in seiner ganzen Verwirrung wirklich nichts als den Willen zur Wahrheit.

Daher wurde der Wille zur Wahrheit zum Maßstab seines Lebens. Seine fehlerhaften Ideen und Fantasien trieben ihn vorwärts. Als er den Realitäten des Lebens begegnete, musste er viel leiden und geriet in immer neue Verwirrungen, aber diese Leiden und diese Verwirrungen stärkten seine Entscheidung, nur die Wahrheit zu suchen. So erreichte Meister Dogen schließlich trotz der zahllosen Fehler, Missverständnisse und persönlichen Schwierigkeiten das Ziel, das er vorher nicht klar in seinem Geist gesehen hatte. Dies war für ihn eine äußerst wichtige Tatsache. Wenn er an die Erfahrungen seines Lebens dachte, fühlte er ohne jeden Zweifel, dass der einzige wahre Führer sein Wille zur Wahrheit gewesen war.

Dies ist der Grund, denke ich, warum Meister Dogen den Willen zur Wahrheit so hoch schätzte. Er glaubte, dass der Wille zur Wahrheit unser wahrer Verbündeter und unser wahrer Freund im Leben ist. Diesen Verbündeten sich zu erhalten, ist daher die wichtigste Pflicht im menschlichen Leben. Wir sollten keine Angst vor Leiden, Verwirrungen und großen Schwierigkeiten haben, aber wir sollten Angst davor haben, den Willen zur Wahrheit zu verlieren. Ohne den Willen zur Wahrheit können wir niemals die höchste Bestimmung des menschlichen Lebens erreichen.

Daher ist der Wille zur Wahrheit für uns von grundlegender Bedeutung. Er ist die Kraft und Unruhe, die uns vorwärtstreibt auf der Suche nach dem Sinn des Lebens, und die Quelle einer besseren Lebensweise und des Glücks. In diesem Sinne stehen daher alle unsere Bemühungen im Leben in einem direkten Zusammenhang mit dem Willen zur Wahrheit. Wenn wir Philosophie oder Religion studieren, haben wir anfangs meist eine bestimmte Motivation, die rein, spirituell und sehr idealistisch ist. Meister Dogen fühlte, dass eine solch idealistische Anstrengung, unser eigenes Leben verstehen zu wollen, der aufrichtige und natürliche Ausdruck des Willens zur Wahrheit ist. Daher lehnte er auch später den Idealismus nicht ab. Im Gegenteil, er sah ihn als Ausdruck des menschlichen Willens an, etwas wissen und verstehen zu wollen. Er fühlte, dass die idealistische Form des Willens zur Wahrheit eine wichtige Phase in der

Entwicklung des einzelnen Menschen und der ganzen Menschheit darstellt.

Ich glaube daher, dass Meister Dogen und Gautama Buddha sehr ähnliche Einstellungen zu Idealen und zum Idealismus hatten. Sie verstanden, dass die Menschen zuerst einmal Idealisten sein müssen. Wenn die Menschen dem Buddhismus begegnen, werden sie ihn zunächst immer auf der Grundlage idealistischer Gedanken studieren. Dies ist eine notwendige Phase des menschlichen Verstehens, eine natürliche Stufe, durch das Leben die großen Probleme des Lebens selbst zu lernen. Daher sieht der Buddhismus den Idealismus als einen Anfangspunkt allen Denkens und Verstehens an, aber er ist nicht das endgültige Ergebnis oder die höchste Wahrheit, sondern er ist ein wichtiger Schritt auf dem Weg zu dieser Wahrheit. Ohne unsere Träume, Ideen und Ideale können wir niemals unsere Reise zur Wahrheit beginnen, weil wir keine Vorstellung von der Richtung hätten und kein Ziel, auf das wir uns zubewegen könnten. Die geistigen Bilder, Ziele und Ideen, welche die erste Stufe unseres Verstehens kennzeichnen, sind daher sehr wichtig für uns. Sie geben uns einen ersten Eindruck von einer komplexen Wirklichkeit, einer Wirklichkeit mit vielen verschiedenen Gesichtern. Idealistische Bilder der Wahrheit sind in der Tat ein bestimmtes Gesicht dieser Wirklichkeit – ein Gesicht der wirklichen Welt.


**Fragen und Antworten**


*Es ist schwer für mich, den Sinn des mittleren Weges als Ziel zu verstehen. Können Sie erklären, wie der mittlere Weg als Leitlinie für das praktische Handeln funktionieren kann?*

192

In den alten buddhistischen Schriften werden meist Gleichnisse und Metaphern verwendet, um die Lehren leichter verständlich zu machen. Vielleicht wäre ein solches Vorgehen auch sinnvoll, um den mittleren Weg verständlich zu machen. Wir können das Leben mit einer Straße oder Autobahn vergleichen:

Unsere Straße führt zu einem Zielort, aber vom Standort unseres Ausgangspunktes ist dieser Zielort normalerweise nicht zu sehen. Die Landschaft rechts und links von der Straße ist jedoch sichtbar, und dies ist oft sehr spannend und auch verführerisch. Es gibt wunderbare Ausblicke auf Berge, Wälder und Flüsse, die unsere Aufmerksamkeit von der Straße ablenken. Außerdem gibt es am Straßenrand faszinierende Werbung für alle möglichen wunderbaren Dinge. Einige preisen ihre Produkte als das Höchste für die Lebensqualität und Lebensfreude an. Andere bieten sofortigen Ruhm und Erfolg, und andere versprechen uns den Weg zur allwissenden Erleuchtung und zur spirituellen Glückseligkeit.

Ohne dass wir uns dessen bewusst sind, lenken wir das Steuerrad des Autos nach der verführerischen Werbung entweder nach rechts oder nach links. Aber die Straße des Lebens ist seitlich der wirklichen Straße nicht befahrbar! Am Straßenrand sind nur Schlaglöcher und gefährliche Abgründe. Wenn wir das Auto in den Graben fahren, wird es vermutlich viel Zeit in Anspruch nehmen, um wieder zurück auf die befestigte Straße zu gelangen und weiterzufahren. Es ist also das Ziel des Lebens, einfach auf der Straße zu bleiben, sonst geht es nicht voran. Wir sollten uns nicht allzu sehr um die endgültige Bestimmung und den zukünftigen Zielort sorgen. Das Problem ist unsere Sicherheit beim Fahren, hier und jetzt. Wenn wir das Gefühl haben, durch allzu

fantastische Ideale oder materialistische Anreize nach rechts oder
links weggezogen zu werden, sollten wir möglichst bald unseren
Kurs korrigieren und wieder auf die Mitte der Straße zurückkehren.

Dies ist die Bedeutung des mittleren Weges als Ziel des Lebens.
Der mittlere Weg ist nämlich kein fantastisches oder verführe-
risches Traumziel, sondern ein sehr praktischer Maßstab, um
die Ausgewogenheit von Ideen und Handlungen richtig einzu-
schätzen und zu erreichen. Er ist ein Maßstab, der uns in Bewegung hält und uns in die richtige Richtung bringt. Mit einem
solchen Maßstab können wir uns an unserer Fahrt durch das
Leben erfreuen, ohne Angst vor illusionären Seitenspuren und
gefährlichen Abgründen auf beiden Seiten. Wenn wir dem mittleren Weg folgen, können wir das Ziel des wahren Buddhismus
schneller als auf jedem anderen Weg erreichen.

**Ist der Idealismus immer die erste Äußerung des Willens zur
Wahrheit?**
Nein, ich denke nicht. Der Wille zur Wahrheit offenbart sich sehr
einfach und direkt schon in der Kindheit. Wenn ein Kind ein seltsames Insekt findet, möchte es z. B. seinen Namen wissen. Wenn
es in der Natur einer Schlange begegnet, möchte es sie mit einem
Stock anstacheln. Es versucht also herauszufinden, was es damit
eigentlich auf sich hat. Eine solche einfache Neugier ist bereits die
klare Offenbarung des Willens zur Wahrheit. Wenn man dann älter wird, zieht uns derselbe Impuls zu Buchläden, zu interessanten
Menschen oder vielleicht zu buddhistischen Seminaren.
Nicht alle Offenbarungen des Willens zur Wahrheit sind idealistisch. Im Verlauf des Lebens taucht der Wille zur Wahrheit oft

in Form von idealistischen Fragen und Antworten auf, wenn wir anfangen, Philosophie oder Religion zu studieren, und über das Leben nachdenken. Der Wille zur Wahrheit ist ein grundlegender Charakterzug des Menschen, unsere fundamentale Natur. Daher sollten wir den Willen zur Wahrheit im Laufe des Lebens nicht verlieren und nicht fortwerfen, sondern im Gegenteil bewahren und pflegen.

*Sie haben erklärt, dass der Wille zur Wahrheit ganz natürlich und grundsätzlich ist und dass viele unserer Bemühungen im Leben von dem Willen zur Wahrheit gelenkt werden. Warum ist es notwendig, ihn zu erwecken, zu pflegen und zu bewahren, wenn dies so ist?*

Das rührt daher, dass sich der ursprüngliche Wille zur Wahrheit, der von allen Menschen geteilt wird, in der Tat auf verschiedenartige Ziele richtet. So gibt es den Willen zum Ruhm, den Willen zum Reichtum, den Willen zur Macht usw. Solche Begierden und ein solcher Ehrgeiz sind nicht notwendigerweise schlecht oder unnatürlich, aber sie haben die Tendenz, den Willen zur Wahrheit selbst zu verdunkeln oder gar zu verdrängen. Wir werden dann gefangen genommen von unseren weltlichen Aktivitäten und Unternehmungen, so dass wir das wahre Ziel unseres Lebens nicht mehr klar sehen können. An einem bestimmten Punkt werden wir wahrscheinlich die Leere und Sinnlosigkeit unserer blinden Sucht nach Macht, Ruhm, Geld, oberflächlichem Genuss oder scheinbarer Sicherheit erkennen. Wir haben dann das Gefühl, dass alle unsere Anstrengungen im Leben falsch waren und zu nichts geführt haben. Es scheint dann so, als ob es nichts gäbe, für das es sich lohnt zu leben, und nichts, auf das wir unser Leben aufbauen könnten. In solchen Zeiten der Verzweiflung mag sich der Wille zur Wahrheit wieder unüberhörbar melden. Dies ist damit gemeint, den Willen zur Wahrheit zu erwecken. Den Willen zur Wahrheit zu erwecken bedeutet, die Illusionen unserer Gedanken und unserer Begierden zu entdecken und freizulegen. Dabei entdecken wir die Tatsache, dass wir hier und jetzt nichts haben, auf das wir uns stützen und verlassen können – außer auf den Willen zur Wahrheit.

# Kapitel 11:
# Das Gesetz von Ursache und Wirkung in unserem Leben

Wir werden mit dem Willen zur Wahrheit geboren und wir haben den Willen, etwas zu wissen, etwas herauszufinden und etwas zu verstehen. Wenn wir leben, leitet uns der Wille zur Wahrheit vielleicht in viele verschiedene Richtungen. Wenn wir aufrichtig sind und unserer Eingebung konsequent folgen, begegnen wir möglicherweise dem Buddhismus. Zuerst lesen wir die Lehren von Gautama Buddha und versuchen sie zu verstehen. Vielleicht verstehen wir dann ein wenig, vielleicht verstehen wir aber auch nicht sehr viel. In jedem Fall ist unsere Neugier geweckt. Wir lesen weitere Bücher, hören Vorträge, praktizieren Zazen und setzen unsere Bemühung fort, den Buddhismus zu verstehen. Wir erfahren von Konzepten wie Buddhanatur, Dharma und mittlerem Weg und wir wollen solche Ansätze und Lehren natürlich auch verstehen. Wir wollen das Gesetz des Universums finden, die wahre Buddhanatur verwirklichen und unser Leben nach dem mittleren Weg ausrichten. Auf diese Weise fangen wir an, uns in die Richtung jener geistigen Ziele zu bewegen, die wir in der Buddhalehre gefunden haben. Zuerst ist unsere Anstrengung idealistisch, aufrichtig und naiv. Am Anfang unserer Suche nach der Wahrheit müssen wir nämlich Idealisten sein.

Aber bei unserer Anstrengung, das Ziel des buddhistischen Lebens zu erreichen, werden wir auf manche unangenehme Schwierigkeiten stoßen. Wenn wir Zazen praktizieren, werden die Knie belastet und schmerzen, unser Rücken wird müde und schmerzt ebenfalls. Unsere Gedanken wandern in alle möglichen banalen Bereiche des Lebens und wir können anscheinend nicht zur Ruhe kommen. Es ist ärgerlich, dass wir nicht angenehm und ruhig sitzen können. Der Meister sitzt ruhig und ernsthaft, aber wir können anscheinend nicht die richtige Sitzhaltung finden, und dies ist enttäuschend und ärgerlich. Wie können wir den Frieden und die Ruhe des mittleren Weges finden, wenn unsere Knie wie Feuer brennen und wir uns dauernd mit Schmerzen herumplagen müssen?

Dies mag sicher ärgerlich sein, aber das Eindringen physischer Realitäten in unsere idealistische Welt ist sehr wichtig. Früher oder später müssen wir nämlich auch die andere Seite des Lebens zur Kenntnis nehmen, wir müssen die Bedeutung unserer körperlichen und materiellen Existenz und der Umwelt erkennen. Unser Leben besteht nicht nur aus Ideen, Idealen, Fantasien und Geist – unser Leben besteht auch aus Muskeln, Blut und Knochen. Wenn wir rein spirituelle Wesen wären, könnten wir unser Leben ohne Rücksicht auf solche einfachen Angelegenheiten wie Nahrung, Schutz unseres Daseins, physische Annehmlichkeit und Gesundheit gestalten. Aber für unser tatsächliches Leben sind solche Bereiche nicht nebensächlich. Sie sind wichtig und von grundsätzlicher Bedeutung. Wenn wir keine Nahrung zu uns nehmen, werden wir hungrig. Wenn wir mehrere Tage nichts essen, wird unser Körper schwach und labil: Wir fühlen uns dann erschöpft und abgespannt und auch unsere Denkfähigkeit nimmt ab. Wenn der Geist und das Geistige die einzige Grundlage des Lebens wären, würden derartige Tatsachen keine Bedeutung haben und ziemlich seltsam erscheinen, aber sie sind für unser Leben unabdingbar. Wir müssen solche Fakten anerkennen und in unserem Leben berücksichtigen. Wir müssen erkennen, dass es eine Seite des Lebens gibt, die nicht allein durch spirituelle Ziele oder Ideen erklärt werden kann. Wenn wir diese Seite des Lebens genau anschauen, können wir nur zu dem Schluss kommen, dass unser Leben auf der materiellen Welt beruht.

Dies war eine von Gautama Buddhas wichtigsten Entdeckungen. Er fand, dass das Leben nicht von seinen physischen Grundlagen abgeschnitten werden kann. Er sah, dass das Leben untrennbar mit der Erde, den Elementen und den physischen Gesetzen des Lebens verbunden ist. Da er die Bedeutung dieser Grundlagen des Lebens erkannte, wollte er diese verstehen. Daher studierte er das Leben in Beziehung zum physischen Universum und beobachtete die Aktivitäten des Lebens auf diesem Planeten im Einzelnen sehr genau. Im Laufe seiner Untersuchungen fand er heraus, dass die Welt, in der er lebte, eine Ordnung besaß. Diese Welt war durch ein strenges und unveränderliches Gesetz gekennzeichnet. Nicht nur die physische Welt, sondern alle Bereiche des Lebens waren an diese Regel gebunden. Das Gesetz, das Gautama Buddha dabei entdeckte, war das Gesetz von Ursache und Wirkung.

Daher lehrte Gautama Buddha, dass unser Leben durch Ursache und Wirkung bestimmt wird, und erklärte dies durch ein Modell oder System, welches die generelle Struktur von Ursache und Wirkung in unserem Leben nachzeichnet. Diese Struktur beschrieb er als eine Folge von zwölf aufeinanderfolgenden Stufen. Bei jeder Stufe tritt ein neuer Einflussfaktor des Gesamtprozesses hervor. Diese zwölf Elemente werden als Glieder einer Kette gesehen: die zwölfgliedrige Kette von Ursachen und Wirkungen.

Das erste Glied in der Kette von Ursache und Wirkung ist am schwierigsten zu definieren. Die Vorstellung, dass alle Dinge einen Anfang haben, ist zwar einfach genug. Aber was ist die wirkliche

Natur der Dinge im ersten Augenblick ihrer Existenz? Welche Bedingungen kommen im Augenblick der Geburt zusammen? Wenn wir solche Probleme gründlich untersuchen, haben wir es mit Rätseln großer Komplexität und erheblichen Ungenauigkeiten zu tun. Da der Buddhismus eine praktische Religion ist, akzeptiert er diesen nicht eindeutigen Charakter von Tatsachen und nimmt an, dass dies die Spiegelung der Wirklichkeit aller Dinge an deren Beginn ist. Am Anfang ist nichts klar definiert oder von anderen Dingen unterschieden. Es gibt keine klare Form und keine Basis, kein Subjekt oder Objekt und keine irgendwie festgelegten Beziehungen zwischen ihnen. Was es gibt, ist schwierig zu erfassen oder zu verstehen, und daher muss man wohl ein abstraktes Konzept zu Grunde legen. Wir wollen diesen vieldeutigen Zustand im ersten Augenblick der Existenz als Chaos bezeichnen.

*Chaos* oder Unbestimmtheit ist daher das erste Glied in der Kette von Ursache und Wirkung. Im Chaos entstehen allerdings Bewegungen oder Handlungen. Es ist ein Tun einfachster Art, ein Handeln ohne eine bestimmte Richtung wie etwa die Bewegungen der Hände und Füße eines neugeborenen Kindes. Dies ergibt also das zweite Glied der Kette – *Handeln.* Eine solche Aktivität lässt dann das dritte Glied entstehen: das *Gewahrsein* oder *Bewusstsein.* Die drei ersten Glieder: Chaos, Handeln und Bewusstsein, sind daher die Stufen der Entstehung des Geistes oder der verstandesmäßigen, mentalen Seite des Lebens.

Die Entwicklung des Bewusstseins legt es nahe, dass es auch etwas außerhalb des Bewusstseins gibt. Dieses Etwas ist die äußere Welt. Damit erscheint als nächstes Glied die *äußere Welt* und wird durch die *Funktionen der sechs Sinnesorgane* wahrgenommen. Die Berührung der Sinnesorgane mit der äußeren Welt wird als

*Kontakt* bezeichnet. Während die drei ersten Glieder also die Entstehung des Geistes beschreiben, ist die zweite Gruppe von ebenfalls drei Gliedern auf die physische Seite des Lebens und die Materie bezogen.

Der Kontakt zwischen den Sinnesorganen und der äußeren Welt lässt die *Wahrnehmung* entstehen. Wir nehmen z. B. dieses hier als etwas anderes wahr als jenes dort und solche Unterscheidungen führen dazu, dass wir etwas lieben oder ablehnen oder etwas haben wollen und an etwas gefesselt sind. Wenn wir etwas *wollen* (nächstes Glied), führt uns dies dazu, dass wir als folgendes Glied etwas *anstreben* und *begehren*. Dies sind also zwei weitere Glieder der Kette. Die *Bemühung* und Anstrengung, etwas zu bekommen und zu *ergreifen*, ist dann das neunte Glied in der Kette von Ursache und Wirkung. Diese Gruppe – die mit der Wahrnehmung beginnt und mit der Anstrengung endet, das zu bekommen, was wir wollen – wird als die dritte Teilkette in dem größeren System von Ursache und Wirkung verstanden. Diese Gruppe von ebenfalls drei Gliedern beschreibt die Beziehungen von Ursache und Wirkung, die zum zielgerichteten Handeln führen. Handlung hat normalerweise ein Ziel, und dies wirkt als Antrieb. Unsere Bindung an die Objekte der Wahrnehmung führt uns auf natürliche Weise zum Handeln in dieser Welt.

Ein solches Handeln führt dann zu bestimmten Ergebnissen, wir bekommen also für unsere Anstrengung irgendetwas. Wir entwickeln ein Bewusstsein von *Besitz* und Haben. Besitz gilt nicht nur für das Eigentum von Dingen, sondern im grundsätzlichen Sinn von „etwas haben". Wir fühlen, dass wir unseren Körper haben. Wir fühlen, dass wir unsere Gedanken und Ideen, also unseren Geist, haben. Solche Empfindungen haben grundsätzliche Bedeutung für unser Lebensgefühl. Sie sind die Grundlage unseres täglichen Lebens in der Welt. Das Leben setzt sich aber nicht bis in die Ewigkeit fort. Es ist ein Prozess, der unausweichlich zu der Erfahrung von Alter und Tod führt. Der Tod ist der endgültige Abschluss von angesammelten Ursache-Wirkung-Beziehungen. Vom Tod kehrt der Prozess wieder zum Anfang von Chaos oder Unbewusstem zurück und das Muster des Lebens kann von Neuem beginnen.

Die letzten drei Glieder in der Kette von Ursache und Wirkung fassen den ganzen Prozess, den wir Leben nennen, zusammen und erinnern uns daran, dass dieser Prozess in seiner Gesamtheit gesehen werden muss – eine Gesamtheit, die letztendlich jenseits unserer Möglichkeiten der vollständigen Erklärung liegt. Ich glaube, dass die zwölfgliedrige Kette von Ursache und Wirkung ihrer Struktur nach das umfassendere Muster der vier Philosophien oder Lebensbereiche enthält. In vereinfachter Form können wir die Kette der zwölf Glieder auf vier Gruppen reduzieren: Geist, Materie, Handeln und das Leben selbst.

Ich bin nicht ganz sicher, wie Sie diese Lehre einschätzen. Vielleicht erscheint sie Ihnen ziemlich primitiv und seltsam. Wenn wir heute über Ursache und Wirkung sprechen, stellen wir meist die Verbindung zu den Naturwissenschaften her. Durch die moderne Wissenschaft ist das Gesetz von Ursache und Wirkung zum allgemeinen Wissen geworden, aber in den Tagen Gautama Buddhas gab es diese exakten Wissenschaften noch nicht. Viele Ereignisse schienen den Menschen in der damaligen Zeit durch magische und mysteriöse Kräfte und deren Zusammenhänge gesteuert zu sein. Gautama Buddha lehnte solche Spekulationen ab. Er glaubte, dass alle Ereignisse in der Welt als das Ergebnis von komplexen, aber geordneten Aktivitäten und Wechselwirkungen der verschiedenen

Elemente entstehen, die das Universum ausmachen. Er erkannte, dass das Leben selbst als Produkt von exakten und geordneten Ursache-Wirkung-Beziehungen verstanden werden konnte, und versuchte, diese Beziehungen mit der zwölfgliedrigen Kette aufzuzeigen und zu erklären.

Ich denke, dass die moderne Wissenschaft Gautama Buddhas Annahme voll bestätigt hat. Wenn wir diese Welt wissenschaftlich untersuchen, finden wir, dass sie bis auf einige Zufallsprozesse wesentlich durch das Gesetz von Ursache und Wirkung bestimmt ist. Die Wissenschaft bestätigt daher die buddhistische Lehre und diese bejaht die Wissenschaft. Buddhismus und Wissenschaft vertreten in der Tat dieselbe Theorie. Das ist sehr wichtig.

Es gibt jedoch einen wesentlichen Unterschied zwischen Buddhismus und Wissenschaft. Die Wissenschaft begrenzt ihre Beobachtungen und Erklärungen generell auf die materielle Welt, aber Gautama Buddha ließ solche Einschränkungen nicht zu. Er war sicher, dass dieselben exakten Regeln, die die Ordnung im materiellen Universum aufrechterhalten, auch in jedem anderen Bereich und jeder anderen Phase des Lebens wirksam sind. Daher ist nach buddhistischer Theorie das Gesetz von Ursache und Wirkung auch im geistigen und spirituellen Bereich gültig, genauso wie bei gesellschaftlichen Problemen, in menschlichen Beziehungen und sogar im Bereich der Moral und Ethik. In diesem Zusammenhang lehrte Gautama Buddha eine sehr einfache Theorie: Er sagte, wenn ein Mensch richtig handelt, wird er glücklich. Wenn er falsch handelt, wird er unglücklich. Mit anderen Worten: Gute Ursachen erzeugen gute Wirkungen und schlechte Ursachen erzeugen schlechte Wirkungen. Wenn wir daher glücklich sein wollen, müssen wir gut sein und richtig handeln. Dies klingt vielleicht zu einfach, zu direkt und kompromisslos, aber diese einfache Lehre enthält eine tiefe Wahrheit, die unser gesamtes Leben verändern kann. Wenn wir auf diese Lehre vertrauen, können wir unser Leben mutig, ohne Furcht und frei von Unsicherheiten leben. Es ist eine einfache Idee, vielleicht eine naive Lehre, aber in unserem realen Leben ist diese Theorie wirklich richtig.

**Fragen und Antworten**

*Treten die zwölf Glieder von Ursache und Wirkung immer nacheinander auf?*
Es gibt zwei Möglichkeiten, Ursachen und Wirkungen zu untersuchen. Eine Möglichkeit besteht darin, den Zusammenhang von Ursache und Wirkung im Ablauf der Zeit zu beobachten, also von der Vergangenheit über die Gegenwart in die Zukunft. Dieser lineare zeitliche Zusammenhang ist einfach zu verstehen und wir finden viele Beispiele von Ursache-Wirkung-Beziehungen, die einem solchen Muster folgen. Aber der Buddhismus beschäftigt sich hauptsächlich mit dem Leben im Hier und Jetzt, also dem Augenblick in der Gegenwart. Wenn wir Ursache und Wirkung im gegenwärtigen Augenblick untersuchen, müssen wir unsere Sichtweise und unser Verständnis allerdings verändern. Im gegenwärtigen Augenblick existieren alle Teile und Glieder gleichzeitig, es gibt daher kein zeitliches Nacheinander. Das Universum besteht aus einer gewaltigen Menge von einzelnen Bereichen und Faktoren, die miteinander in einer äußerst komplexen, aber geordneten Weise verbunden sind. Unsere Situation hier und jetzt beruht auf einem vernetzten System von Ursachen und Wirkungen. Ein solches System kann man sich zwar schwer

vorstellen, aber als Buddhisten nehmen wir an, dass ein solches System die Grundlage des Universums selbst ist. Die moderne Systemtheorie sagt übrigens etwas ganz Ähnliches.

*In unserem realen Leben ist es schwierig, eine bestimmte Ursache und eine bestimmte Wirkung aus dem Zusammenhang herauszunehmen und deren Wirkungsweise einzeln zu analysieren. Stimmen Sie dem zu?*

Ja, das ist richtig. Unser Leben und die Welt, in der wir existieren, sind sehr kompliziert, so dass wir normalerweise gar nicht bemerken können, dass eine bestimmte Ursache genau mit einer konkreten Wirkung verbunden ist. Die zwölfgliedrige Kette von Ursache und Wirkung ist ein vereinfachtes Modell und nur eine bestimmte Methode der Erklärung und bildhaften Darstellung unseres Lebens. Daher sollten wir nicht erwarten, dass wir immer genau zwölf Glieder mit ihren jeweiligen Funktionen in dieser exakten Reihenfolge vorfinden. Wenn wir unser Leben und die Welt sehr genau und wissenschaftlich untersuchen, können wir die Existenz des Gesetzes von Ursache und Wirkung jedoch nicht bezweifeln. Wir können es in unserer eigenen Erfahrung finden. Ich habe jetzt weit über 80 Jahre gelebt und nach dieser langen Zeit komme ich nicht umhin, an die Lehre von Ursache und Wirkung zu glauben. Sie ist sehr klar und sehr exakt.

*Sie sagten, dass wir glücklich sein werden, wenn wir gute Taten vollbringen und dass wir unglücklich sein werden, wenn wir schlecht handeln. Dies sei das Gesetz von Ursache und Wirkung. Aber wie definieren wir, was gut und was schlecht ist? Wie können wir gute und schlechte Taten wirklich unterscheiden?*

Im Buddhismus geht es nicht um das Problem einer intellektuellen Definition. Es ist keine Sache des Verstandes allein, sondern eine Frage der Gesamtsituation im Leben. Im Buddha-Dharma gehen wir nicht davon aus, dass die Frage von Gut und Schlecht durch den Geist allein gelöst werden kann, sondern dass es sich hierbei um Fragen des wirklichen Lebens handelt, die ganzheitlich zu behandeln sind. Im wirklichen Leben ist gutes Handeln auch richtiges Handeln. Es ist ein Handeln, das der tatsächlichen Situation angemessen ist. Wenn wir angemessen handeln wollen, müssen wir im Einklang mit der Situation sein und wir müssen im Einklang mit den Gesetzen des Universums und der Moral selbst sein.

Wenn wir mit dem Universum in Harmonie kommen wollen, müssen wir einen Zustand des Gleichgewichts erlangen, der das Gesetz des Universums widerspiegelt. Wenn wir Zazen praktizieren, können wir in dieses Gleichgewicht und diese Balance kommen. Wir können in das körperliche und geistige Gleichgewicht gelangen, das immer mit der wirklichen Situation im Einklang ist. Mit anderen Worten wird Zazen zum klaren Maßstab für unser ganzes Leben. Mit einem solchen Maßstab können wir herausfinden, was richtig und was falsch oder was gut und was schlecht ist, in jedem Augenblick. Dies können wir intuitiv klar erkennen und verwirklichen. Wenn wir handeln und der Wahrheit des Zazen folgen, werden unsere Handlungen angemessen und richtig sein, das bedeutet, dass unser Handeln gut ist.

*Ich glaube, es gibt ein großes Problem mit dem Wort „gut". Zum Beispiel habe ich gehört, dass Gautama Buddha seine Frau und seine Familie verlassen hat, um die Wahrheit zu finden. Viele Menschen würden sagen, dass dies nicht gut war. Es erscheint mir daher, dass das normale Verständnis von Gut nicht immer richtig ist.*

Ja, das ist wahr. Was gut ist, stimmt nicht immer mit unserem sogenannten gesunden Menschenverstand und unseren verstandesmäßigen Überlegungen überein. Gautama Buddha verließ seine Familie, aber wenn er sie nicht verlassen hätte, hätte er nicht die große Wahrheit erlangen können, und wenn er die Wahrheit nicht erlangt hätte, könnten wir nicht durch den Buddhismus unsere Lebensprobleme lösen. Viele Menschen haben das Gefühl, dass das Verhalten von Gautama Buddha in Bezug auf seine Familie falsch war, aber gleichzeitig war sein Verhalten von ganz großer Bedeutung und von großem Nutzen für sehr viele Menschen seit mehr als 2500 Jahren. Wir können daher nicht einfach auf der Grundlage von Sentimentalitäten beurteilen, was gut und was schlecht ist. Es gibt keinen absoluten Maßstab, demzufolge wir sagen können, ein bestimmtes Handeln ist immer gut oder immer schlecht. Wir brauchen eine umfassendere Einschätzung und einen weit gespannten Maßstab. Der einzige Maßstab, der diese Anforderungen erfüllt, ist die Wahrheit selbst. Gut und Schlecht muss aus der Sichtweise der Wahrheit eingeschätzt werden.

*Es scheint mir, dass es eine sehr große Verantwortung ist, wenn wir unsere Handlungen und unsere Intuition auf der Wahrheit aufbauen, die wir vor allem durch Zazen gewinnen können. Wenn wir dann intuitiv handeln, werden uns einige Menschen sicher kritisieren. Sie werden sagen, dass unsere Handlungen falsch sind. Es erfordert einigen Mut, nach dieser Intuition zu handeln, nicht wahr?*

Ja, es mag Zeiten geben, in denen unser Handeln von der Gesellschaft infrage gestellt wird. Wenn unser Handeln aufrichtig ist, müssen wir uns aber keine Sorgen über die Meinungen der Menschen machen. Auf der anderen Seite mag es gefährlich sein, wenn wir denken, dass wir ohne Bezug zur gesellschaftlichen Wirklichkeit handeln, in der wir leben. Intuitives Handeln, das der Wahrheit des Zazen folgt, gibt nicht jedem momentanen Impuls nach, der zufällig in unserem Geist auftaucht. Ein solcher Gedanke ist oft naiv, unrealistisch oder egoistisch. In Zazen sind wir im Gleichgewicht und stabil, und dies führt auf natürliche Weise zu einem alltäglichen Handeln in derselben Qualität. Es ist dann ein ausgewogenes und stabiles Handeln – ein Handeln, das sich in Ruhe und klarer Kenntnis der gesamten Situation vollzieht und in der ganzen Wirklichkeit stattfindet. Es ist ein sehr realistisches Handeln.

*Was sollten wir daher tun, wenn wir uns in einer schwierigen Lage befinden und eine wichtige Entscheidung für unser Leben fällen müssen? Sollten wir nach unserer Intuition handeln oder den allgemeinen Regeln der Gesellschaft folgen?*

Ihre Frage erinnert mich an eine Geschichte im *Shobogenzo Zuimonki*. *Shobogenzo Zuimonki* ist eine Sammlung kurzer Gespräche und Erläuterungen, die Meister Dogen während seiner Lehrtätigkeit gegeben hat.

Eines Tages sagte ein junger Mönch zu Meister Dogen, dass er das aufrichtige Bedürfnis habe, in einen Tempel einzutreten und sich ganz dem Studium des Buddhismus zu widmen, aber dass er wegen der Verpflichtungen gegenüber seiner Familie zögern würde. Seine Mutter sei sehr alt und von seiner Unterstützung vollständig abhängig. Wenn er in den Tempel eintreten würde, könne er ihr nicht weiterhin Geld schicken, so dass sie bald sterben werde. Was sollte er in einer solchen Situation tun?

Meister Dogens Antwort war offen und sehr pragmatisch. Er sagte: „Das ist eine sehr schwierige Frage. Ich kann diese Frage nicht für dich beantworten. Es ist ja dein Problem und nur du selbst kannst die richtige Antwort finden. Ich bin jedoch der Meinung, dass es für dich einen Weg geben müsste, ein Priester zu werden und deine Mutter auch weiterhin zu unterstützen, damit sie gesund und sicher leben kann. Es mag schwierig sein, aber wenn wir den ehrlichen Willen haben, dies zu tun, können wir eigentlich immer einen solchen Weg finden. Ich hoffe daher sehr, dass du einen guten Weg finden wirst. Ich hoffe, dass du in der Lage sein wirst, deine alte Mutter zu unterstützen und dich zur gleichen Zeit dem Buddhismus zu widmen und ein Priester zu werden."

Wie Sie sehen, ist die Antwort von Meister Dogen nicht idealistisch oder gar sentimental. Er sagte nicht, dass der Mönch seine Mutter verlassen solle. Er sagte auch nicht, dass die Sorge für seine Mutter die einzig wichtige Aufgabe in seinem Leben sein solle. Er sagte einfach, dass es ein schwieriges Problem sei, ein Problem, das der junge Mönch selbst lösen müsse, und er nahm an, dass es eine gute und realistische Lösung geben müsse. Meister Dogen war immer auf der Suche nach realistischen Lösungen. Er betrachtete Lebensprobleme immer vor dem Hintergrund der Wirklichkeit und suchte nach Lösungen, die pragmatisch und realisierbar sind.

In unserem Leben haben wir viele Probleme. Schwierige Probleme sind in der Tat der Kern unseres Lebens. Diese Probleme zu lösen, ist also das Leben selbst. Schwierige Probleme zu lösen, ist buddhistische Praxis. Wenn wir ein schwieriges Problem haben, sollten wir nach der besten Lösung, der realistischsten Lösung suchen. Die Suche danach und deren Verwirklichung ist buddhistische Praxis selbst.

# Kapitel 12:
# Nichts Falsches tun und die buddhistischen Gelöbnisse

Ich möchte unsere Erörterung der Frage von Richtig und Falsch nun fortsetzen, denn ich glaube, dass es sich dabei um eine sehr wichtige Frage handelt. Ich denke, wie wir in unserem Leben handeln, ist ein zentrales Problem der Philosophie, Religion und des Lebens selbst. Viele Religionen betrachten Moral als die unbedingte Pflicht, die moralischen Gesetze Gottes einzuhalten. Dann ist Moral eine spirituelle Frage, ein Problem des Bewusstseins und des guten Denkens gegenüber dem schlechten Denken. Der Buddhismus hat ein anderes Verständnis von Moral. Moral ist aus der Sicht eines Buddhisten nicht eine Frage des richtigen Denkens, sondern vor allem des richtigen Handelns. Ob etwas richtig oder falsch ist, wird nicht im Geist entschieden, sondern in der wirklichen Welt.

Die buddhistische Haltung gegenüber moralischen Problemen ist daher nicht spirituell oder idealistisch. Sie ist sehr praktisch und bodenständig. Eine solche Einstellung mag die Menschen verwirren, die glauben, dass die Frage der Moral im Geist gelöst werden muss, aber im Geist hat die Moral keine Wirklichkeit und keine Substanz. Nur in der wirklichen Welt des Handelns kann Moral wirklich sein. Wir mögen zahllose gute und pietätvolle Gedanken hegen, aber wenn unser Handeln nicht richtig ist, ist solches Denken völlig nutzlos. Diese buddhistische Haltung mag ziemlich hart erscheinen, aber ich denke, wir benötigen sie, wenn wir lernen wollen, richtig zu leben.

Meister Dogen drückte die buddhistische Haltung in Bezug auf die Moral auf verschiedene Weisen aus. Ein Kapitel des *Shobogenzo* heißt „Erzeugt kein Unrecht". Es fängt mit den Worten an: „Ein alter Buddha lehrt: Vielfältiges Unrecht nicht zu erzeugen, die vielen Arten des richtigen Handelns achtungsvoll zu tun, macht das Herz auf natürliche Weise rein, dies lehren alle Buddhas." Der Schwerpunkt bei diesem Satz ist das Tun und vor allem, kein Unrecht zu tun. Erzeuge daher kein Unrecht, tue Recht. Später in demselben Kapitel gibt es eine Geschichte von einem Mann mit Namen Rakuten Haku. Er war ein berühmter Dichter, der den Buddhismus unter Meister Choka Dorin studierte. Eines Tages fragte er den Meister: „Was ist der große Sinn des Buddha-Dharma?" Meister Dorin antwortete: „Kein Unrecht zu erzeugen und das Rechte zu tun." Rakuten Haku sagte, erstaunt über die einfache Antwort: „Wenn das so ist, kann selbst ein dreijähriges Kind diese Worte sagen." Meister Dorin antwortete: „Selbst wenn ein dreijähriges Kind diese Wahrheit sagen kann, kann ein erfahrener Mann von achtzig Jahren sie nicht vollständig verwirklichen." Hier findet man wieder die Betonung auf dem Handeln gegenüber dem Denken und Reden. Aus buddhistischer Sicht ist das Denken darüber, was richtig und falsch ist, etwas vollständig anderes als das richtige oder falsche praktische Handeln. Denken ist nur eine Übung für das Gehirn. Richtig und falsch zu praktizieren ist das Leben selbst.

Diese Haltung ist sehr interessant, wenn wir die buddhistischen Gelöbnisse anschauen. Die Gelöbnisse sind Regeln für das richtige Verhalten und sagen uns, was wir tun sollen und was wir nicht tun sollen. Was halten wir von den Gelöbnissen, wenn Denken und Tun so unterschiedlich sind? Können verstandesmäßige Maßstäbe unser Handeln steuern? Dies ist eine wichtige Frage. Um die buddhistische Antwort zu verstehen, sollten wir zuerst wissen, was die Gelöbnisse sind. Wir sollten sie konkret untersuchen und ihre Praxistauglichkeit für unser tägliches Leben bedenken. Dann werden wir in der Lage sein, das Verhältnis von buddhistischer Moral und den Gelöbnissen zu verstehen, und gleichzeitig finden wir die wahre Bedeutung der Gelöbnisse in unserem Leben.

Um die Gelöbnisse zu verstehen, sollten wir uns ihren Ursprung in Indien vergegenwärtigen. Die buddhistische Gemeinde oder Sangha wuchs und entwickelte sich damals recht schnell. Die einfachen Regeln und Richtlinien, die von Gautama Buddha angeregt worden waren, mussten erweitert und ergänzt werden, um den wachsenden, verschiedenartigen und zum Teil schwierigen Situationen und Problemen der Mitglieder der Gemeinschaft gerecht zu werden. Als es immer mehr Regeln gab, wurde es jedoch zunehmend schwieriger, frei und direkt zu handeln. Jeder Bereich des gemeinschaftlichen Lebens wurde dann durch solche Gesetze geregelt, zum Schluss gab es 250 Regeln für Mönche und 350 für Nonnen.

Diese komplizierte Ausgangslage war teilweise Ursache für das Entstehen des Mahayana-Buddhismus. Viele Priester und Laien fühlten, dass die übertriebene Beachtung der vielen Regeln und Gelöbnisse den ursprünglichen Geist von Gautama Buddhas Lehren erstickt hatte, und sie wandten sich daher 400 Jahre nach seinem Tod von dem Orden der Älteren ab und gründeten einen neuen Orden. In diesem Orden wurde das Ideal des Bodhisattva sehr wichtig. Ein Bodhisattva ist ein Mensch, der die Wahrheit des Buddhismus intuitiv und klar erkennt und sich deren Verwirklichung in seinem täglichen Leben widmet und vor allem den anderen hilft. In einem solchen Leben müssen die Regeln für das Verhalten relativ breit angelegt und flexibel gefasst sein, damit sie praktikabel und im Alltag in den verschiedensten

Situationen angemessen sind. Daher wurde die große Anzahl der Regeln und Vorschriften in sechzehn grundsätzlichen Gelöbnissen zusammengefasst – sie sind auch als die Bodhisattva-Gelöbnisse bekannt. Dass man diese Gelöbnisse empfängt, ist der Einstieg in das buddhistische Leben und Handeln in der wirklichen Welt.

Die sechzehn Gelöbnisse sind in drei Gruppen eingeteilt: die drei sogenannten Zufluchten, die drei allgemeinen Gelöbnisse und die zehn Grundgelöbnisse. Die drei Zufluchten beziehen sich auf Buddha, Dharma und Sangha – Buddha bezieht sich vor allem auf den Menschen Gautama Buddha.

Als Buddhisten fühlen wir eine große Hingabe zu dem Mann, der die Freiheit, Wirklichkeit und Wahrheit vor ca. 2500 Jahren erlangte, der diese Wahrheit als Religion entwickelte und der den Menschen die Methode lehrte, dieselbe Freiheit und Wahrheit in ihrem eigenen Leben zu finden. Die Wahrheit wurde seit Gautama Buddhas Zeit von vielen Menschen verwirklicht. Sie alle wurden Buddha. Sie alle fanden die Wahrheit durch ihr eigenes Bestreben und Handeln. Sie gaben die buddhistischen Lehren durch die Jahrhunderte weiter bis in die heutige Zeit. Wir sind ihnen sehr dankbar. Wenn wir uns selbst Buddha hingeben, geben wir uns allen Buddhas der Vergangenheit, der Gegenwart und jenen, die in Zukunft kommen werden, hin.

Hingabe dem Dharma gegenüber ist Hingabe an das Universum selbst und das Universum hat seine Ordnung, seine Schönheit und seine Regeln. Als Buddhisten versuchen wir die Ordnung des Universums selbst zu verwirklichen. Wir verpflichten uns dieser Ordnung und wir widmen uns diesen Regeln des Universums. Das ist die Hingabe zum Dharma und die Hingabe zum Dharma ist die Grundlage des Buddhismus.

Die Hingabe zum Sangha bezieht sich auf die Mönche, Nonnen und Laien des buddhistischen Ordens. Gautama Buddha lehrte uns, unsere Partner im buddhistischen Leben zu ehren. Er lehrte uns Hingabe gegenüber der Gemeinschaft, der Gesellschaft und jenen, die die Wahrheit suchen.

Die zweite Gruppe sind die drei allgemeinen Gelöbnisse. Das erste ist die Beachtung der Gesetze der Gesellschaft. Jede Gemeinschaft hat ihre Regeln und Gesetze. Wenn wir den Gesetzen unserer Gesellschaft nicht folgen, wird unser Leben wahrscheinlich durcheinandergeraten. Daher sollten wir als Buddhisten die Gesetze der Gesellschaft grundsätzlich achten und befolgen.

Das zweite allgemeine Gelöbnis wird die Achtung des Dharma genannt. Dharma ist das Gesetz des Universums. Wenn man die Gesetze des Universums beachtet, bedeutet dies angemessenes Handeln in allen Situationen. Es bedeutet, das Richtige zu tun und das Falsche nicht zu tun. Daher kann die Einhaltung des Dharma auch moralisches Handeln genannt werden. Es gibt viele soziale Regeln, aber wir müssen den Regeln der Moral folgen, welche die soziale Situation überschreiten. Wir müssen einer Moral folgen, die auf dem Gesetz des Universums selbst beruht.

Das dritte Gelöbnis dieser Gruppe besagt, dass wir für die Rettung aller Lebewesen leben und arbeiten. Der Buddhismus lehrt uns, dass wir Teil des Universums sind und wir daher nicht isoliert sind, sondern Teil eines großen, gewaltigen, lebenden Systems, das sich in allen Teilen des Universums und in allen Wesen widerspiegelt. Dies bedeutet, dass alle Lebewesen im Universum gemeinsame Eigenschaften haben und Teil einer essenziellen Natur sind, die nicht benannt oder definiert werden kann. Wenn wir daher unsere wahre Natur als menschliche Lebewesen verwirklichen wollen, ist es für uns natürlich, für das zu sorgen, was wir mit allen Wesen gemeinsam haben. Es ist also natürlich für uns, für die Rettung aller Lebewesen tätig zu sein.

Die drei Zufluchten und die allgemeinen Gelöbnisse sind sehr weit und umfassend angelegt, aber vielleicht etwas zu abstrakt. Daher gibt es zehn weitere Grundgelöbnisse. Sie sind enger und verdichtet und haben einen sehr konkreten Inhalt. Es sind die zehn folgenden:

1.  Zerstöre kein Leben:
    Wir alle sind lebendig. Das Leben durchdringt das ganze Universum, und dies ist in einem bestimmten Sinne das Leben selbst. Leben zu zerstören bedeutet also, einen Teil des Universums zu zerstören, einen Teil von uns selbst. Wir sollten nicht das zerstören, das ein Teil von uns ist und von dem wir ein Teil sind. Wir sollten kein Leben zerstören.

2.  Stehle nicht:
    Wir haben unseren eigenen Platz in der Welt, unsere eigene Stellung und unser Eigentum. Wir sollten nicht das nehmen, was jemand anderem und nicht uns gehört. Wir sollten nur das nehmen, was uns gegeben ist.

3.  Begehre nicht maßlos:
    Wir alle haben Wünsche und Begierden. Wünsche und Begierden sind ein wichtiger Teil unseres Lebens, aber übertriebene und maßlose Begierden sind die Quelle des Unglücks. Sie zerstören unsere Ausgeglichenheit und machen uns im Leben abhängig und unglücklich. Wir sollten daher das Wesen

der Wünsche und Begierden erkennen und wir sollten nicht
zulassen, dass sie unser Leben beherrschen. Wir sollten nicht
maßlos begehren.

4.  Lüge nicht:
Wir leben im Universum und das Universum ist die Wahrheit
selbst. Wahrheit und Ehrlichkeit sind untrennbar miteinander
verbunden. Wenn wir nicht ehrlich sind, können wir niemals
unsere wahre Situation im Universum finden. Wenn wir daher die Wahrheit finden wollen, müssen wir ehrlich sein. Wir
dürfen nicht lügen.

5.  Verdiene deinen Lebensunterhalt nicht durch den Verkauf
von Alkohol:
Alkohol hat die Tendenz, das Gleichgewicht von Körper und
Geist zu zerstören. Alkohol an andere zu verkaufen, mag die
Ursache dafür sein, dass sie ihr Ziel und Gleichgewicht im
Leben verlieren. Wir sollten unseren Lebensunterhalt daher
nicht mit dem Verkauf von Alkohol, Drogen oder Dingen, die
anderen in dieser Welt schaden, verdienen.
Ich habe übrigens einige Zweifel wegen der Korrektheit dieses
Gelöbnisses. Ich habe den Eindruck, dass die ursprüngliche
Fassung so lautet, dass man keinen Alkohol trinken soll. Als
der Buddhismus von Indien in die Länder China und Japan ge-
langte, wurde dieses Gelöbnis wohl geändert, um den dortigen
Bedingungen gerecht zu werden. In den nördlichen Ländern
wird Alkohol als wichtige Hilfe angesehen, um in den kalten
Wintermonaten zu überleben. Daher glaube ich persönlich,
dass es wichtig ist, zu vermeiden, Alkohol überhaupt oder

zumindest nicht im Übermaß zu trinken. Aber wir sollten
das Gelöbnis trotzdem in der Form beachten, in der es an uns
übermittelt wurde.

6.  Rede nicht über die Fehler anderer:
    Als Buddhist versuchen wir, unser Bestes zu tun, ein buddhi-
    stisches Leben zu führen. Dabei machen wir aber oft Fehler.
    Es mag eigenartig klingen, aber unsere Fehler resultieren häu-
    fig direkt aus unseren Anstrengungen, unser Bestes zu geben.
    Dies ist eine einfache Tatsache des Lebens. Wenn wir also
    Fehler bei anderen sehen, sollten wir sie nicht sofort kritisie-
    ren, denn ihre Fehler könnten einfach ein Ergebnis ihrer An-
    strengungen in ihrem Leben sein. Wir sollten grundsätzlich
    nicht über die Fehler anderer reden.

7.  Lobe dich nicht selbst und erniedrige nicht andere:
    Die moderne Psychologie sagt uns, dass die meisten von uns
    eine Art von Überlegenheits- oder Minderwertigkeitskomplex
    haben. Daraus ergibt sich die Tendenz, uns selbst oder andere
    zu loben und zu erhöhen oder zu kritisieren und zu ernied-
    rigen. Wir sind aber alle menschliche Wesen. Wenn wir die-
    se einfache Tatsache erkennen, ist es unmöglich, andere für
    ihre Fehler herabzusetzen und zu erniedrigen. Indem wir uns
    selbst loben, verschwenden wir unnütz Zeit und Energie.

8.  Sei nicht geizig, wenn du die buddhistischen Lehren oder
    andere Dinge weitergibst, sondern gib den anderen reichlich:
    Wir haben die Tendenz, mehr haben zu wollen, als wir bereits
    besitzen. Wir wollen mehr Lehren, wir wollen mehr Dinge.

Aber wenn wir unsere Lage klar sehen, erkennen wir, dass wir Teil des großen wunderbaren Universums sind. Wir haben bereits alles, was wir benötigen. In einer solchen Situation ist es natürlich, anderen zu geben. Wir sollen daher die Lehren und unseren Reichtum mit anderen teilen. Wir sollten freigebig sein und ohne Selbstsucht geben und uns daran erinnern, dass dies ein natürliches Handeln aus unserer wirklichen Situation heraus ist.

9.  Werde nicht wütend:
Viele von uns neigen dazu, auch bei geringen Anlässen aufbrausend zu sein und wütend zu werden. Obgleich dies ein normaler Teil unseres Charakters zu sein scheint, ist Wut kein natürlicher Zustand. Es ist keine natürliche Form unseres Lebens. Im Buddhismus versuchen wir, unsere Ausgeglichenheit und Mitte zu finden und zu halten. Starke negative Gefühle haben zur Folge, dass dieses Gleichgewicht zerstört wird. Sie bringen die natürliche Balance von Körper und Geist durcheinander. Wir sollten diese Tatsache nicht vergessen. Wir sollten nicht wütend werden.

10. Missbrauche nicht die drei höchsten Werte Buddha, Dharma und Sangha:
Sie sind die Grundlagen des buddhistischen Lebens. Wir müssen sie ehren, schätzen und uns ihnen hingeben.

Die Gelöbnisse auf diese Weise aufzulisten, ist ziemlich trocken und langweilig. Sie sind philosophisch nicht besonders aufregend oder brillant, denn sie sind sehr einfach und direkt. Ich denke, dass sich in ihnen die grundsätzliche Natur der buddhistischen Religion widerspiegelt. Buddhismus ist eine sehr praktische Religion. Sie konzentriert sich darauf, dass wir den richtigen Weg finden zu leben. Aber leider ist dies keine einfache Aufgabe, denn wir neigen dazu, Fehler zu machen, und leiden dann an den Folgen. Die Gelöbnisse wurden entwickelt, um zu helfen, solche Fehler zu vermeiden. Sie haben Ähnlichkeit mit einem Schutzzaun, der eine große, wundervolle Wiese umschließt. Sie sind sozusagen der Zaun für die Rinder auf der Weide, und solange wir innerhalb dieses Schutzzauns bleiben, ist unser Leben sicher und ruhig und wir können uns frei bewegen. Aber sobald wir einen Schritt außerhalb des Zauns machen, finden wir uns auf schwankendem, gefährlichem Grund wieder. Wir sind dann in eine gefährliche Lage geraten und sollten zur Weide zurückkehren. Daher können wir sagen, dass die Gelöbnisse eine wesentliche Hilfe für ein zufriedenes und glückliches Leben sind und keine lebensfeindlichen Verbote.

Es gibt jedoch dabei noch ein Problem. Wir müssen uns fragen, ob die Gelöbnisse ihren Zweck wirklich erfüllen. Können die Gelöbnisse wirklich unser Handeln in der Welt steuern? Sind sie wirklich brauchbar? Die Antwort scheint nicht in den Gelöbnissen selbst zu liegen, sondern in unserer Einstellung zu ihnen. Wenn die Gelöbnisse zweckmäßig sind, muss das unsere Haltung ihnen gegenüber auch sein. Dies bedeutet, dass wir es nicht als Hauptziel unseres Lebens ansehen sollten, nur die Gelöbnisse einzuhalten. Vielleicht klingt es ein wenig seltsam, aber das ist die buddhistische Auffassung. Meister Dogen sagt, dass wir die Gelöbnisse einhalten und rein bleiben sollten. Aber gleichzeitig ist es falsch, wenn wir dies als die wichtigste Praxis und als alleiniges Ziel ansehen. Wir sollten nicht glauben, dass wir dadurch die Freiheit und Wahrheit erlangen werden. Die Gelöbnisse einzuhalten und rein zu bleiben, ist der konkrete Weg, der von den Mönchen, Nonnen und Laien befolgt wird, und wir sollten dies daher in Zufriedenheit so praktizieren. Sie sind eine gute Sache, aber sie dürfen nicht als das alleinige Fundament des Buddha-Dharma angesehen werden. Die Gelöbnisse dürfen also nicht zum Selbstzweck werden.

Vielleicht erscheint diese Einstellung zu pragmatisch und kompromissbereit. Viele Religionen sind hierbei wesentlich strenger, denn bei ihnen gilt es oft als Sünde, die Gebote zu übertreten, und eine Sünde gilt gleichzeitig als ein Verbrechen gegen Gott. Daher ist es ihnen zufolge von ganz zentraler Bedeutung, die Gebote ganz genau einzuhalten. Demgegenüber scheint die buddhistische Einstellung vielleicht zu weich und zu flexibel zu sein. Pragmatisch zu sein mag unser Leben angenehmer gestalten, aber ist es wirklich die Aufgabe einer Religion, pragmatisch zu sein? Der Buddhismus besteht darauf, dass eine solch wirklichkeitsnahe Haltung für unser Leben absolut notwendig ist. Unser Leben ist von großer Vielfalt und Komplexität, und wenn wir die Gelöbnisse zu starr anwenden, verlieren wir möglicherweise die Freiheit, kraftvoll und richtig zu handeln, aber darauf kommt es an. Wir leben hier und jetzt, und daher benötigen wir Regeln, die hier und jetzt anwendbar sind. Wir müssen unsere Gelöbnisse in jedem Augenblick anwenden. Die Wirklichkeit ist aber sehr vielfältig, so dass auch unsere Regeln flexibel sein sollten. Wahre Regeln müssen in der wirklichen Welt sinnvoll funktionieren. Die Gelöbnisse müssen daher im Einzelnen variabel anwendbar sein, aber gleichzeitig im Grundsatz feststehen und klar sein. Dies ist genau die Natur der buddhistischen Gelöbnisse. Sie helfen uns, korrekt zu leben. Sie geben uns einen Rahmen, der genaue und klare Grenzen hat und wir sind trotzdem frei, Augenblick für Augenblick in den verschiedenen Situationen des Lebens korrekt zu handeln.

Ein chinesischer Priester sagte einmal: „Keine Regel ist unsere Regel." Dieser Satz drückt das buddhistische Verständnis genau aus. Die Gelöbnisse sind für uns wertvoll. Sie können uns vor und nach dem Handeln helfen, aber im Augenblick der Gegenwart, dann, wenn wir wirklich handeln, können wir uns nicht auf eine Regel stützen. Wir müssen unsere Entscheidung situativ treffen. Im gegenwärtigen Augenblick ist unser Gelöbnis, ohne Gelöbnis zu sein: „Keine Regel ist unsere Regel."

**Fragen und Antworten**

*Bei mir gibt es immer noch Unklarheiten über die Beziehung zwischen den Gelöbnissen und dem wirklichen Leben. Wenn wir uns nicht im gegenwärtigen Augenblick auf die Gelöbnisse stützen, wie können wir dann überhaupt hoffen, die Gelöbnisse einzuhalten?*

Ich fürchte, wir können das nicht. Die Gelöbnisse vollständig einzuhalten ist eine hoffnungslose Angelegenheit. Je strenger wir das versuchen, desto schwieriger wird es. Gautama Buddha, Meister Dogen und die großen alten Meister haben alle den Versuch aufgegeben, die Gelöbnisse absolut und vollständig einzuhalten. Dies klingt wirklich seltsam, aber es ist wahr. Sie fanden nämlich, dass sie die Gelöbnisse nicht durch ihre bewussten Bemühungen befolgen konnten, und sie gingen das Problem daher aus einer ganz anderen Richtung an: Sie fanden, dass ihr Leben einfach und klar wurde, wenn sie jeden Tag Zazen praktizierten. Sie fanden in der Tat, dass es dann sogar unmöglich ist, die Gelöbnisse nicht zu befolgen. Sie haben die

Gelöbnisse gewissermaßen indirekt durch die Übungspraxis des Zazen eingehalten.

In unserem Leben müssen wir Augenblick für Augenblick Entscheidungen treffen. Sie sind also unmittelbar und daher abhängig von dem Zustand unseres Körpers und Geistes im gegenwärtigen Augenblick und von der Umgebung. Wenn unser Körper und Geist im Gleichgewicht und in der richtigen Haltung sind, spiegeln unsere Handlungen dies wider. Wenn wir selbst „richtig" und im Gleichgewicht sind, sind unsere Handlungen ebenfalls richtig. Daher ist der einzige Weg, die Gelöbnisse einzuhalten, unseren Körper und Geist durch die Übungspraxis des Zazen zu verändern. Wenn wir Zazen praktizieren, kommt unsere ursprüngliche Natur zum Vorschein – unsere Buddhanatur. Wir sind dann in jedem Augenblick in Harmonie mit dem Universum. In einem solchen Zustand ist es für uns dann unmöglich, die Gelöbnisse zu brechen. Wenn wir Zazen praktizieren, werden wir zu einem Menschen, der die Gelöbnisse überhaupt nicht missachten kann.

**Sie haben erwähnt, dass die moralische Ordnung in den meisten Religionen auf dem Wort Gottes beruht. Was ist die Grundlage der buddhistischen Moral?**

Die Grundlage der buddhistischen Moral ist die Wirklichkeit selbst. Dies ist die Ordnung des Universums, und es sind die Tatsachen des Lebens, mit denen wir in jedem Augenblick zu tun haben. Für einen Buddhisten ist es das Wichtigste, diese Tatsachen klar und genau zu sehen. Es geht darum, die reale Situation so zu erkennen, wie sie wirklich ist. Die buddhistische Moral ist dort, in dieser Situation selbst enthalten. Mit anderen Worten: Die buddhistische Moral hat keine andere Grundlage als die buddhistische Moral selbst. Um das zu verstehen, müssen wir erkennen, dass Moral kein theoretisches oder intellektuelles Problem ist. Moral ist vor allem ein praktisches Problem des Handelns. Es ist das Problem, was wir hier und jetzt tun, und die Antwort ist in dieser Situation selbst enthalten. Dies ist eine Tatsache und Tatsachen sind die Grundlage der buddhistischen Moral.

*In einem früheren Vortrag sagten Sie, dass es das Eingangstor zum buddhistischen Leben ist, wenn man die Gelöbnisse empfängt. Was bedeutet es, die Gelöbnisse zu empfangen?*

Die Gelöbnisse zu empfangen bedeutet: die formale Bestätigung unseres Willens, den buddhistischen Lehren zu folgen, und unsere klare Entscheidung, Buddhist zu werden. Wir „empfangen" dabei diese Gelöbnisse von unserem Meister in einer besonderen Zeremonie, um diese Entscheidung sichtbar zu machen.

*Könnten Sie die Zeremonie beschreiben?*

Ja, es ist eine einfache Zeremonie. Zu Anfang sagen diejenigen, die die Gelöbnisse empfangen, dass die Natur des Lebens sich dauernd verändert und dass sie die großen Gelöbnisse des Gautama Buddha empfangen wollen. Dann spricht der Meister jedes Gelöbnis laut vor und fragt den Schüler, ob er es einhalten kann. Der Meister fragt dieselbe Frage dreimal und der Schüler muss jedes Mal antworten: „Ja, ich kann." Wenn die Gelöbnisse so übertragen worden sind, sitzt der Schüler als Empfänger dieser Gelöbnisse auf dem Platz des Meisters, und der Meister lobt ihn, dass er die Gelöbnisse empfangen hat, und sagt, dass jene, die die Gelöbnisse empfangen haben, unmittelbar den Zustand von

Gautama Buddha erlangen. Sie stehen dann auf derselben Ebene wie Buddha. Sie sind dann Söhne und Töchter von Gautama Buddha. So werden die Empfänger der Gelöbnisse Buddhisten und Schüler des Meisters.

Es ist also eine einfache Zeremonie, aber ich glaube, dass sie sehr wichtig ist. Unser Leben erhält seine Form durch unsere Handlungen. Wenn wir entscheiden, den buddhistischen Lehren zu folgen, sollten wir diese Entscheidung formal bekräftigen, und die Zeremonie erfüllt genau diesen Zweck. Sie lässt unsere Entscheidung Wirklichkeit werden und gibt eine bestimmte Kraft und Energie, die uns sonst fehlen würde. Aufrichtige Buddhisten im Geist zu sein, ist gut, aber es ist natürlich nötig, dass wir diese Aufrichtigkeit in unserem Verhalten und Handeln verwirklichen und nicht nur im Geist. Buddhismus ist nicht nur eine Theorie, sondern etwas Wirkliches, etwas Aktives. Wenn wir daher den Buddha-Dharma studieren wollen, müssen wir etwas tun, denn Theorie allein reicht nicht. Zazen zu praktizieren, ist genau dieses Tun. Die Gelöbnisse zu empfangen, ist ebenfalls ein solches Tun. Durch diese Handlungen können wir die buddhistische Wahrheit erkennen und verwirklichen. Durch solches Handeln können wir wirkliche Buddhisten werden. Wenn wir die Gelöbnisse empfangen, können wir ein Leben des klaren Handelns, ein buddhistisches Leben, beginnen.

*Ich verstehe, dass der Buddhismus eine praktische Einstellung zur Moral und zu den Gelöbnissen hat, aber wenn wir unsere Fähigkeit, die Gelöbnisse einzuhalten, bezweifeln, was sollen wir dann tun? Sollen wir den Buddhismus dann so lange beiseitelassen, bis wir mehr Vertrauen zu uns selbst haben?*

Wenn wir den aufrichtigen Willen und die Motivation haben, die Gelöbnisse einzuhalten, ist es überflüssig, die Frage nach unserer Fähigkeit zu stellen, ob wir dies tun können. Die Gelöbnisse immer im Bewusstsein zu haben ist sehr wichtig, aber sie manchmal nicht einzuhalten, ist keine ewige Sünde. Es ist nur die Folge bestimmter konkreter Situationen in unserem Leben. In unserem langen Leben werden wir vielen solchen Situationen begegnen. Als Buddhisten erkennen wir diese Tatsache ruhig an und gleichzeitig bestätigen wir unsere Absicht, die Gelöbnisse während unseres gesamten Lebens einzuhalten. Dies ist unser Weg. Wir empfangen die Gelöbnisse und bestätigen sie und kennen ihren Wert und ihren Sinn in unserem Leben. Wir schätzen die Gelöbnisse, aber wir haben deswegen keine Ängste. Dies ist die Lehre von Meister Dogen, dies ist unser Weg. Die Gelöbnisse sind kein Selbstzweck, sondern sie sollen uns beim Handeln und Entscheiden in unserem Leben helfen.

# Kapitel 13:
# Handeln im Augenblick: Der Kern der buddhistischen Lehre

Die Erörterung im vorherigen Kapitel hat die sehr wichtige Frage des Handelns und der menschlichen Freiheit berührt. Gautama Buddha lehrte uns, die Gelöbnisse einzuhalten. Er lehrte uns, richtig zu handeln und nichts Falsches zu tun. Eine solche Lehre scheint die Freiheit des Menschen zum Handeln vorauszusetzen, denn wenn wir in der Lage sind, Richtiges zu tun, müssen wir frei sein und uns dafür entscheiden können. Aber Gautama Buddha lehrte uns auch das Gesetz von Ursache und Wirkung. Er lehrte uns zu sehen, wie die Dinge der Welt tatsächlich zustande kommen und wie sie zusammenhängen. Nichts entsteht ohne Ursache und losgelöst von anderen Zusammenhängen. Alle Dinge sind verbunden und voneinander abhängig. Unser Leben und das Universum selbst werden durch ungeheuer viele Ketten von Ursachen und Wirkungen erzeugt. Wenn solche Ketten entstehen, sich ausweiten und sich überschneiden, entsteht ein miteinander verbundenes Netzwerk von verursachenden Zusammenhängen, ein Netz, in das das Universum selbst eingebunden ist. Wie kann es aber in einem solch vernetzten Universum die Freiheit geben, sich zu entscheiden und das Richtige zu tun?

Dies ist philosophisch gesehen ein großes Problem. Wir haben das tiefe Gefühl, dass wir frei sein müssen, aber wenn wir uns die Ereignisse unseres Lebens und die Welt um uns herum anschauen, werden wir daran zweifeln müssen. Kann es sein, dass diese Freiheit eine Illusion ist? In der westlichen Welt ist das Problem der menschlichen Freiheit in der Tat das Zentrum philosophischer Fragen, Kontroversen und Erörterungen. Seit fast dreitausend Jahren ringen die großen Philosophen mit dem Konflikt zwischen freiem Willen und Determinismus.

Religiöse Führer und idealistische Denker bestehen normalerweise darauf, dass wir im Wesentlichen frei sind. Sie sehen uns als Meister unseres eigenen Schicksals. Wie wir wählen und wie wir entscheiden, sei das bestimmende Element unseres Lebens. Wir können also zwischen Gut und Schlecht, Richtig und Falsch, zwischen spirituellem Erwachen oder materieller Verödung entscheiden. Der Körper mag Gegenstand bestimmter physikalischer Gesetze sein, aber der Geist sei frei in Ewigkeit. So muss es sein, auf jeden Fall glauben sie daran.

Materialistische Philosophen sagen genau das Gegenteil, nämlich dass die Idee der menschlichen Freiheit Wunschdenken und Illusion sei. Wir sind demnach nicht wirklich frei. Unser Handeln, unser Leben und sogar unsere Gedanken werden bestimmt durch unsere Gene, durch unsere Familie, durch unsere Erziehung und unsere Gesellschaft usw. Der Verlauf der menschlichen Geschichte ist ihnen zufolge nur die Entfaltung des Gesetzes von Ursache und Wirkung, Freiheit nur eine schöne Illusion.

Die Philosophen dieser beiden Denkrichtungen haben jeweils beeindruckende und großartige Theorien zur Unterstützung ihrer Sichtweise entwickelt. Sie drängen uns, Partei zu ergreifen, damit wir die „Wahrheit" sehen können. Aber viele von uns ziehen es vor, sich dabei nicht festzulegen, weil wir das Gefühl haben, dass eine derartige Wahl zwischen den Extremen zu dogmatisch und zu weit reichend ist. Wenn wir die Lehre der idealistischen

Philosophen annehmen, müssen wir wohl die Erklärungen der Naturwissenschaft und die Verlässlichkeit unserer eigenen Sinneswahrnehmungen bezweifeln. Wenn wir aber auf der Seite der materialistischen Philosophie stehen und glauben, dass das Gesetz von Ursache und Wirkung immer gilt, müssen wir wohl die menschliche Freiheit und die Möglichkeit von moralisch richtigem Handeln verneinen. Es ist tatsächlich eine schwierige Wahl. Wir würden gern einen Kompromiss finden, einen Ausweg aus dem Dilemma, aber es gibt in der Tat zunächst keinen Ausweg. Wir müssen dieser Tatsache ins Auge sehen. Es ist eine Tatsache, dass wir nicht wirklich an die Freiheit und an das Gesetz von Ursache und Wirkung gleichzeitig glauben können, weil sie widersprüchlich und unvereinbar sind.

Manche Philosophen haben sich mit einer Wahrheit beschäftigt, die jenseits der unvereinbaren Wahlmöglichkeiten und des widersprüchlichen Glaubens an Freiheit oder Verursachung liegt. Indem sie die logische Schlussfolgerung der Dialektik benutzen, haben sie versucht, dieses dialektische Prinzip des Wechselspiels zwischen widersprüchlichen Meinungen aus dem Bereich des Denkens auf den Bereich der Entwicklung der gesamten Welt zu übertragen. Sie haben mit unterschiedlichem Erfolg versucht, eine Alternative zu den dogmatischen Standpunkten der dualistischen Denkweise des Idealismus und Materialismus zu finden. Indem sie alternative Sichtweisen und Denkansätze verwendet haben, hofften sie, aus dem Bereich der unvereinbaren Gegensätze zu einer beweglicheren und weniger fixierten Konzeption der Wirklichkeit zu kommen: eine monistische Konzeption, in der die getrennte Welt von Subjekt und Objekt in einer Sicht der Gesamtheit zusammengebracht wird, eine Sicht der Vollkommenheit und der Einheit.

Leider ist eine solche Sichtweise nur eine Vision, eine Art Bild. Dialektisches Denken ist nur das: eine Form des Denkens. Es ist auf den Bereich des Verstandes und des Denkens beschränkt. Im Bereich des Verstandes ist es aber ganz unmöglich, der dualistischen Welt wirklich zu entkommen. Obgleich die Dialektik eine ausgezeichnete Methode der Logik ist, waren die Philosophen, die sie benutzten, kaum in der Lage, die der Methode innewohnenden Grenzen zu überschreiten und die damit verbundenen Fehler zu vermeiden.

Der große Philosoph Hegel benutzte die Dialektik, um mehr als tausend Jahre des idealistischen westlichen Denkens zusammenzufassen. Er entwickelte ein Modell der Menschheit und des Universums, das den Geist als die grundlegende Wirklichkeit aller Dinge sah, und nannte ihn Weltengeist. Auf der anderen Seite stützten sich Philosophen wie Marx auf die dialektische Logik, aber lehnten die Idee des Geistes als Grundlage des Universums ab. Sie argumentierten, dass alle Dinge allein durch Materie und Energie verursacht werden und sich in ihrer jetzigen Form durch das unaufhebbare Wirken des Gesetzes der Verursachung entwickelt haben.

Auf diese Weise wurde die kontroverse Diskussion fortgesetzt und die Argumente wurden immer feiner und komplizierter, aber der grundsätzliche Konflikt blieb leider bestehen. Kein Philosoph hatte eine dialektische Methode gefunden, um die Trennung von Geist und Körper zu überwinden. Es gibt bei uns immer noch große Verwirrung über diese grundsätzlichen Fragen des Lebens. Der Lösung der fundamentalen philosophischen Probleme wie des Gegensatzes von Freiheit und Determinismus sind wir immer noch nicht nähergekommen.

Wenn die großen Philosophen nicht in der Lage waren, dieses Problem zu lösen, stellt sich die Frage, ob wir hoffen dürfen, selbst weiter zu kommen und die Wahrheit zu finden. In der Tat glaube ich, dass die Wahrheit uns allen durch die Lehren von Gautama Buddha zugänglich ist. Er lebte in einer einfacheren Zeit. Das philosophische Denken war noch nicht so weit entwickelt und verfeinert, aber die Probleme, mit denen sich die Menschen konfrontiert sahen, waren nicht grundsätzlich verschieden von denen, die wir heute lösen müssen. Er war ein ehrlicher Mensch, der versuchte, die Konflikte, die sein Herz und seinen Geist spalteten, zu lösen. Er war sich des Problems der Freiheit voll bewusst. Er suchte viele Jahre lang nach der vollständigen Freiheit, die damals von verschiedenen religiösen Denkern propagiert wurde, aber sie entzog sich ihm immer wieder. Er konnte z. B. nicht den Wirkungen vergangener Handlungen entkommen und er konnte nicht die Folgen der realen Tatsachen in seinem Leben ignorieren.

Daher war das zentrale Problem der westlichen philosophischen Geschichte auch das zentrale Problem im Leben Gautama Buddhas. War der Geist, der die Menschen fragen und nach Erfüllung suchen lässt, die höchste Kraft im Universum oder waren die Menschen für immer durch die materiellen Gesetze von Ursache und Wirkung festgelegt? Gautama Buddha kämpfte lange Zeit mit diesem Problem. Seine Bemühungen, diesen inneren Lebenskonflikt zu lösen, führten ihn weg von der rein philosophischen Erörterung zu einer Phase materialistischen Experimentierens und reinen Genießens. Schließlich fand er zu einem Leben des einfachen Handelns, einem Leben der Arbeit und einem Leben des schlichten Tuns. In einem solchen Leben entdeckte er die Lösung des Problems, das uns in der modernen Welt noch immer plagt. Die Lösung des Problems der Freiheit entwickelte sich bei Gautama Buddha direkt aus seiner eigenen Erfahrung. Seine Lehre war daher einfach, direkt und doch auch sehr fundiert. Wenn wir verstehen, wie Gautama Buddha den Konflikt zwischen Freiheit einerseits und Bestimmung durch Ursache/Wirkung andererseits gelöst hat, werden wir den Kern der buddhistischen Lehre selbst verstehen können.

Wie sieht nun seine Lösung aus? Wie ich schon gesagt habe, war Buddha ein ehrlicher, aufrichtiger Mensch. Er war sehr aufmerksam für das, was er in seinem Leben tun und was er lassen sollte. Er dachte viel über moralische Fragen nach und entdeckte, dass die Zeit dabei ein wichtiger Faktor war. Wenn er über Handlungen in der Vergangenheit nachdachte, erkannte er, dass manches Handeln falsch war. Er bedauerte die Fehler, die er begangen hatte, aber erkannte auch, dass dieses Bedauern die Lage nicht wirklich veränderte. Er konnte nämlich jene frühere Handlung nicht mehr rückgängig machen. Er konnte niemals in die Vergangenheit zurückkehren, um die früheren Fehler zu vermeiden. Dies war für ihn sehr bedrückend.

Als Gautama Buddha seine Aufmerksamkeit auf die Zukunft lenkte, wurde er sich eines anderen Gefühls bewusst. Die Möglichkeit, in der Zukunft richtig zu handeln, schien realistisch. Doch begann er, solchen hoffnungsvollen Gefühlen zu misstrauen, und fand heraus, dass sie meistens auf Träumen und Illusionen beruhten. Er hatte viele Hoffnungen und Pläne, aber er erkannte, dass solche Träume in der Zukunft kaum vollständig verwirklicht werden könnten, denn die Zukunft war selbst nur eine Idee, ein Gedanke. Sie war etwas, das nur in seinem Geist vorhanden war und keine Wirklichkeit und Substanz besaß. Man kann niemals wirklich in der Zukunft leben.

Schließlich erkannte Gautama Buddha, dass bei der Zeit nur der gegenwärtige Augenblick zählt und wirklich ist. Er konnte darüber nachdenken, was sich in seinem Leben, das sich von der Vergangenheit bis in die Zukunft erstreckte, ereignet hatte oder ereignen würde, aber er konnte nur im gegenwärtigen Augenblick wirklich leben und handeln. Dies war nicht nur für ihn selbst richtig, sondern für alle Menschen. In der Tat kann alles im Universum nur im gegenwärtigen Augenblick existieren. Daher untersuchte Buddha den gegenwärtigen Augenblick. Er studierte die wirkliche Zeit, die Zeit der wirklichen Existenz. Er studierte das wirkliche Leben, wie es Augenblick für Augenblick Wirklichkeit war. Ihm wurde klar, dass das Denken und Fühlen ihn meist von der Wirklichkeit im gegenwärtigen Augenblick wegführte. In der Tat konnte es nur mitten im Augenblick des Handelns geschehen, dass Vergangenheit und Zukunft wegfielen und die Klarheit des Seins da war. Im Zustand der Klarheit konnte er die Zeit und den Augenblick erfahren oder, um es anders auszudrücken, die Existenz, wie sie wirklich ist. Was er erfuhr, war das Jetzt, Jetzt, Jetzt. Jeder Moment war einzigartig und vollständig und, wenn man so will, vollkommen. Jeder Augenblick stand für sich in unabhängiger Größe und Würde, klar von der Vergangenheit getrennt und klar von der Zukunft abgegrenzt. Aber ein Augenblick konnte niemals vollständig mit dem Verstand erfasst werden, denn er war zu kurz und zu flüchtig. Er war nur ein Aufblinken, ein augenblicklicher Blitz von etwas. Dieses augenblickliche Aufblitzen war in der Tat alles, es war sein Leben und es war die Wirklichkeit. Es war das Universum selbst.

Auf diese Weise entdeckte Buddha, dass das Universum, in dem wir leben, nur im Augenblick wirklich ist und direkt erfahren werden kann. Diese Entdeckung gab ihm eine neue Sichtweise und ein neues Denken über das Leben und die philosophischen Probleme, die ihn in der Vergangenheit so sehr beunruhigt hatten. Er entwickelte eine Lehre, die wir die Philosophie des augenblicklichen Universums nennen können. Entsprechend dieser Lehre ist die Zeit wie ein Lichtblitz. Wenn das Licht aufblitzt, erscheinen wir und gleichzeitig erscheint das Universum. Wenn das Licht verlöscht, verschwinden wir und das Universum auch. Unser Leben ist eine lange Kette solcher Blitze von Augenblicken: ein fortwährendes Erscheinen und Verschwinden des Lebens, des Universums und unserer selbst.

Eine solche Lehre unterscheidet sich radikal von unserer herkömmlichen Vorstellung von Zeit. Wir stellen uns Zeit normalerweise als eine klare Linie vor, die von der weit entfernten Vergangenheit in die Zukunft führt. Aber ein solches Verständnis ist nur ein Konstrukt des Verstandes, eine Interpretation, die auf dem Gedächtnis und auf Zukunftsvorstellungen beruht. Eine solche verstandesmäßige Interpretation legt den Schwerpunkt auf die Vergangenheit und die Zukunft, aber vernachlässigt meist den Augenblick der Gegenwart, weil dieser Augenblick hier und jetzt jenseits unserer Reflexion ist und weil er mit dem Geist und dem Verstand nicht erfasst werden kann. Der Verstand arbeitet mit dem, was er kann, er wandert von der Vergangenheit in die Zukunft und zieht unsere Aufmerksamkeit immer wieder von der gegenwärtigen Zeit ab, obgleich diese die Wirklichkeit ist. In der Tat leben wir die meiste Zeit unseres Lebens in der geistigen Welt unserer Träume und Erinnerungen. Indem wir geistig einmal in der Vergangenheit und ein anderes Mal in der Zukunft verweilen, werden wir hin- und hergezogen in einer Welt von ständig sich ändernden Sichtweisen, Erinnerungen und Standpunkten, in einer Welt der Verwirrungen und der Widersprüche. Philosophische Zweifel sind ein unausweichlicher Teil dieser Art zu leben. Wir suchen nach der Wahrheit in den Mustern vergangener

234

Zusammenhänge von Ursache und Wirkung oder träumen von Freiheit und Glück in zukünftigen Tagen. Wir fragen uns, was eigentlich wirklich ist: die Welt unserer Erinnerungen oder die Welt unserer Träume, die Welt der unveränderlichen Tatsachen oder die Welt der unbegrenzten Möglichkeiten.

Gautama Buddha lebte viele Jahre lang in dieser verwirrten Welt von Unklarheiten. Er hatte seine eigenen Träume und Erinnerungen, seine eigenen schmerzhaften Zweifel und philosophischen Fragen. Sein Leben war auf ähnlichen Ideen und Annahmen aufgebaut wie das unsrige und er unternahm gewaltige Anstrengungen, um die Konflikte zu lösen, die durch solche Ideen in seinem Leben entstanden waren. Von einem bestimmten Zeitpunkt an begann er jedoch, sich zu entspannen und auf einfache Weise zu leben. Er entdeckte die Erfüllung, Zazen zu praktizieren, und durch diese Übungspraxis erreichte er ein natürliches Gleichgewicht und eine wunderbare Balance in Klarheit und Frieden. In diesem Zustand des natürlichen Gleichgewichts hatte er die Erfahrung von Zeit, wie sie wirklich ist. Er nahm die wirkliche Natur der Zeit wahr und verstand sie, und durch dieses Verständnis überwand er seine früheren Vorstellungen und Theorien über sein Leben und das Universum.

Er erkannte, dass es in Wirklichkeit keinen tatsächlichen Widerspruch zwischen der Freiheit und dem Gesetz von Ursache und Wirkung gibt. Im Augenblick, in der Gegenwart, war er frei: Frei, um seinen Weg zu wählen, frei, zu handeln oder auch nicht zu handeln. Aber der Augenblick selbst entstand nicht durch irgendwelche Magie. Er konnte nur als Ergebnis einer langen Kette von Augenblicken erscheinen, die in ihrer Existenz aufleuchteten, einer nach dem anderen, in der Vergangenheit. So hatte die Vergangenheit die Möglichkeiten geschaffen, die in der gegenwärtigen Situation enthalten sind, und der Augenblick hier und jetzt trägt das Gewicht der Vergangenheit und ist von ihr geprägt. Als Gautama Buddha über die Beziehung zwischen dem gegenwärtigen Augenblick und der Vergangenheit nachdachte, konnte er stets das Gesetz von Ursache und Wirkung finden, aber im wirklichen Leben hier und jetzt war er im Augenblick frei. Er hatte also die Macht, entsprechend seiner eigenen intuitiven Entscheidungen zu leben. Sein Leben war auf diese Weise zwar an die Vergangenheit gebunden, aber zur gleichen Zeit frei. Dies war die Lösung, die Gautama Buddha für den Widerspruch zwischen Freiheit und Vorausbestimmung durch Ursache und Wirkung fand. Im gegenwärtigen Augenblick sind wir beides, frei und gebunden. Es erscheint wie ein seltsamer Widerspruch, wie ein Paradox, aber es ist die Wirklichkeit unseres Lebens. Jeder von uns macht solche Erfahrungen in seinem Leben.

Das buddhistische Konzept der Zeit und des Universums, das nur im gegenwärtigen Augenblick existiert, ist Teil der umfassenderen Lehre des Buddhismus über das Handeln. Gautama Buddha erklärte, dass das Leben im Wesentlichen aus Handlungen im Hier und Jetzt besteht. Das Leben und das Handeln sind daher durch zwei Größen bestimmt: durch Zeit und Raum. „Hier" ist die Bestimmung des Ortes. „Jetzt" ist die Bestimmung der Zeit. Unser wirkliches Leben kann nicht außerhalb des konkreten Ortes und der konkreten Zeit existieren. Mit anderen Worten ist die Situation hier und jetzt unser wirkliches Leben. Von diesen beiden bestimmenden Größen ist die Zeit schwieriger zu verstehen als der Ort, und aus diesem Grund ist die Lehre eines Universums, das fortwährend im Augenblick entsteht, so wichtig.

Meister Dogen sah diese Theorie als die Grundlage des Buddhismus überhaupt an. In seinen Schriften verdeutlicht er diese Lehre

aus ungewöhnlichen Perspektiven und Sichtweisen und beleuchtet
so alle wesentlichen Probleme. Es erscheint oft, als ob er eine subjektive und objektive Interpretation der Wirklichkeit zurückweist,
um einem transzendenten Realismus Platz zu machen. Ein solcher
Realismus sieht alle Dinge so, wie sie im Augenblick hier und jetzt
sind. Manchmal ist diese Theorie nur impliziert, aber oft spricht
Meister Dogen auch direkt von der Augenblicklichkeit des Lebens
und des Universums. Eine solche Textstelle wird in dem Kapitel
des *Shobogenzo* mit dem Titel „Die Erweckung des Bodhi-Geistes"
wiedergegeben:

*„Im Allgemeinen beruhen die Erweckung des Geistes und die Verwirk-
lichung der Wahrheit auf dem augenblicklichen Entstehen und Vergehen
aller Dinge. Wenn [alle Dinge] nicht augenblicklich entstehen und wieder
vergehen würden, könnte das Unrecht, das im vorherigen Augenblick
begangen wurde, nicht fortgehen. Wenn das Unrecht, das im vorherigen
Augenblick begangen wurde, noch nicht fortgegangen wäre, könnte das
Rechte im Augenblick nicht verwirklicht werden. Nur der Tathagata
kennt in aller Klarheit die Dauer dieses Augenblicks. [Es heißt,] dass der
Geist ein gesprochenes Wort zu einer Zeit erzeugen kann und dass die
Sprache ein geschriebenes Wort zu einer Zeit ausdrücken kann. Diese
Lehre ist ebenfalls nur vom Tathagata, sie ist jenseits der Fähigkeit anderer Heiliger. Etwa in der Zeit, in der ein Mann einmal mit dem Finger
schnippen kann, gibt es fünfundsechzig ksanas (Augenblicke), [in denen
jede] der fünf Komponenten des Menschen (skandas) entsteht und vergeht, aber kein gewöhnlicher Mensch hat dies jemals wahrgenommen oder
kennt es. Auch normale Menschen kannten die Länge einer Zeitspanne
von einhundertzwanzig ksanas (Augenblicken). Im Laufe eines Tages
und einer Nacht gibt es 6 500 990 980 ksanas (Augenblicke). [In jedem
von ihnen] entstehen und vergehen die fünf Komponenten des Menschen*

(skandas), aber normale Menschen nehmen dies nicht wahr und wissen dies nicht. Weil sie es nicht wahrnehmen oder wissen, erwecken sie nicht den Bodhi-Geist. Wer den Buddha-Dharma nicht kennt und nicht an den Buddha-Dharma glaubt, glaubt auch nicht an das Prinzip des augenblicklichen Entstehens und Vergehens aller Dinge und Phänomene. Wer die Schatzkammer des wahren Dharma-Auges des Tathagata und den wunderbaren Geist des Nirvana geklärt hat, glaubt unausweichlich an die Wahrheit des augenblicklichen Entstehens und Vergehens aller Dinge und Phänomene. Wenn wir der Lehre des Tathagata jetzt begegnen, fühlen wir, als ob wir dies klar verstanden haben, aber wir sind uns nur der [langen] Perioden des tatksana [von einhundertzwanzig Augenblicken] oder längerer Perioden bewusst, und wir glauben nur, dass das Prinzip wahr sei. Unser Unvermögen, alle die Dharmas des Weltgeehrten zu klären und unser Unvermögen, alle die Dharmas zu kennen, die der Weltgeehrte gelehrt hat, ist dasselbe wie unser Unvermögen, die Länge eines ksanas (Augenblick) zu kennen: Die Schüler sollen niemals aus Nachlässigkeit stolz werden. Wir sind nicht nur unwissend über das extrem Kleine, wir sind auch unwissend über das extrem Große. Auch gewöhnliche Wesen sehen die dreitausendfache Welt, wenn wir auf der Kraft der Wahrheit des Tathagata aufbauen. Zusammengefasst kann gesagt werden: Wenn wir von der lebenden Existenz in die mittlere Existenz gehen und von der mittleren in die nächste lebende Existenz, bewegen sich alle Dinge in einer fortlaufenden Kette, ksana (Augenblick) nach ksana (Augenblick). So geht der Kreislauf von Leben und Tod voran, ohne einen einzigen Augenblick anzuhalten, unabhängig von unseren Absichten und Wünschen und gelenkt von dem vorherigen Handeln im Leben.

Mit dem Körper-Geist, der auf diese Weise durch den Kreislauf von Leben und Tod gefegt wird, sollten wir sogleich den Bodhi-Geist erwecken. Der Bodhi-Geist ist der Wille, andere zu befreien, bevor wir selbst *die Befreiung erlangen. Auch wenn wir auf dem Weg sind, den Bodhi-Geist zu erwecken, [aber] unseren Körper-Geist nur ungern hergeben, wird er geboren, wird alt, krank und stirbt; am Ende ist es nicht unser eigener Besitz."*

Die Worte von Meister Dogen erscheinen ziemlich hart und kompromisslos, aber in Wirklichkeit ist seine Botschaft sehr mitfühlend. Er zeigt uns unsere wirkliche Lebenssituation. Er drängt uns, aufzuwachen und die Dinge so zu sehen, wie sie wirklich sind. Es ist natürlich nicht einfach, die gewöhnliche Art unseres Denkens beiseitezuschieben, und es ist nicht einfach, die übliche Vorstellung von Zeit zu überwinden; aber die Wahrheit besitzt eine große Kraft. Wenn wir die Kraft der Lehren Gautama Buddhas benutzen, können wir die Art und Weise, wie wir die Welt sehen, verändern, und wir können auch damit beginnen, unser Leben wirklich zum Besseren zu wenden.

Wir leben im Augenblick der Gegenwart. Dies ist wirklich eine sehr einfache Lehre. Es ist zunächst aber gar nicht so leicht einzusehen, warum eine solche einfache Lehre unser Leben verändern sollte. Wenn wir diese Aussage jedoch genauer untersuchen, werden wir es schwierig finden, viele bisherige Annahmen und Vorstellungen über unser Leben aufrechtzuerhalten. Der jetzige Augenblick ist unser Leben, ist unsere Wirklichkeit. Die Vergangenheit und die Zukunft gibt es nur in unserem Gehirn, sie sind Erinnerungen oder Hoffnungen, Fantasien und Ängste, aber keine Wirklichkeit. Der gegenwärtige Augenblick ist alles. Im gegenwärtigen Augenblick können wir leben und können wir handeln. Wenn wir handeln, gibt es keinen Unterschied mehr zwischen Körper und Geist. Wenn wir handeln, sind das handelnde Subjekt, das Objekt und die externe Welt eine Einheit. Dies sind die wesentlichen Inhalte der Lehre

Gautama Buddhas. Wenn wir diese Eckpunkte der Lehre in unserem Leben ebenfalls zu erkennen beginnen, müssen wir natürlich unsere bisherige Sichtweise ändern. Verstand und Körper, Geist und Materie, freier Wille und Determinismus – sie sind alles Dualitäten, die allein unserem Denken entspringen. Im gegenwärtigen Augenblick kann es solche Dualitäten nicht geben. Es gibt nur diesen Ort, diese Zeit, diese Handlung, dieses Leben, diese Existenz und dieses Universum: jetzt, jetzt, jetzt.

Wenn wir diese Lehre praktisch anwenden, können wir meines Erachtens die Konflikte unserer großen Kulturen viel besser lösen. Wenn wir diese Lehre benutzen, können wir die Einheit von Körper und Geist, Verstand und Materie finden. Wenn wir diese Lehre benutzen, können wir einen neuen Weg finden, um die Widersprüche zwischen Idealismus und Materialismus zu überwinden und beide zusammenzuführen. Wenn wir diese Lehre zu einem selbstverständlichen Teil unseres täglichen Lebens machen, können wir kraftvoll und zugleich friedlich in der Erkenntnis leben, dass unser Leben sowohl frei als auch festgelegt ist. Wir können ein neues Leben beginnen, ein neues Leben in einem neuen Universum.

**Fragen und Antworten**

*Warum erfahren wir die Zeit nicht in der Weise, wie sie nach Ihrer Aussage in Wirklichkeit ist?*

Ich denke, in Ihrer Frage steckt selbst ein Problem. Das Problem, was eigentlich wirklich „Erfahrung" ist. Wir haben die Neigung, das Denken, die Bewertung und Interpretation der Erfahrung mit der wirklichen unmittelbaren Erfahrung zu verwechseln. Unsere normale Sichtweise der Zeit ist eine solche Interpretation und damit eine verstandesmäßige Erklärung und Bewertung. Wir können die Vergangenheit nicht wirklich erfahren und wir können die Zukunft genauso wenig erfahren. Wir können beide zwar denken, aber dies ist eine Tätigkeit des Verstandes und nicht die wirkliche Erfahrung. Im Gegensatz dazu können wir den gegenwärtigen Augenblick nicht wirklich denken, aber wirklich erfahren. Wir können einen Augenblick nicht isolieren und im üblichen Sinne beobachten und untersuchen. Wir können ihn nur leben und direkt erfahren. Wenn wir wirklich voll und ganz im Augenblick leben, gibt es in dieser Wirklichkeit gar keine „Zeit", denn die Zeit gibt es nur in unserem Denken. Der Augenblick existiert in der Wirklichkeit. Den Augenblick können wir also als Wirklichkeit erfahren, während wir die Vergangenheit und Zukunft nur denken können.

Ich finde es hilfreich, die Beziehung zwischen unserer üblichen Vorstellung der Zeit und Gautama Buddhas Lehre dadurch zu verstehen, dass wir uns an die Definition einer Linie in der Geometrie erinnern. Entsprechend dieser Definition ist die Linie eine Reihe von Punkten. Jeder Punkt ist zwar getrennt und unabhängig, aber die Verbindung der Punkte, einer neben dem anderen, ergibt die Linie. Die Punkte selbst sind keine Linie, aber wenn man sie aus einer gewissen Entfernung anschaut, erscheinen sie als eine zusammenhängende Linie. Im selben Sinne ist der gegenwärtige Augenblick ein Punkt, und wenn wir viele Augenblicke mit dem Verstand betrachten, ergibt sich der Eindruck einer Linie: die lange und scheinbar fortlaufende Linie unserer üblichen Vorstellung der Zeit von der Vergangenheit in die Zukunft.

Wenn wir uns die Zeit vorstellen, ist dies in der Tat ein Vorgang des Denkens. Wenn wir die Zeit aber direkt leben und erfahren, dann handeln wir und denken nicht. Leider neigen wir oft dazu, mehr Zeit unseres Lebens für Gedanken und Ideen als für das einfache und direkte Handeln zu verwenden. Wir sind zu sehr mit Gedanken beschäftigt und sind zu sehr mit dem Verstand aktiv, als dass wir sehen, was sich wirklich abspielt. Es gibt dabei keine ruhigen Bereiche in unserem Leben. Alle Lücken füllen wir mit unserem mentalen „Geplapper". Ich denke, dies ist der Grund dafür, dass die übliche verstandesmäßige Interpretation der Zeit so real erscheint. Wir haben unsere Fähigkeit verloren, zwischen der gedachten und der wirklichen Welt zu unterscheiden. Wir müssen diese Fähigkeit unbedingt wieder erlernen. Wir benötigen Raum in unserem Leben, damit wir die Bedeutung direkter Erfahrung zurückgewinnen können. Wir müssen zur wirklichen Welt zurückkehren, zur Welt des Augenblicks: Hier und jetzt, das ist die Wirklichkeit.

*Es ist immer noch schwierig für mich zu verstehen, dass die Zeit aus getrennten Augenblicken besteht. Wir bewegen uns und handeln, unsere Handlungen erscheinen fließend und zusammenhängend. Die buddhistische Lehre steht meines Erachtens im Gegensatz zu dieser einfachen Beobachtung des Lebens.*
Wenn wir einen Film, ein Video oder eine DVD ansehen, bewegen sich die Figuren sehr natürlich und fließend auf der Leinwand oder auf dem Bildschirm. Es erscheint uns niemals so, als sähen wir wirklich eine Folge von einzelnen Bildern, aber genau so ist es. Ein Film ist ein langer Streifen, der in viele einzelne Bilder unterteilt ist. Jedes Bild ist für sich ein vollständiges und eigenständiges Bild und hat keine direkte Verbindung zu dem vorherigen oder dem nachfolgenden Bild. Wenn aber der Film durch den

Projektor läuft, verschwinden die Lücken zwischen den Bildern und wir sehen die Szenen, in denen die Bewegungen natürlich und fließend aussehen. Dies liegt daran, dass unsere Augen dann die einzelnen Bilder nicht mehr getrennt sehen können. Daher steht die buddhistische Lehre der Zeit nicht wirklich im Widerspruch zu unseren Sinneseindrücken von der Welt. Wir müssen uns daran erinnern, dass die Augenblicke unseres Lebens sehr kurz und schnell vorüber sind. Wenn sie aufleuchten und vergehen, geht unser Leben sanft und fließend voran, Augenblick nach Augenblick nach Augenblick.

*Im Verhältnis zur Schnelligkeit, mit der die Augenblicke kommen und gehen, scheinen wir Menschen verhältnismäßig träge und langsame Lebewesen zu sein. Es ist schwierig einzusehen, wie wir innerhalb eines einzigen Augenblicks frei handeln können.*

Ich denke, dass die Wissenschaftler, die das Gehirn und das Nervensystem studieren, Ihre Beschreibung genauer erörtern könnten. Es ist wohl sicher, dass die Nervenimpulse durch den Körper mit einer gewissen endlichen Geschwindigkeit übertragen werden. In jedem Fall sollten wir erkennen, dass das, was wir normalerweise als einen zusammenhängenden Ablauf wahrnehmen, eine komplizierte Serie vieler einzelner Aktionen ist. Jede dieser einzelnen Aktionen ereignet sich in einem bestimmten Augenblick der Zeit und in vielen Fällen gibt es dabei die Möglichkeit der Entscheidung und der Wahl: Eine Entscheidung, etwas zu tun oder etwas nicht zu tun, wird im Augenblick gefällt. Diese Entscheidungen gelangen normalerweise nicht ins Bewusstsein. Sie sind unbewusst, spontan und direkt. So wie die spontanen Entscheidungen z. B. eines Baseballspielers, der seine Bewegung wegen der Kürze der Zeit kaum bewusst überprüfen und steuern kann. Ähnliches gilt für die intuitive Entscheidung eines Fotografen, in einem bestimmten Moment einen Schnappschuss zu machen. Wir fällen unzählige derartige Entscheidungen an jedem Tag, und diese einfachen und direkten Entscheidungen sind maßgeblich für den Ablauf unseres Lebens.

Selbstverständlich folgt eine Handlung normalerweise einer anderen Handlung, wenn wir uns nach den gewohnten Mustern verhalten. In diesem Sinne sind wir an die Vergangenheit gebunden, und dies entspricht der ablaufenden Folge von Ursache und Wirkung. Aus diesem Grund erscheint es oft so, als ob wir keine Wahlmöglichkeit hätten, keine Kontrolle über unser Leben, aber wir haben in der Tat diese Möglichkeit zu wählen. Jeder Augenblick unserer Existenz gibt uns die Möglichkeit, unseren Weg zu wählen. Wir können unser Ziel und unsere Bestimmung im Augenblick der Gegenwart ansteuern. Das ist unsere Freiheit, und die sollten wir nutzen.

Ich vergleiche manchmal unsere Freiheit im Handeln des Augenblicks mit einer Perle, die auf der Schneide einer Rasierklinge balanciert wird. Es ist vielleicht ein seltsames Bild, aber stellen Sie sich bitte die Schneide einer Rasierklinge vor. Nun legen Sie eine Perle auf die Schneide und halten Sie diese mit Ihren Fingern im Gleichgewicht. Wie wird die Perle fallen, wenn Sie Ihre Finger wegnehmen? Wir können das nicht vorhersagen, nicht wahr? Das Ergebnis kann durch den kleinsten Lufthauch oder einen anderen Einfluss bestimmt werden, z. B. durch die leiseste Berührung mit dem Finger. Ich glaube, dass das Leben der Menschen im gegenwärtigen Augenblick dieser Perle auf der Rasierklinge gleicht. Alles ist sehr veränderlich. Die Zielrichtung kann in

244

jedem Augenblick durch eine kleine Willensanstrengung geändert werden. Dies ist die Kraft der Entscheidung und der Freiheit im gegenwärtigen Augenblick. In solchen Augenblicken sind wir wirklich frei: frei zu wählen, frei zu handeln, frei, unseren eigenen Weg in einer komplizierten Welt zu finden. Diese Freiheit, im Augenblick zu entscheiden, müssen wir unbedingt nutzen.

*Nach der buddhistischen Lehre ist die Gegenwart die einzig wirkliche Zeit, nicht wahr?*
Ja, ja, ja.

*Daher ist die Zukunft nur eine Idee und eine Illusion?*
Ja.

*Und die Vergangenheit ist genauso nur eine Erinnerung?*
Ja, auf eine bestimmte Art und Weise ist das richtig.

*Dann ist das Gesetz von Ursache und Wirkung also ebenfalls nicht wirklich, oder?*
Nun gut, dies können wir vielleicht so ausdrücken, aber wir sollten uns darüber im Klaren sein, was wir mit „nicht" wirklich meinen. Aus buddhistischer Sicht ist Ursache und Wirkung nicht etwas, das tatsächlich physikalisch existiert wie Materie oder Energie. Wir verstehen es eher als eine Theorie oder Erklärung. Wir schätzen diese Theorie als ein sehr nützliches Instrument, um vieles in unserem Leben besser zu verstehen, und wir akzeptieren die Theorien von Wissenschaftlern und anderen, die ihre Erkenntnisse auf der Grundlage von Ursache und Wirkung aufbauen. Aber gleichzeitig sollten wir uns daran erinnern,

dass Ursache und Wirkung an sich eine Theorie ist. Wir können niemals die Existenz von Ursache und Wirkung in unserem wirklichen Leben direkt bestätigen und verifizieren, weil unser wirkliches Leben aus Augenblicken der Gegenwart besteht. Im gegenwärtigen Augenblick haben wir keine Zeit, auf Ursache und Wirkung zu achten, keine Zeit für die genaue Analyse. Unser wirkliches Leben ist Handeln, wir handeln hier und jetzt.

Daher bringt uns Ihre Frage zu dem Problem zurück, das wir bereits vorher behandelt haben: die verschiedenen möglichen Sichtweisen der Welt. Wenn wir das Leben als Idealist betrachten, ist das Universum etwas Ewiges und Unbegrenztes. Dann wäre der Geist die Grundlage der Wirklichkeit und diese Wirklichkeit des Geistes kann mit dem Gesetz von Ursache und Wirkung übereinstimmen oder nicht. Wir könnten dann zu jeder Zeit und immer frei sein: im Augenblick, in der Zukunft und sogar in der Vergangenheit. Materialisten analysieren auf der anderen Seite alle Tatsachen objektiv und vielleicht wissenschaftlich. Für sie ist alles endlich und an Ursache und Wirkung gebunden. Sie sehen die Wissenschaft und das rationale Denken als ihre Bundesgenossen, als ihre wichtigste Quelle für die Bestätigung ihres Glaubens und ihrer Weltanschauung, und sie lehnen es oft ab, unwissenschaftliche Fragen wie die nach moralischen Wahlmöglichkeiten oder menschlicher Freiheit überhaupt zu behandeln. Für Buddhisten sind die Sichtweisen der Idealisten und der Materialisten jeweils für sich genommen beide falsch oder besser gesagt unvollständig und einseitig. Buddhisten werden nicht von dem unlösbaren Rätsel der Ewigkeit verführt, noch werden sie durch die harten und negativen Tatsachen auf dieser Erde entmutigt. Die Fragen und Ideen, die die Aufmerksamkeit ihrer idealistischen und materialistischen Zeitgenossen in Anspruch nehmen, lenken sie nicht von ihrem wirklichen Lebensinhalt ab. Dieser Inhalt ist das wirkliche Leben, wie es im gegenwärtigen Augenblick erscheint. Im gegenwärtigen Augenblick können sie handeln, können sie etwas tun. Hier und jetzt etwas zu tun, ist in der Tat das Einzige, was wirklich möglich ist, aber das ist sehr viel. Das ist unser Leben. Das ist unsere Wirklichkeit. Daher handeln wir. Wir wählen und entscheiden, etwas zu tun oder etwas nicht zu tun, und indem wir solche Entscheidungen fällen, finden wir die wirkliche Freiheit und Freude in unserem Leben. Buddhisten hören natürlich nicht auf, sich Gedanken zu machen und Vorstellungen zu haben. Sie machen ihre Pläne für die Zukunft und erinnern sich an die Vergangenheit wie andere auch. Aber im Unterschied zu ihren idealistischen und materialistischen Zeitgenossen sind sie nicht gefangen durch diese Sichtweisen, die jene voneinander trennen. Sie sehen den Idealismus und Materialismus als wichtige Werkzeuge an, mit denen man bestimmte Seiten des Lebens und Universums interpretieren kann, aber sie lehnen es ab, sich in deren dogmatischen und widersprüchlichen Sichtweisen zu verfangen. Sie haben eine freiere Sicht, die die Dinge aus einer Perspektive des Gleichgewichts sieht, und erkennen das wirklich Wichtige in jeder Lebenssituation. Daher lehnen Buddhisten Ursache und Wirkung nicht ab, haben aber auch nicht die fatalistische Sicht, dass alles im Leben schon festgelegt und unausweichlich sei. Sie versuchen einfach, ihr Bestes zu tun, Augenblick für Augenblick, und wissen, dass sie beides sind: frei und gebunden, und dadurch können sie erfüllt handeln und leben.

# Kapitel 14:
# Die Übungspraxis des Zazen

In den bisherigen Kapiteln dieses Buches haben wir wichtige Bereiche der Lehre Buddhas behandelt. Wir haben über verschiedene Theorien und Interpretationen der Wirklichkeit gesprochen: über Idealismus, Materialismus und Lehren über die Zeit, den Augenblick und das Handeln. Solche Erörterungen sind immer spannend. Ich spreche gern über die buddhistische Lehre und vergleiche sie mit westlichem philosophischem Denken. Wenn wir uns solchen geistigen Aktivitäten hingeben, geschieht es leicht, dass wir den ursprünglichen Zweck der Philosophie selbst vergessen. Das Ziel der Philosophie ist es selbstverständlich, unser Leben besser zu verstehen. Dabei nehmen wir an, dass wir das Leben besser meistern und weniger leiden, wenn wir es verstehen. Diese Annahme ist naheliegend, aber wir sollten sie einmal genauer untersuchen. Kann die Philosophie wirklich helfen, dass wir ein besseres Leben führen? Kann eine Theorie unser Leben positiv verändern und die wirklichen Probleme des Lebens lösen?

Bevor wir versuchen, diese Frage zu beantworten, sollten wir uns noch einmal der Bedeutung der Theorie des Handelns zuwenden. Das Wichtigste dieser Theorie ist, dass wir beim wirklichen Leben hier und jetzt ansetzen, und dies ist grundsätzlich etwas anderes als das Denken. Es ist etwas, das im gegenwärtigen Augenblick da ist und das durch unsere Anstrengung, unser Handeln hier und jetzt verwirklicht wird. Das Denken ist ein völlig anderer Bereich als das Handeln. Das Denken mag wie das Bild der Wirklichkeit in einem Spiegel aussehen, und es ist tatsächlich nicht mehr als ein Bild, also eine Art Illusion. Daher muss der Bereich des Denkens von der wirklichen Welt des Handelns immer grundsätzlich unterschieden werden. Denken und Handeln hängen sehr oft überhaupt nicht direkt und unmittelbar zusammen. Ich glaube sogar, dass die Theorie des Handelns einen gewissen Widerspruch in sich selbst darstellt, da versucht wird, die wirkliche Welt des Handelns in Form einer Theorie zu beschreiben. Wesentlich ist, dass die Welt des Handelns niemals durch rein intellektuelle Untersuchungen und Anstrengungen vollständig erkannt werden kann. Wir können denken, analysieren, hoffen und träumen, aber bevor wir etwas nicht wirklich tun, wird sich nichts wirklich verändern und hat sich die Wirklichkeit selbst nicht verändert.

Was bedeutet dies in Bezug auf die Frage, ob Philosophie allein die wirklichen Probleme des Lebens lösen kann oder nicht? Ich denke, die Antwort auf diese Frage muss negativ sein: Nein, eine Theorie allein kann unser Leben nicht positiv verändern. Die Philosophie allein kann noch nicht einmal das einfachste Problem der Welt lösen. Wir mögen die Philosophie von heute bis in die Ewigkeit studieren und wissen immer noch fast nichts über die Wirklichkeit selbst. Wir mögen sogar eine Theorie des Handelns studieren und dabei alle möglichen Feinheiten und Verzweigungen entdecken und erkennen, aber damit haben wir das Handeln selbst noch nicht verwirklicht und auch nicht verbessert. Diese Tatsache zu verstehen ist, denke ich, von äußerster Wichtigkeit für uns. Sich nur um Philosophie und Theorien für unser Seelenheil zu kümmern, ist nicht viel anderes, als in schönen oder schlechten Illusionen, Ideen und Traumwelten zu wandern. Den Buddhismus allein mit dem Verstand und dem Geist zu studieren, ist daher eine Verschwendung von Zeit – eine

Verschwendung des Lebens selbst. Wenn der Buddhismus für unser wirkliches Leben Wert haben soll, müssen wir die buddhistischen Methoden des Handelns und Arbeitens in der wirklichen Welt direkt entdecken, erlernen und realisieren. Wir müssen dem Buddhismus in eine Welt jenseits des Denkens folgen, jenseits von Theorie und Interpretation. Wir müssen den Bereich finden, in dem Buddhismus und Wirklichkeit eine Einheit sind: Das ist der Bereich der buddhistischen Übungspraxis oder des buddhistischen Handelns. Es ist der Bereich des Zazen.

Zazen ist keine Methode des Denkens über die Wirklichkeit. Es ist auch keine Methode, unser Leben verstandesmäßig zu begreifen. Wenn wir Zazen praktizieren, sitzen wir in der Wirklichkeit selbst. Wenn wir in der Wirklichkeit selbst sitzen, können wir uns selbst erkennen. Wir können sehen, wie wir hier in der Wirklichkeit sitzen, und wir können die äußere Welt sehen als das, was sie ist. Dann können wir herausfinden, dass die sogenannte äußere Welt überhaupt nicht „extern" ist, sondern uns selbst mit einschließt und einbezieht. Auf diese Weise können wir die Wirklichkeit, die uns selbst mit einbezieht, direkt erfahren. Wir können in der Tat die Wirklichkeit realisieren und eins mit ihr werden.

Wenn wir mit der Wirklichkeit eins werden, sind wir auf natürliche Weise in der Lage, den Regeln der Wirklichkeit und damit den Regeln des Universums zu folgen. Gautama Buddha lehrte uns, dass man glücklich wird, wenn man den Regeln des Universums folgt. Dies ist das Glück selbst. Daher können wir von Zazen sagen, dass dies der Weg zum Glück, zum Kern des Glücks selbst ist. Meister Dogen hatte dasselbe Verständnis, als er sagte: „Zazen ist nicht das Erlernen, den Geist zu konzentrieren. Es ist nur das friedliche und freudvolle Tor zum Dharma. Es ist das Praktizieren und Erfahren der vollkommen verwirklichten Wahrheit." Für Meister Dogen war der Buddhismus nicht komplex oder schwierig. Er war einfach die Praxis des Zazen. Er sagte: „Zazen zu praktizieren ist Buddhismus ... Buddhismus ist die Praxis des Zazen." Dies waren seine Worte, sein Verständnis und seine feste Überzeugung. Für Meister Dogen war Zazen der ganze Buddhismus.

Leider ist dies nicht das allgemein übliche Verständnis der buddhistischen Praxis. Einige buddhistische Schulen betrachten die Praxis eher als ein Hilfsmittel, um mit großer Anstrengung die Erleuchtung zu erlangen. Sie lehren, dass das Erlangen der Erleuchtung das große ferne Ziel der buddhistischen Praxis sei. Meister Dogen lehnte solche Lehren strikt ab. Er vertrat die Ansicht, dass die Praxis des Zazen die Erleuchtung selbst sei. Er sagte, dass jede Lehre, die die Übungspraxis von der Erleuchtung trennt, nicht buddhistisch sei. Warum vertrat Meister Dogen diese Ansicht so klar und kompromisslos? Was bedeutet sie eigentlich? Um zu verstehen, warum Meister Dogen seine Meinung so konsequent vertrat und was sie bedeutet, sollten wir noch einmal seinen persönlichen Lebensweg anschauen.

Wie Sie sich vielleicht erinnern, wurde Meister Dogen Priester, als er noch sehr jung war. Seine Suche nach der Wahrheit führte ihn schließlich zum Kennin-Ji-Tempel in Kyoto. Dort studierte und praktizierte er die Lehren der Rinzai-Tradition des Zen-Buddhismus. Die Rinzai-Schule sieht das Zazen als Methode an, um Erleuchtung zu erlangen. In ihren Tempeln ist Zazen eine sehr anstrengende, mühsame Praxis mit dem Ziel, die Mauern herkömmlicher Verhaltensweisen und üblichen Denkens zu durchbrechen und auf diese Weise einen völlig neuen Zustand der Freiheit und Erleuchtung zu erfahren. Dabei werden meditative Techniken, wie die Konzentration auf Koans oder die Konzentration auf den Atem angewendet, um das Ziel zu erreichen. Diese Übungspraxis hat daher eine ausgeprägt geistige oder intellektuelle Qualität und der Geist wird sowohl als Hindernis als auch als Weg zur Wahrheit angesehen.

Der junge Meister Dogen wurde sofort von dieser Lehre angezogen und er begann, mit großer Sorgfalt und großem Einsatz zu praktizieren, um Erleuchtung zu erlangen, wie es versprochen wurde. Nach neun Jahren ernsthafter und größter Bemühung fand er jedoch, dass sich ihm dieses Ziel immer wieder entzog. Er war sich immer noch über viele Aspekte des Buddhismus im Unklaren, und der zentrale Punkt seiner Unklarheit und Verwirrung war die Bedeutung und Praxis des Zazen selbst. Daher ging er nach China, in der Hoffnung, dort Antworten auf seine Fragen zu finden und seine Probleme zu lösen. Er besuchte viele Tempel, aber in den meisten von ihnen waren die ihm bekannten Lehren von Meister Rinzai vorherrschend, so dass er auch hier keine überzeugende Interpretation des Zazen zu finden vermochte. Dies war eine große Enttäuschung für den jungen Priester und er hätte fast aufgegeben, als er hörte, dass ein sehr berühmter Meister mit Namen Tendo Nyojo Abt des Tempels Keitoku-Ji geworden war. Dies war ein Tempel, den Meister Dogen bereits bei seiner Ankunft in China besucht hatte. So kehrte er noch einmal zu diesem Tempel zurück, um dem neuen Meister zu begegnen, und fragte ihn sofort nach der Bedeutung des Zazen.

Meister Nyojo sagte, er solle sich keine Sorgen über das Erlangen der Erleuchtung machen. Stattdessen sollte er „nur sitzen", um im Sitzen selbst den Kern des Buddhismus, also die Wahrheit und die Wirklichkeit, zu erfahren. Dies war ein neuer und überraschender Gedanke für Meister Dogen. Meister Nyojo lehrte nicht das

Studium der Koans, das Zählen der Atemzüge oder andere Methoden, um den Geist zu konzentrieren. Er unterstützte das einfache Handeln, nur zu sitzen, und er motivierte seine Schüler, die Bedeutung der richtigen Übungspraxis in Zazen selbst zu finden.

Zuerst konnte Meister Dogen die Lehren von Meister Nyojo nicht verstehen, aber er fühlte die große Kraft, die von dessen Überzeugung ausging, und er fühlte die Aufrichtigkeit seines Bemühens und Handelns. Daher entschied er sich, im Tempel zu bleiben und den Sinn zu erfahren, der in der Haltung Meister Nyojos über das Zazen zum Ausdruck kam. Eines Tages hörte er, wie sein Meister einen Priester ermutigte, der während der Praxis des Zazen eingedöst war: „Was ist der Nutzen des Schlafens?“, rief er. „Zazen bedeutet, von Körper und Geist frei zu werden.“ Diese einfachen Worte trafen Meister Dogen wie ein Donnerschlag.

In den Worten Meister Nyojos fand er eine neue Bedeutung des Zazen und ein neues Verständnis des Buddhismus. Er verstand, dass Meister Nyojo mit dem Ausruf „Körper und Geist“ das Bewusstsein vom Körper und das Bewusstsein vom Geist meinte. Daher bedeutet frei zu werden von Körper und Geist, sich von den im Wettstreit befindlichen Anforderungen des Körpers und Geistes zu befreien, und es bedeutet, dass man die sinnlichen Bindungen und die verstandesmäßigen Illusionen überschreitet. Mit anderen Worten war die Praxis des Zazen die Freiheit von den geistigen und körperlichen Fesseln, die uns häufig verwirren und uns unseren natürlichen Sinn für Balance und Gleichgewicht rauben. Zazen zu praktizieren, ist daher die Rückkehr zu einem einfachen und harmonischen Zustand: einem Zustand im Gleichgewicht, jenseits der sich widersprechenden Grenzen und Anforderungen des Körpers und des Geistes. Ein solcher Zustand kann nicht erreicht werden, indem man das Bewusstsein von Geist und Körper durch Techniken der geistigen und körperlichen Konzentration trainiert. Er kann nur dadurch gefunden werden, dass man in einen Bereich gelangt, in dem das gewöhnliche Bewusstsein von Körper und Geist verloren geht und sich auflöst. Das ist der Bereich des Handelns. Durch aufrichtiges Handeln im Augenblick kann das natürliche Gleichgewicht sofort erreicht werden.

Schließlich verstand Meister Dogen vollständig die Auffassung seines Meisters von Zazen. Nur in der Ruhe zu sitzen, ist die Realisation der Wahrheit selbst. In Zazen ist man in der Wirklichkeit und Wahrheit und nicht getrennt von ihnen. Dies ist Erleuchtung. Aufrichtig und in Zazen zu sitzen ist die Verwirklichung des Zustandes jenseits von Körper und Geist. Es ist ein Zustand, der in diesem Augenblick und in jedem folgenden Augenblick erreicht werden kann – sogar von Anfängern und sogar von einfältigen und wenig gebildeten Menschen. Der Zustand der Wahrheit ist vollständig jenseits solcher relativen Angelegenheiten. Die Menschen, die die Wahrheit in ihrem Leben finden wollen, müssen also nur jeden Tag Zazen praktizieren. An jedem Tag Zazen zu praktizieren bedeutet, fortwährend im Zustand des Gleichgewichts und der Wahrheit zu leben.

Vielleicht können Sie jetzt verstehen, warum Meister Dogen ganz vehement die Idee verwarf, dass die Praxis des Zazen nur ein Mittel ist, um später Erleuchtung zu erlangen, und dass Zazen-Praxis und Erleuchtung nicht ein und dasselbe sind. Er hatte Jahre damit zugebracht, einem Ideal, einem vagen Versprechen nachzujagen, von übernatürlichen Kräften oder transzendentem Verstehen, die ihn eines Tages treffen würden wie ein Lichtblitz oder das plötzliche Aufspringen einer Tür zur Wahrheit. Alles, was er meinte, tun zu müssen, war mit aller Kraft den Schlüssel zu dieser geheimnisvollen

Tür zu finden. Der Schlüssel sollte durch die Konzentration und Vereinigung mit dem Atem, durch die Lösung der Koans oder durch das Konzentrieren des Bewusstseins auf einen Punkt unterhalb des Nabels erlangt werden. Es gab damals und gibt heute unterschiedlich viel versprechende Übungsmethoden, aber die Ergebnisse waren und sind meist dürftig und ernüchternd. Schließlich sagte ihm jemand, alles zu vergessen, was er bisher gelernt hatte, und sich nur auf das zu konzentrieren, was er wirklich im Augenblick tat, nur die Praxis selbst anzuschauen oder besser nicht anzuschauen, sondern sie zu tun. Wenn man sich auf das Ziel versteift, Erleuchtung zu erlangen, ist es unmöglich, im Hier und Jetzt zu sein, weil der Geist immer zu dem Ziel wandert und sich dabei verkrampft. Und so handelte Dogen, wie es sein Meister ihm gesagt hatte. Er setzte sich ruhig auf sein Sitzkissen in der Zazenhalle. Er kreuzte seine Beine, richtete seinen Rücken gerade auf, zog sein Kinn etwas zurück und streckte seinen Kopf nach oben Richtung Decke. Dann saß er einfach. Er selbst und das Tun des Sitzens waren eins, und bald entdeckte er, dass die Erleuchtung da war, auf dem Kissen, hier beim Sitzen. Erleuchtung ist die Praxis selbst, nicht außerhalb, nicht das angestrebte zukünftige Ergebnis oder das mit Anstrengung zu erreichende Ziel. Die Erleuchtung ist immer hier: Nur in der Ruhe zu sitzen, ist die Wahrheit und Wirklichkeit selbst.

Als er diese Wirklichkeit verstanden hatte, war Meister Dogen entschlossen, das richtige Verständnis des Zazen in sein Heimatland Japan zu bringen. Von der Zeit seiner Rückkehr nach Japan an lehrte er die einfache Weisheit immer wieder: „Mit ganzem Herzen Zazen zu praktizieren, ist die Erlangung der Wahrheit selbst. Zazen zu praktizieren ist Buddhismus – Buddhismus ist Zazen zu praktizieren."

Wir sollten die Bedeutung der Worte Meister Dogens sorgfältig bedenken. Wir sollten die Bedeutung der Praxis und der Erleuchtung wieder und wieder betrachten. Ist die Praxis des Zazen nur der anstrengende Weg zur zukünftigen Erleuchtung oder ist die Praxis die Erleuchtung selbst? Vielleicht erscheint diese Frage zunächst zu spitzfindig, eine Frage feinsinniger semantischer Interpretationen. Aber die Antwort, wie Dogen sie verstand, markiert die Trennungslinie zwischen wahrem Buddhismus und anderen Richtungen. Wenn wir unserer Übungspraxis mit der falschen Haltung begegnen, ist es nicht mehr wahre buddhistische Praxis. Wenn wir die Praxis nur als ein Werkzeug ansehen, um Erleuchtung zu erlangen, wird die Erleuchtung eine Art fernes, gedachtes Ideal und unsere Praxis wird idealistisch sein, uns also von der Wirklichkeit wegführen. Buddhismus ist kein Idealismus. Buddhismus glaubt nicht daran, dass Erleuchtung oder Glück durch intellektuelles Bemühen oder Verstehen verwirklicht werden kann. Buddhismus sagt, dass die Wahrheit hier ist und dass die Wahrheit jetzt ist. Das Glück ist in der aufrichtigen Bemühung im gegenwärtigen Augenblick vorhanden. Erleuchtung und Zazen-Praxis sind daher ein und dasselbe. Wenn wir den wahren Buddhismus studieren wollen, müssen wir dieses Verständnis entwickeln. Wenn wir wahres Glück finden wollen, müssen wir es in der alltäglichen Arbeit, im Handeln, in der Praxis finden – hier und jetzt. Wir müssen es im Zazen finden. Zazen ist Erleuchtung selbst. Zazen ist Buddhismus selbst. Buddhismus ist Zazen.

## Fragen und Antworten

*Müssen wir daher annehmen, dass Erleuchtung, wie sie von einigen buddhistischen Richtungen gelehrt wird, ein Mythos und eine Illusion ist?*

Nein, nicht zwangsläufig. Vielleicht können wir sagen, dass es zwei Arten von Erleuchtung gibt. Eine ist der augenblickliche Zustand von Körper und Geist. Wenn wir in Zazen auf dem Kissen Platz nehmen, unsere Beine kreuzen, den Rücken strecken und uns mit ganzem Herzen dem Sitzen in der Stille hingeben, sind wir in diesem Augenblick im Zustand der Erleuchtung selbst. Die Erleuchtung ist daher ein Zustand von Körper und Geist. Sie ist ein ganz normaler Zustand, der im Hier und Jetzt verwirklicht wird. Sie ist eigentlich nicht etwas Besonderes und Sensationelles. Sie ist nicht die Erfahrung eines plötzlichen großen geistigen Durchbruchs. Erleuchtung ist der natürliche Zustand des Gleichgewichts von Körper und Geist, ein Zustand der natürlichen Balance. Da dies unser natürlicher Zustand der Existenz ist, ist er nicht besonders dramatisch, aber auch nicht so einfach bei uns selbst zu beobachten. Wir können den natürlichen Zustand des Gleichgewichts nicht durch besondere Anzeichen erkennen. Wir können uns des Zustandes der Erleuchtung eigentlich gar nicht bewusst sein. Sich der Erleuchtung bewusst zu sein bedeutet, weit vom Zustand der Erleuchtung entfernt zu sein. Das ist die Essenz der Täuschung.

Erleuchtung ist in gewissem Sinne nicht „erfahrbar". Wir können nur im Zustand der Erleuchtung selbst sein. Es gibt jedoch noch eine andere Art von Verwirklichung, die wir als zweite Art der Erleuchtung bezeichnen können. Um diese zweite Art der Erleuchtung zu erklären, sollte ich Ihnen vielleicht von meinen eigenen Erfahrungen berichten. Ich fing als Jugendlicher an, Zazen zu praktizieren. Zuerst praktizierte ich hin und wieder, manchmal intensiver, manchmal weniger. Mein Leben blieb aber unausgewogen und ich konnte keine Harmonie und kein Gleichgewicht in meinem Alltagsleben finden. Dann begann ich auf Drängen von Meister Kodo Sawaki, jeden Tag Zazen zu praktizieren. Zazen wurde langsam ein ganz natürlicher Bestandteil meines Lebens, so wie Essen, Schlafen und ins Büro gehen. Dann, eines Tages – ich kann mich nicht mehr genau erinnern, was ich gerade zu der Zeit tat –, dachte ich bei mir: „He, dies ist Erleuchtung, nicht wahr?“

Das war meine Erfahrung der Verwirklichung der Erleuchtung. Es war nicht dramatisch oder aufregend. Es war nur die einfache Anerkennung dessen, dass die Dinge vollkommen sind, wie sie sind. Das Leben ist gut, das Universum in seiner Einfachheit und Komplexität ist wunderbar und schön. Wir leben alle im Zustand der Erleuchtung. Wir sind in diesem Zustand schon seit langer Zeit, von Geburt an ..., und weit darüber hinaus.

Die Erkenntnis der Vollkommenheit des Universums mag von den Menschen auf verschiedene Weise erfahren werden, aber es ist wichtig zu verstehen, dass man diese Erfahrung nicht mit Gewalt anstreben kann. Sie ereignet sich einfach und in vielen Fällen ereignet sie sich auf kaum erkennbare Weise, so fein, dass sie mit dem normalen Bewusstsein gar nicht erkannt werden kann. Ich denke, dass dies auch nicht sehr wichtig ist. Das Wesen der Erleuchtung ist nicht die Wahrnehmung eines besonderen Zustandes, sondern der Zustand selbst. Diese Tatsache haben die Nachfolger von Meister Rinzai teilweise nicht richtig verstanden. Indem sie die zweite Art der Erleuchtung überbewerten und auch romantisieren, verlieren sie den Zusammenhang mit dem ursprünglichen Zustand, der die wirkliche Grundlage des Buddhismus ist. Wenn man die Erleuchtung zum weit entfernten Ziel der Praxis macht, sucht und strebt man etwas außerhalb und jenseits

der Praxis an. Es gibt aber nichts außerhalb der Praxis und dem
Handeln selbst. Im gegenwärtigen Augenblick ist die Praxis alles.
Die Praxis des Zazen ist die Erfahrung und Verwirklichung der
Wahrheit selbst. Ob wir uns dieser Tatsache bewusst sind oder
nicht, spielt dabei keine bedeutende Rolle. Das Wichtigste ist,
jeden Tag aufrichtig Zazen zu praktizieren. Wenn wir jeden Tag
Zazen praktizieren, können wir unser ganzes Leben im Zustand
der Wahrheit leben. Die Praxis des Zazen strahlt dann auf unser
ganzes Leben aus.

*Die Idee der plötzlichen Erleuchtung ist aber sehr anziehend, fast in
einem bestimmten Sinne verführerisch, nicht wahr?*

Ja, die Idee der plötzlichen Erleuchtung ist sehr verführerisch. Sie
macht die buddhistische Theorie und Praxis sehr romantisch und
irgendwie leicht verständlich, aber ich fürchte, es ist eine falsche
Vorstellung. Erleuchtung ist keine Idee.

*Ja, ich verstehe das mit dem Verstand, aber es scheint, dass die Idee
der Erleuchtung immer noch stark in unserem Geist wirksam ist,
selbst wenn wir das Verständnis von Meister Dogen und seiner
Praxis annehmen. Es ist sehr schwierig, die romantische Idee der
Erleuchtung loszuwerden, nicht wahr?*

Ja, das ist richtig, aber wenn wir jeden Tag Zazen praktizieren,
werden wir früher oder später herausfinden, dass die Idee der Erleuchtung unwichtig und sogar langweilig geworden ist. Wir werden
entdecken, dass wir nichts jenseits der Praxis benötigen, dass wir
keine Erleuchtung brauchen, und *das* ist dann Ihre Erleuchtung.
Herauszufinden, dass wir keine Erleuchtung benötigen, ist die Erleuchtung selbst. Es ist sehr eigenartig, aber es ist wahr, denke ich.

*In Ihrem Vortrag sagten Sie, dass wir in Zazen uns selbst als jeman-
den erkennen können, der in der Wirklichkeit sitzt. Dies ist schwer
zu verstehen. Was bedeutet es eigentlich, „uns selbst erkennen"?*

Mit Erkennen meine ich eine Art von Klarheit oder einen Zustand des klaren Bewusstseins. Zazen ist kein Zustand ohne Bewusstsein. Wenn wir anfangen, Zazen zu praktizieren, ist unser
Geist mit Gedanken und Bildern angefüllt. Langsam kommen
wir zur Ruhe und an diesem Punkt werden wir normalerweise
unserer selbst bewusst: Wir werden uns der Tatsache bewusst,
dass wir denken. Dann wandert dieses Bewusstsein langsam zu
anderen Bereichen unseres Lebens. Wir werden uns unseres Körpers bewusst und des Kissens, auf dem wir sitzen. Wir sehen,
dass wir hier sind und Zazen vor einer Wand praktizieren. Wir
sind hier und wir erkennen diese Tatsache. Das bedeutet es, sich
selbst in Zazen zu erkennen.

*Ist es das Ziel des Zazen, auf diese Weise uns selbst ganz zu
erkennen?*

Nein, das denke ich nicht. Es ist nur ein Aspekt unserer Erfahrung im Zazen, nur eine Phase oder ein Zustand unserer
Erfahrung. Das Ziel des Zazen ist es, nur zu sitzen.

*Sind die verschiedenen Aspekte oder Phasen unseres Bewusstseins
im Zazen verstandesmäßiger Natur? Ordnen und untersuchen wir
die Erfahrungen in der Praxis?*

Nein, die Analyse kommt später. Unser Bewusstsein in Zazen hat keine direkte Beziehung zu irgendeiner Art von Verstehen durch den Verstand. Zazen bewegt sich ganz natürlich
durch verschiedene Stadien, die wir später bewusst sehen und

untersuchen können. Wir sagen: „Aha, in Zazen können wir uns selbst erkennen und wir können das Universum erkennen, und wir können erkennen, was Handeln ist." In der Tat können wir unsere Erfahrungen im Zazen niemals ganz genau definieren. Meister Dogen bestätigte diese Tatsache, indem er von dem unfassbaren Zustand in Zazen sprach. Daher ist das, was wir erkennen und unser Selbst in Zazen nennen, nur eine Art von später Erklärung. Die wirkliche Situation kann nicht mit Worten beschrieben werden.

*In vielen Büchern heißt es, dass man das Selbst oder das Ego im Zazen überschreitet. Wenn wir uns unserer selbst in Zazen bewusst sind, haben wir das Selbst nicht wirklich überschritten, oder?*

Ich denke, dass solche Erklärungen leicht irreführend sind. Sie geben den Eindruck, dass etwas, das „Ich" genannt wird, wirklich existiert und dass wir dieses Etwas auf irgendeine Weise überschreiten müssten, was es auch immer sein mag. Aber wenn wir Zazen praktizieren, können wir gar kein Ich finden. Wir sitzen einfach, das ist eine Tatsache. Das ist die Situation. Daher gibt es in Zazen kein Ich und keine Transzendenz. Es gibt nur uns selbst und wir sitzen einfach hier und jetzt.

Natürlich könnten wir sagen, dass wir das Selbst, das von der äußeren Welt getrennt ist, hinter uns lassen, wenn wir Zazen praktizieren. Wir könnten sagen, dass wir auch die äußere Welt überschreiten, die von uns selbst getrennt ist. Aber dies sind nur verbale Erklärungen, die wir nicht zu wörtlich nehmen sollten. In der wirklichen Situation gibt es nur das Tun und die Tatsache im Augenblick. Es gibt nur unser Handeln hier und jetzt. Daher sagen wir, dass Zazen „nur Sitzen" ist. Nur Sitzen ist keine

Erklärung, es geht über den Verstand hinaus. Es ist die Art und Weise, wie wir auf die wirkliche Situation hinweisen, die jenseits von Worten ist. Nur sitzen ist Zazen. Wenn man nur sitzt, gibt es kein Ich, und es gibt daher auch kein Überschreiten und keine Transzendenz des Ich.

# Kapitel 15:
# Dem wirklichen
# Drachen begegnen

Im vorherigen Kapitel ging es um Meister Dogens wichtige Lehre des Zazen. Jetzt möchte ich gern, dass Meister Dogen selbst zu Wort kommt. Unter seinen vielen Werken ist vielleicht im *Fukan Zazengi* die genaueste Erklärung der buddhistischen Praxis enthalten. Es war sein erstes Werk, nachdem er von China nach Japan zurückgekehrt war, und es enthält den Kern seines praktischen als auch theoretischen Verständnisses des Zazen. Während seiner Lehrtätigkeit in Japan überarbeitete Meister Dogen *Fukan Zazengi* viele Male und schließlich verfasste er die populäre Ausgabe, die heute bekannt ist. In der folgenden Übersetzung werden Sie hoffentlich die wahre Bedeutung des Zazen und den wahren Geist der Lehren von Meister Dogen finden. Ich hoffe, dass diese Worte Sie motivieren werden, den wahren Geist in Ihrem eigenen Leben zu finden.

## FUKAN ZAZENGI – RUFUBON
Allgemeine Richtlinien für Zazen, populäre Ausgabe

*Wenn wir jetzt nach der Wahrheit fragen, [ist die Antwort, dass] sie grundsätzlich überall gegenwärtig ist. Weshalb sollten wir dann auf die Übungspraxis und die Erfahrung angewiesen sein? Das grundlegende Fahrzeug [zur Verwirklichung] existiert aus sich selbst heraus. Warum sollten wir daher große Anstrengungen darauf verwenden? Die ganze Wirklichkeit geht weit über den Staub und Schmutz [der Welt] hinaus.*

*Wer könnte an ein Mittel glauben, sie zu reinigen? Grundsätzlich sind wir nie von unserem Ziel entfernt. Welchen Nutzen hätte da auch nur die geringste Übungspraxis?*

*Und doch, wenn es nur die kleinste [Vorstellung einer] Trennung gibt, ist [die Wahrheit] so weit entfernt wie der Himmel von der Erde. Wenn nur die geringste Gegensätzlichkeit aufkommt, verliert sich der Geist in der Verwirrung. Jemand mag stolz auf sein Verständnis sein, er mag Großes verwirklicht, die Wahrheit erlangt und den Geist geklärt haben, aber selbst wenn er mit seinem Willen bis an den Himmel stößt, hat er den kraftvollen Weg [der Befreiung], der über den Körper hinausgeht, nahezu verloren, solange es ihm noch gefällt, sich im Bereich des Denkens und der Begriffe zu bewegen.*

Im ersten Absatz bestätigt Meister Dogen die grundsätzlich positive und optimistische Einstellung der buddhistischen Lehre zum Menschen und zur Welt. Die Wahrheit ist überall, alle Dinge und alle Menschen sind Teil dieser vollkommenen Welt, des vollkommenen Universums, des vollkommenen Dharma. Daher leben wir immer im Zustand der Vollkommenheit.

Aber Meister Dogen warnt uns: Es gibt einen Unterschied zwischen der Welt der buddhistischen Lehre und der wirklichen Welt, wie wir sie tatsächlich erfahren. In unserem täglichen Leben begegnen wir vielen verwirrenden und widersprüchlichen Situationen, und es ist dann schwierig, mit Vertrauen und Klarheit zu handeln. Wir zögern vielleicht, handeln zu schnell oder zu langsam. Wir geraten dann aus dem Takt des Gesetzes des Universums und alle unsere Anstrengungen scheinen nur die Abtrennung von der harmonischen und ausgewogenen Welt der Wahrheit zu verstärken und unüberwindlicher zu machen. In einer solchen Situation ist die dualistische Wahrnehmung des Verstandes nur von geringem Wert. In der Tat führt unsere Tendenz, als Menschen zu unterteilen, zu kategorisieren und in allen Situationen zwischen Gut und Schlecht zu unterscheiden, dazu, dass wir immer mehr in Verwirrung geraten und unfähig sind zu handeln.

Viele Menschen sind sich dieser Tatsache nicht bewusst. Sie können den Unterschied zwischen Theorie und Wirklichkeit nicht erkennen, zwischen Denken und Handeln. Diese Verwirrung führt sie vielleicht zu großen Illusionen und Hirngespinsten, z. B. dem Glauben, dass sie Erleuchtung erlangt haben. Weil sie nicht zwischen Theorie und wirklicher Welt unterscheiden, denken sie, dass Erleuchtung eine Sache des Wissens und Verstehens ist. Sie verstehen vielleicht die buddhistische Lehre oder sie glauben, dass sie sie verstanden haben. Aber tatsächlich sind sie ganz im Bereich des Denkens und der Fantasie eingesperrt: Nur ihr Kopf sucht nach der Wahrheit, nicht aber der ganze Mensch. Solche Menschen wissen nichts über das Reich der großen Wahrheit, die den ganzen Körper und Geist umfasst. Sie wissen nichts von der großartigen Welt des Handelns.

*Dies trifft selbst auf den großen Weisen vom Jeta-Hain zu. Noch [heute] können wir die Spuren der sechs Jahre erkennen, in denen er aufrecht [in Zazen] saß. Und wir hören noch die Geschichte [von Bodhidharma], der neun Jahre vor der Wand saß und im Shôrin-Kloster das Siegel des [Buddha-]Geistes weitergab. Wie könnten wir Menschen heute in unseren Anstrengungen nachlassen, wenn sogar die alten Meister so gehandelt haben? Deshalb solltet ihr aufhören, nach Erklärungen zu suchen, die Schriften zu studieren und Wörtern nachzulaufen. Lernt vielmehr, einen Schritt zurückzutreten, lenkt das Licht [eures Selbst nach innen] und lasst es sich [dort] widerspiegeln. Dann werden Körper und Geist von selbst abfallen und euer ursprüngliches Gesicht wird sich direkt offenbaren. Wenn ihr dies erlangen wollt, praktiziert es sofort.*

Auch Gautama Buddha und Meister Bodhidharma praktizierten Zazen, und daher sollten wir ihrem Beispiel folgen. Wir müssen aufhören zu versuchen, die Wahrheit allein durch Denken, verstandesmäßige Anstrengungen und Grübeln zu erreichen, denn das ist nicht möglich. Wir müssen in der Tat in die entgegengesetzte Richtung gehen. Meister Dogen glaubte, dass uns unsere Anstrengungen im Leben in zwei Richtungen führen können. Normalerweise erkennen wir nur eine Richtung als die für uns positive Alternative. Wir möchten Fortschritte machen, vorwärts gehen, mehr bekommen und mehr wissen, immer weiter und immer weiter. Aber Meister Dogen ging davon aus, dass wir die Richtung unseres Lebens ändern müssen, um die umfassende Wahrheit zu finden. Wir müssen zuerst einen Schritt zurücktreten. Wenn wir Zazen praktizieren, gehen wir zurück zu einem einfachen und ursprünglichen Zustand. In Zazen hören wir auf, irgendetwas bekommen zu wollen, an irgendetwas festzuhalten oder irgendetwas haben zu wollen. In Zazen können wir alles loslassen, und wenn wir alles losgelassen haben, sitzen wir einfach. Dann erscheint unser ursprüngliches Gesicht. Wir zeigen uns selbst. Wir sind in unserem eigenen spiegelnden Licht gebadet. Dies ist eine Erfahrung, die nicht mit Worten beschrieben werden kann. Der Zustand des Zazen ist letztlich unfassbar. Um diesen unfassbaren Zustand zu erreichen, müssen wir es einfach tun. Wie können wir es tun? Meister Dogen gibt hierzu sehr genaue Anweisungen:

*Für die Übungspraxis des [Za-]Zen ist ein ruhiger Raum geeignet. Esst und trinkt nicht zu viel. Gebt alle Bindungen auf und ruht euch von den Pflichten des Alltags aus. Denkt nicht an Gut und Böse oder an*

*Falsch und Richtig. Hört auf, über die Dinge nachzudenken, und lasst alle Begriffe und Vorstellungen los. Versucht nicht, Buddha zu werden! Wie könntet ihr [Zazen] mit dem [gewöhnlichen] Sitzen oder Liegen vergleichen?*

*In der Regel breitet man eine feste Matte aus, wo man sitzen will, und legt auf die Matte ein rundes Sitzkissen. Man kann entweder den vollen oder den halben Lotossitz einnehmen. Im vollen Lotossitz legt man zuerst den rechten Fuß auf den linken Oberschenkel und dann den linken Fuß auf den rechten Oberschenkel. Im halben Lotossitz legt man nur den linken Fuß auf den rechten Oberschenkel.*

*Kleider und Gürtel sollen locker und doch wohlgeordnet sein. Danach legt man den rechten Handrücken auf den linken Fuß und dann die linke Hand in die rechte Handfläche. Die beiden Daumenspitzen berühren sich. Haltet dann den Körper aufrecht und sitzt gerade so, dass ihr weder nach rechts noch nach links und weder nach vorn noch nach hinten geneigt seid. Es ist wichtig, dass Ohr und Schulter sowie Nase und Nabel eine gerade senkrechte Linie bilden. Die Zunge sollte den oberen Gaumen berühren. Sowohl die Lippen als auch die Zähne liegen an- und aufeinander. Die Augen solltet ihr immer ein wenig offen halten. Atmet leise durch die Nase ein und aus. Wenn sich der Körper in der richtigen Position befindet, atmet einmal tief aus und pendelt zu Anfang nach links und rechts. Wenn ihr dann still und unbeweglich sitzt, »denkt aus dem Grund des Nicht-Denkens«. »Wie kann man aus dem Grund des Nicht-Denkens denken? Es ist nicht [wie das gewöhnliche] Denken.« Dies ist die wesentliche Kunst des Zazen. In Zazen zu sitzen bedeutet nicht, Zen-Konzentration zu erlernen. Es ist einzig das Dharma-Tor des Friedens und der Freude. Es ist die Praxis und Erfahrung, in der das Erwachen vollkommen verwirklicht wird.*

In Zazen sollten wir nicht denken und sollten wir nicht fühlen. Wir sitzen einfach. Wir sitzen mit Ehrlichkeit, mit dem ganzen Körper und Geist. Sitzen ist kein Denken und kein Nicht-Denken. Es ist etwas, das Denken und Fühlen überschreitet und überflüssig macht. Dieses Etwas ist das Handeln in Zazen. Es ist etwas anderes als Denken. Dies ist das Geheimnis des Zazen.

*Die kosmische Ordnung verwirklicht sich [beim Zazen] unmittelbar, ohne das geringste Hindernis und ohne die geringste Einschränkung. Wenn ihr dies wirklich erfasst, werdet ihr wie die Drachen in ihrem Gewässer und wie die Tiger auf ihrem Berg sein. Ihr müsst vor allem wissen, dass Unklarheit und Zerstreuung sofort verschwinden, wenn sich die wahre Wirklichkeit auf natürliche Weise vor euch offenbart.*

In Asien sind Drachen und Tiger Symbole der Kraft und der Würde. Aber sie können ihre Kraft nur in ihrer natürlichen Umgebung entfalten. Drachen erhalten ihre Kraft aus dem Wasser. Ein Tiger, der im Schatten des Berges steht, ist stolz und unbesiegbar. Wenn wir Zazen praktizieren, erhalten wir die Kraft und Würde unseres natürlichen Zustandes. Wir werden stark und wir sind bereit, zu handeln oder nicht zu handeln, wie es die Lage erfordert. In einem solchen Zustand verschwinden die unausgewogenen Bedingungen von Körper und Geist, die dazu führen, dass wir entweder zu passiv oder zu aggressiv und verwirrt sind.

*Wenn ihr euch nach dem Sitzen erhebt, bewegt den Körper langsam und steht ruhig auf. Seid ohne Hast. Seit längst vergangenen Zeiten haben sich die Alten der Kraft dieser Praxis anvertraut. Sie gingen weit über »Gewöhnliches« und »Heiliges« hinaus und starben, während sie saßen oder standen. Außerdem könnt ihr nicht mit dem Denken und Unterscheiden erfassen, wie sich das Erwachen in einem Augenblick durch das stumme Hochhalten eines Fingers, durch [das Fallen] eines Mastes, einer Nadel oder [durch das Lehren des Dharma] mit Hilfe eines Holzblockes ereignet. Dasselbe gilt für die Erfahrung des Einklangs [mit Buddha] durch das Hochhalten eines Hossu, einer Faust, eines Stocks oder [durch das Ausstoßen] eines Schreis. Wie könntet ihr dies durch die Praxis und Erfahrung wunderbarer Kräfte verstehen? Das würdevolle Verhalten [der Meister] mag jenseits von Klang und Form sein. Wie könnte es nicht ganz andere Maßstäbe geben, die vor dem [unterscheidenden] Wissen und der Wahrnehmung existieren? Deshalb solltet ihr nicht sagen, dass Wissen hervorragend und Dummheit minderwertig sei, und nicht zwischen intelligenten und beschränkten Menschen unterscheiden. Vielmehr solltet ihr eure Anstrengungen einzig [auf Zazen] richten, denn dies ist wirklich das Bemühen um die Wahrheit. Diese Praxis und Erfahrung ist auf natürliche Weise rein und euer Tun wird ausgeglichen und stetig sein.*

Die buddhistischen Meister haben durch die Praxis des Zazen jene Kräfte wieder erlangt, die eigentlich die ursprüngliche Natur aller menschlichen Lebewesen sind. Davon ist die Überwindung des Unklaren und Relativen die wichtigste Kraft, also die Rückkehr zu einem Handeln, das jenseits der dualistischen Wahrnehmungen und Erklärungen der Wirklichkeit ist. Dies ist Buddha-Handeln, die Einheit mit der wirklichen Welt. Als die großen Meister der Vergangenheit dies erreicht hatten, wurden alle ihre Handlungen der einfache direkte Ausdruck der Wahrheit. Oft haben sie die Wahrheit in eigenartiger Weise zum Ausdruck gebracht. Meister Gutei streckte z. B. immer einen Finger hoch, wenn er gebeten wurde, das Unerklärbare zu erklären. Der Bodhisattva Manjusri schlug mit

einem kleinen Holzhammer auf einen Holzblock und rief: „Dies ist
die Wahrheit." Andere Meister benutzten einen Hossu (einen Stab
mit einem Pferdebusch für Zeremonien), sie benutzten ihre Faust
oder stießen plötzlich einen Schrei aus, um die Wahrheit, die hier
und jetzt existiert, auszudrücken.

Die Umstände, unter denen dieses Handeln geschah, und die Fähigkeiten der Meister, eins mit den Umständen zu werden und sie
doch zu überschreiten, wird für uns immer ein Geheimnis bleiben,
bis wir denselben Zustand erlangt haben. Um dies zu tun, müssen
wir nur Zazen praktizieren. Wenn wir ehrlich und aufrichtig in Zazen sitzen, können wir die Wahrheit sofort verwirklichen. Aufrichtig
im Augenblick zu handeln, ist die Überwindung der Dualität. Daher
sind Praxis und Erfahrung oder Praxis und Erleuchtung eine Einheit.
Es kann keine Trennung von Praxis und Erfahrung geben, wenn wir
mit ganzem Herzen im gegenwärtigen Augenblick handeln.

*Im Allgemeinen haben [die Vorfahren im Dharma] dieser Welt und
anderer Sphären, sowohl in Indien als auch in China, gleichermaßen die
Buddha-Haltung bewahrt und legten ihren Schwerpunkt einzig auf diese
Tradition unserer Schule. Sie haben allein das Sitzen praktiziert und
wurden von der Stille angezogen. Deshalb solltet ihr ausschließlich Zazen
üben und euch um die Wahrheit bemühen, selbst wenn es [in dieser Welt]
unendlich viele Unterscheidungen und Verschiedenheiten gibt. Weshalb
solltet ihr euren Sitz im eigenen Haus ablehnen, um ziellos in den staubigen Gegenden fremder Länder umherzuirren? Wenn ihr einen einzigen
falschen Schritt tut, geht der jetzige Augenblick an euch vorbei.*

Die Worte „*ziellos in den staubigen Gegenden fremder Länder umherzuirren*" beziehen sich auf eine berühmte Geschichte im *Lotus-Sutra*.

Sie handelt von dem Sohn eines reichen Mannes, der außerhalb seines Vaterlandes völlig verarmt umherzog und seine wahre Identität und seine großen Möglichkeiten und Chancen gar nicht kannte. Eines Tages wollte es der Zufall, dass er in sein Heimatland zurückkam. Als der reiche Mann den Jungen sah, wusste er sofort, dass dies sein lange vermisster Sohn war. Aber er wagte es nicht, sich dem Jungen direkt zu nähern, weil er fürchtete, dass dieser erschrecken und dann wieder aus dem Land fliehen würde. Daher stellte er seinen Sohn als einen normalen einfachen Arbeiter ein und unterstützte und förderte ihn schrittweise mit immer schwierigeren Aufgaben, bis er schließlich sein Stellvertreter wurde. Jetzt hatte der Sohn seinen normalen Zustand erreicht. Er hatte seinen natürlichen Geisteszustand wiedererlangt, und daher erzählte der reiche Mann ihm, dass er sein Sohn sei, weil er nicht mehr befürchten musste, ihn wieder zu verlieren.

Der Sinn dieser Geschichte liegt darin, dass alle Menschen die Buddha-Natur haben, aber sie sind sich dieser Tatsache meist nicht bewusst. Sie wandern in weit entfernten Ländern der Illusionen herum, so dass sie ihr eigenes Land nicht wiedererkennen, obgleich sie in jedem Augenblick mitten darin leben. Wenn wir Zazen praktizieren, können wir direkt in unser Heimatland zurückkehren. Wir erkennen diese Tatsache vielleicht nicht sofort, aber wenn wir mit unseren Anstrengungen für längere Zeit fortfahren, werden wir eines Tages sicher erkennen, dass wir bereits zu Hause sind. Wir werden entdecken, dass wir in der Tat die Buddha-Natur haben, dass die Buddha-Natur hier und jetzt an diesem Ort der Übungspraxis existiert, wo immer dieser auch sein mag.

*Habt ihr nicht euren menschlichen Körper als das wesentliche [Werkzeug] empfangen? Verschwendet nicht eure Zeit! Bewahrt und behütet* den Kern der Buddha-Wahrheit. Wer wollte da flüchtige Freuden genießen, die wie Funken vom Feuerstein springen? Nicht nur, dass euer Körper wie ein Tautropfen auf einem Grashalm ist. Das Leben gleicht einem aufblitzenden Lichtstrahl. Plötzlich ist es verschwunden und verloren in einem Augenblick. Deshalb bitte ich euch, edle Gefährten, die ihr [die Wahrheit] durch die Erfahrung erforscht: Erschreckt nicht vor dem wahren Drachen, weil ihr euch an seine Abbilder gewöhnt habt. Richtet eure Anstrengungen auf den Weg, der direkt zugänglich und unkompliziert ist. Verehrt die Menschen, die aufgehört haben, [nur] zu studieren, und die nichts mehr suchen [weil sie alles haben]. Lebt im Einklang mit der Wahrheit der Buddhas und werdet wahrhaftige Nachfolger des Samâdhi der großen Meister. Wenn ihr dies lange genug praktiziert, werdet ihr es sicherlich selbst [erlangen]. Dann wird sich die Schatzkammer des Dharma auf natürliche Weise öffnen und ihr werdet [seine Schätze] empfangen und benutzen können, so wie es euch gefällt.

Hier endet das *Fukan Zazengi.*

Ich möchte Ihnen noch eine Geschichte erzählen. Man muss bei dieser Geschichte wissen, dass Drachen in Ostasien anders als im Westen als positive und großartige Fabeltiere gelten, die den Menschen viel Gutes tun und viel Kraft haben:

Es gab einmal einen Mann, der war von Drachen begeistert. An den Wänden seines Hauses hatte er viele Bilder von Drachen, und alle seine Borde und Regale standen voll mit Statuen und kleinen Figuren von Drachen. Sein ganzes Haus war in der Tat mit Bildern und Darstellungen von Drachen angefüllt. Eines Tages schaute ein wirklicher Drache in sein Fenster. Als er alle die Bilder der Drachen sah, erfüllte ihn das mit Freude, denn hier gab es ganz klar einen Mann, der Drachen liebte. Sicher würde er sich darüber freuen, wenn ihn ein wirklicher Drache in seinem Hause besuchte. Aber als der Mann aus dem Fenster schaute und den wirklichen Drachen sah, bekam er einen gewaltigen Schrecken und flüchtete Hals über Kopf.

Genau dies meint Meister Dogen: Wir sollten nicht den Abbildungen der Wahrheit nachrennen. Wir sollten uns nicht von Theorien und verstandesmäßigen Erklärungen gefangen nehmen lassen. Wir sollten stattdessen lieber der Wahrheit direkt begegnen. Zazen zu praktizieren bedeutet, der Wahrheit der Buddhas direkt zu begegnen, und bedeutet, den wirklichen Drachen von Angesicht zu Angesicht zu sehen und zu erleben.

## Fragen und Antworten

*Die Worte am Anfang des Fukan Zazengi scheinen mir sehr wichtig zu sein. Meister Dogen sagte, dass die Wahrheit überall vorhanden ist und dass die Mittel, sie zu erlangen, auch in jeder Situation da sind. Wie Sie erklärt haben, sprach er dann weiter über die Illusionen und dass unser dualistisches Denken dazu neigt, eine Trennung zwischen uns und der Welt zu erzeugen, und dass dies in der Folge zu Verwirrungen und Leiden führt. Dies mag richtig sein, aber es scheint mir, dass das zentrale Problem nicht die Verwirrung selbst ist, sondern die Folgen und Reaktionen darauf. Wenn die Wahrheit in jedem Augenblick existiert, muss sie auch in der Verwirrung enthalten sein. Daher mag eine Situation, die als vollkommen verwirrend und nicht handhabbar erscheint, in Wirklichkeit im Gleichgewicht sein. Sie ist dann völlig in Ordnung so, wie sie ist. Es ist nämlich unsere dauernde Bemühung, Situationen zu verändern und zu manipulieren, die das Gleichgewicht tatsächlich stört. Daher ist es unsere Aufgabe – so wie ich die buddhistische Lehre verstehe –, einfach die Dinge so zu lassen,*

Ich fürchte, dass solch ein Denken genau die Art von verstandesmäßiger Rationalisierung ist, über die Meister Dogen spricht. Zu denken, dass alles in Ordnung ist, dass es keine Notwendigkeit gibt, irgendetwas zu tun oder zu ändern, dass es keine Notwendigkeit für Anstrengungen gibt, um einen Zustand des Gleichgewichts zu erreichen, ist genau die Art des fehlgeleiteten Denkens, gegen das wir uns schützen müssen. Bitte verzeihen Sie mir, wenn ich das so direkt sage.

Die Welt verändert sich in jedem Augenblick und wir sind Teil der sich wandelnden Welt. Wir können uns nicht in einem bequemen Sessel zurücklehnen und die aufrichtigen Anstrengungen der anderen Menschen beobachten, so als ob sie zu einem komischen Film oder einem Spiel gehörten. Wir müssen uns in die Bewegungen des Lebens hineinbegeben. Wir müssen dem sich ständig verändernden Universum folgen, von dem wir ein Teil sind. Indem wir ihm folgen, bewegen wir uns in jedem Augenblick mit dem Universum. Dies bedeutet, dass wir Schritt halten mit den dauernden Veränderungen und den Umständen unseres Lebens. Wenn wir Zazen praktizieren, tun wir genau das. Wir folgen dem Universum direkt hier und jetzt. Es ist unser bestmögliches Leben, wenn wir auf diese Weise ruhig und ehrlich von Augenblick zu Augenblick leben. Dies ist unser natürliches Leben. Es ist eine natürliche Anstrengung, ein solches Leben zu leben: Sie entsteht aus unserem natürlichen Zustand als Mensch.

Leider haben wir die Neigung, diesen natürlichen Zustand zu vergessen und zu verlieren. Wir haben die Angewohnheit, zu viel zu denken und zu viel zu wollen. Wir denken und denken und denken immer mehr – und das oft im Kreis. Unser ganzes Leben besteht aus Gedanken und wir können nichts außerhalb des Bereichs des Denkens sehen. In einem solchen Leben voller Illusionen betreten wir dann vielleicht in unserer Vorstellung ein erträumtes paradiesisches Reich Gottes. Im vorgestellten Reich Gottes zu wandern ist aber nicht unser natürlicher Zustand. Es ist nicht unser ursprünglicher Zustand als menschliche Lebewesen. Vielleicht folgen wir aber auch der umgekehrten Richtung und werden übermäßig abhängig von unserem Körper, unseren Gefühlen, von Sex oder Geld, Macht oder Ruhm. Wenn man fortwährend nur im Bereich der Sinne und des Materialismus lebt, ist dies ein Leben, wie es Tiere haben.

Gautama Buddha lehrte uns, wirklich Mensch zu werden. Er riet uns eindringlich, zu unserem natürlichen Zustand, zu unserem ursprünglichen Zustand, zurückzukehren Wenn wir dies tun wollen, erfordert es einige Anstrengungen. Wir müssen die Kette der Gedanken mit Sorgfalt durchtrennen. Wir müssen unsere Fixierungen auf den Geist oder auf den Körper durch aufrichtiges Handeln auflösen, hier und jetzt. Einige einfache und direkte Bemühungen sind also unbedingt notwendig und wir sollten uns dieser Tatsache nicht verschließen. Wir sollten uns nicht durch Theorien verführen lassen, die uns Begründungen für Inaktivität und Trägheit liefern. Bemühung und Anstrengung ist sehr wichtig. Es ist das Leben selbst.

*Vielleicht ist es nötig, einige Anstrengungen in unserem Leben zu unternehmen. Aber ich frage mich immer noch, in welche Richtung solche Anstrengungen gehen sollen. Zazen zu praktizieren ist eine sehr persönliche Anstrengung, die sich auf uns selbst bezieht. Was ist mit jenen Anstrengungen, die sich nach außen richten? Sollten wir versuchen, die Welt zum Besseren zu verändern, oder sollten wir die Welt und unsere eigene Situation sich selbst überlassen und nicht auf eine positive Entwicklung einwirken?*

Ich fürchte, es gibt keine festen Regeln, um jeder Lebenssituation gerecht zu werden. Manchmal ist es sinnvoll und richtig zu versuchen, die Welt zum Guten zu verändern, und manchmal ist das nicht möglich. Wir sind immer in einem gewissen Maß an die Bedingungen und Umstände der jeweiligen Situation gebunden. Wir sollten daher unsere Fähigkeit auch nicht überschätzen, unsere Situation vollständig verändern zu können. Es gibt immer Zeiten, wo wir es versuchen müssen. Dann kann die Entscheidung etwas zu tun jedoch nicht durch rein verstandesmäßige Überlegungen allein gefällt werden, denn nur durch unsere intuitiven, ganzheitlichen und klaren Entscheidungen ist es möglich, in unterschiedlichen Situationen sinnvoll und wirkungsvoll zu handeln. Ein solch intuitiver Sinn wird richtig sein, wenn unser Körper und unser Geist richtig sind. Wenn wir im Zustand des natürlichen Gleichgewichts sind, möchten wir vielleicht manchmal versuchen, die Welt zu verändern, und manchmal sollten wir es – um mit Ihren Worten zu sprechen – sein lassen. Beide Situationen sind für uns natürlich. Wir sollten nicht versuchen, unsere Antworten auf die realen Lebenssituationen zu starr festzulegen.

*Meister Dogen sagte, dass das Geheimnis des Zazen etwas anderes ist als Denken. Was bedeutet dies?*

„Etwas anderes als Denken" drückt das positive Handeln und Tun aus. Es bedeutet, etwas anderes zu tun als nur zu denken. Die meiste Zeit unseres Lebens verbringen wir damit, unseren Gedanken und Empfindungen nachzulaufen, ohne uns dessen bewusst zu sein. Wir haben kaum Zeit, uns dem eigentlichen Handeln zu widmen. Wenn wir Zazen praktizieren, müssen wir nicht denken und nicht fühlen. Wir handeln nur. Wir sitzen nur. „Nur sitzen" ist etwas anderes als Denken. Das ist Zazen.

*Zu sagen, dass wir nicht denken oder fühlen müssen, erscheint mir doch sehr seltsam. Wenn ich Zazen praktiziere, merke ich, dass meine Gedanken und Gefühle fast genauso weiterlaufen wie vorher.*

Ja, das stimmt. Der Zustand in Zazen ist kein Zustand frei von allem Denken und allem Fühlen, sondern ein Zustand, in dem wir schrittweise aufhören, den Gedanken und Gefühlen aktiv oder willentlich nachzujagen. Wenn wir uns anfangs auf dem Kissen niedersetzen, laufen unsere üblichen Muster des Denkens und Fühlens eine Zeit lang weiter. Aber an einem bestimmten Punkt wird die Kette der Gedanken immer häufiger unterbrochen. Es entstehen Lücken beim Herumspringen der Gedanken, und diese Lücken werden langsam größer und treten immer häufiger auf, bis wir schließlich einen Zustand der Ruhe, des Gleichgewichts und der Balance erreichen. Selbst dann sind wir nicht ganz ohne Gedanken und Gefühle, aber die Bilder, die erscheinen, sind sehr einfach und konkret und stören uns nicht weiter. Wir sehen vielleicht einen Punkt auf der Wand oder eine Fliege, die auf dem Boden krabbelt. Wir hören vielleicht die Vögel singen oder fühlen einen

deutlichen Schmerz in unseren Beinen. Solche Wahrnehmungen
sind nicht mit Denken, Konzepten und Gefühlen überfrachtet.
Sie sind sehr direkt und einfach. Sie erscheinen ganz natürlich
und verschwinden auch wieder, ohne eine Spur zu hinterlassen.
Wenn wir diesen Zustand genießen, stören wir nicht den natürlichen Fluss der Bilder und Wahrnehmungen. Wir machen dann
keine Anstrengungen, die Bilder, die erscheinen, festzuhalten, zu
bekämpfen oder zu manipulieren. Wir vermindern und beenden
das gewöhnliche Verhalten, dass wir unseren Gedanken und Empfindungen aktiv oder willentlich nachjagen, und widmen uns ganz
dem einfachen Sitzen in Ruhe. Dies meine ich, wenn ich sage, dass
wir im Zazen nicht zu denken oder zu fühlen brauchen.

*Sollten wir uns also nicht durch unsere Gedanken stören und
beunruhigen lassen?*
Ja, das ist richtig.

*Aber wenn wir uns unserer Gedanken bewusst werden, erscheinen
sie sehr bedeutend und oft neurotisch. Wir haben den Eindruck, dass
wir die Gedanken nicht steuern und kontrollieren können.*
Es gibt keinen Grund, die Gedanken zu kontrollieren. Wenn
wir unsere Gedanken kontrollieren wollen, ist dies auch wieder
eine andere Art von Denken. Im Zazen sollten wir Denken und
Nicht-Denken einfach hinter uns lassen. Wir sollten nur aufrichtig in unserem Sitzen sein. Das ist das Geheimnis des Zazen.

*Aber wie können wir das tun?*
Indem wir darauf achten, dass unser Rücken gerade und senk-
recht aufgerichtet ist. Dies erscheint Ihnen vielleicht zu einfach,

aber es ist der Kern unserer Bemühungen im Zazen. Wir benötigen keine ausgefeilten Methoden, um unseren Geist auf etwas zu konzentrieren oder den Körper im Gleichgewicht zu halten. Die richtige Haltung einzunehmen und ehrlich aufrecht zu sitzen bedeutet, direkt in den Zustand des Gleichgewichts zu gelangen. Wenn Sie also merken, dass Sie denken, sollten Sie sich  an Ihre Sitzhaltung erinnern. Ist Ihr Rücken aufgerichtet? Sind Sie etwas zur rechten oder linken Seite geneigt? Aufrichtig zu sitzen ist nur eine Frage von wiederholten einfachen Anpassungen. Aufrichtig sitzen ist „nur sitzen". Das ist alles. Es gibt keine sensationellen verborgenen oder mystischen Bedeutungen. Es ist genauso einfach, wie es sich anhört: „nur sitzen". Und dies bedeutet einfach, mit dem ganzen Körper und Geist zu sitzen. Aber das hat eine große positive Wirkung auf unser Leben, ganz von allein.

**Wie lange sollten wir Zazen praktizieren?**
Ich empfehle normalerweise 45 Minuten am Morgen und, wenn möglich, 30 oder 45 Minuten abends. Aber zuerst mag dies viel zu lang sein. Sitzen Sie daher so lange, wie Sie können. Vielleicht sind dies am Anfang nur fünf oder zehn Minuten. Aber wenn Sie jeden Tag praktizieren, werden die Sitzperioden von allein länger, auch weil Sie sich immer wohler dabei fühlen. So kann man zum Beispiel heute fünf Minuten und morgen zehn Minuten sitzen usw. – wie es Ihnen möglich ist.

**Was ist, wenn es während der fünf oder zehn Minuten nur Geschwätz und Durcheinander im Kopf gibt?**
Wir müssen nicht zwischen Zazen unterscheiden, das voll von Geschwätz ist, und Zazen, das ruhig und gelassen ist. Die ersten

fünf Minuten mit fortwährendem Geschwätz sind genauso wichtig wie die letzten Minuten der ruhigen Gelassenheit. Manchmal ist Zazen ruhig, manchmal ist Zazen unruhig. Beide Situationen sind grundsätzlich dasselbe. Wir brauchen daher keine Sorge zu haben, eine bestimmte Ebene oder einen bestimmten Zustand der Gelassenheit zu erreichen. Dies wird sich mit der Zeit ganz von selbst einstellen. Das Ziel der Praxis ist nur zu praktizieren. Es ist gut am Anfang und gut am Ende. Zazen ist Zazen.

*Ich möchte gern jeden Tag Zazen sitzen, aber ich habe einen anstrengenden Beruf und eine Familie, so dass ich normalerweise von morgens bis in die Nacht hinein tätig bin. Es erscheint mir nicht möglich zu sein, regelmäßig zu praktizieren.*

Zeit für die Praxis von Zazen zu finden, ist meist eine Frage der Organisation und Veränderung der Prioritäten im Leben. Allerdings haben wir alle unsere speziellen Probleme und unsere besonderen Anforderungen. Wir müssen daher Lösungen finden, um diesen Anforderungen gerecht zu werden. Ich denke, dass wir normalerweise einen Weg finden können zu praktizieren – selbst wenn wir sehr beschäftigt sind –, wenn wir nur den ehrlichen Wunsch haben, dies zu tun.

*Wenn wir zu beschäftigt sind, jeden Tag zu praktizieren, gibt es vielleicht andere Übungen, die wir stattdessen im täglichen Leben tun können, die dieselbe Wirkung wie Zazen haben. Sollten wir zum Beispiel versuchen, mit geradem Rücken zu sitzen, wenn wir arbeiten?*

Die richtige Haltung ist bei all unseren Aktivitäten sehr wichtig. Wenn Sie erschöpft sind und sich abgespannt fühlen, strecken Sie Ihren Rücken und richten Sie ihn gerade auf. Meist hat dies schon eine gute Wirkung auf Ihre geistige und körperliche Situation. Wir sollten jedoch nicht auf einer solchen Haltung beharren, wenn sie unsere Aktivitäten und unsere Arbeit stört oder unmöglich macht. Wenn Sie zum Beispiel zu sehr mit Ihrem Rücken beschäftigt sind, während Sie Gemüse für die Mahlzeit zubereiten, schneiden Sie sich vielleicht in den Finger, weil Sie nicht aufpassen. Alles, was Sie tun, tun Sie es mit ganzem Herzen. Dies ist eine gute Praxis, eine Art von Zazen. Aber dies zu lernen, ist natürlich recht schwierig. Deswegen müssen wir Zazen praktizieren. Es gibt wirklich keinen Ersatz für Zazen.

*Aber wenn es wirklich zu schwierig ist?*
Die Situation ist sehr einfach, wirklich. Wenn sie schwierig ist, sollten Sie praktizieren. Wenn das unmöglich ist, geht es halt nicht.

*Ich finde es schwierig, die Beziehung zwischen Zazen und dem täglichen Leben zu verstehen. Wenn wir praktizieren müssen, um in ein natürliches Gleichgewicht zu gelangen, scheint es mir, als ob wir ununterbrochen praktizieren müssten, um dies aufrechtzuerhalten. Verschwindet der Zustand des Zazen nicht sofort, wenn wir die Praxis beenden?*
Nein, es setzt sich eine Zeit lang fort und verändert unser alltägliches Leben.

*Warum?*
Weil der Zustand in Zazen kein künstlicher ist, den wir auf dem Kissen erst herstellen müssten. Es ist, wie ich schon häufiger sagte, unser natürlicher Zustand, unser ursprünglicher Zustand.

Wenn wir daher in Zazen in unser ursprüngliches Gleichgewicht zurückkehren, wird dies danach eine Zeit lang weiter anhalten, auch wenn die Praxis selbst schon vorbei ist. Dieses Gleichgewicht bleibt mit uns verbunden und folgt uns auf natürliche Weise. Meister Dogen verglich dies mit dem Läuten einer Glocke: Wenn wir die Glocke läuten, setzt sich der Klang noch eine ganze Weile fort. Die Schwingungen der Übungspraxis tragen uns durch die danach folgende Zeit und wir können daher fortlaufend im natürlichen Gleichgewicht leben.

*Mein Problem ist, dass ich manchmal sehr schläfrig werde, während ich Zazen praktiziere. Was soll ich tun?*
Du solltest aufwachen.

*Vielleicht ist mein Problem ähnlich, aber ich fühle mich nicht schläfrig in Zazen, sondern ich fühle mich nur unwohl. Ich finde es wirklich sehr langweilig, 45 Minuten still zu sitzen und auf die Wand zu starren. Es ist sehr schwer für mich, mit dieser Langeweile fertig zu werden.*
Das Problem der Langeweile ist sehr interessant. Diese moderne Welt, in der wir leben, schätzt Abwechslung außerordentlich hoch. Die Menschen suchen immer nach Intensität, Dramen, Interessantem und Neuem. Wir suchen nach Abwechslung und Spannung im Bereich des Denkens und der körperlichen Freuden und wir werden unruhig in Situationen, die keine speziellen Anreize bieten, es fehlt dann der gedankliche oder sinnliche Kick. Dies ist unsere moderne Orientierung, unser Verhalten oder unsere Sichtweise. Wenn wir daher unsere ersten Erfahrungen im Zazen machen, ist es natürlich, dass wir das vielleicht langweilig

finden. Vielleicht können wir uns eine Zeit lang selbst unterhalten mit unseren Gedanken, Bildern oder mentalen Fantasien, danach beschäftigt uns wahrscheinlich das Problem unserer Schmerzen in den Beinen und in unserem Rücken. Aber früher oder später werden wir der Langeweile begegnen. Ich glaube, diese Begegnung mit der Langeweile ist sehr wichtig, denn in gewissem Sinne ist das Leben selbst ja langweilig. Aber die Langeweile verschwindet nach einer Zeit und macht einer inneren Ruhe und Gelassenheit Platz, und was vorher langweilig war, wird dann immer lebendiger und spannender.

Gautama Buddha lehrte uns, dass das Leben Handeln ist. Es ist vor allem nur Handeln, Handeln, Handeln, eine Handlung nach der anderen. Die Handlungen bestehen darin, morgens aufzustehen, sich zu waschen und das Frühstück zu essen. Das Leben ist Essen, Schlafen und das Waschen unserer Kleidung. Solche Handlungen haben keinen Unterhaltungswert. Sie sind sehr einfach, wiederholen sich immer und erscheinen vielleicht monoton. Und es scheint ermüdend zu sein, immer dieselben Dinge zu tun, Tag für Tag, Jahr für Jahr. Aber – ob ermüdend oder nicht – solche Aktivitäten sind die Grundlage des Lebens. Das ist das buddhistische Verständnis, die buddhistische Sichtweise und Orientierung. Buddha-Dharma sagt, dass das Leben Essen, Schlafen und das Waschen der Kleidung ist. Essen, Schlafen und das Waschen der Kleidung sind die Essenz des Lebens in der wirklichen Welt.

Wenn wir daher die wirkliche Welt kennen lernen wollen, müssen wir sie so sehen, wie sie ist. Wir müssen lernen, die einfachen und scheinbar ermüdenden Handlungen zu schätzen, die die wirkliche Grundlage des Lebens, unserer Kultur und unserer

Zivilisation sind. Eine solche Sichtweise ist das Gegenteil zu der üblichen Sichtweise der heutigen Zeit. Um diese Sichtweise zu erlangen, müssen wir eine radikale Änderung, um nicht zu sagen eine Revolution in unserem Körper und Geist vollziehen. Eine solche Revolution kann vor allem durch die Praxis des Zazen erreicht werden. Zazen kann uns den Wert der scheinbar langweiligen Aktivitäten lehren. Zazen kann uns lehren, die einfachen Handlungen, die die Grundlage des Lebens sind, zu schätzen und Freude daran zu haben. Wenn wir Zazen praktizieren, können wir sowohl die Langeweile als auch die aufgeregte Spannung hinter uns lassen. Zunächst hängen wir vermutlich an unseren bisherigen Denkmustern. Wir suchen wahrscheinlich spannende Dinge, selbst beim einfachen Tun des Sitzens, aber nach einer gewissen Zeit werden wir diese sogenannten aufregenden Dinge und die Langeweile vergessen. Dann werden wir entdecken, dass Zazen überhaupt nicht langweilig ist, sondern das Leben selbst. Bei dieser einfachen Entdeckung können wir die wahre Bedeutung des Lebens finden. Wir können erkennen, was zu tun ist und was nicht zu tun ist, und zwar ganz klar. Wir können das tun, was getan werden muss, und das vermeiden, was nicht getan werden sollte. Wir können ein neues Leben beginnen, ein Leben des buddhistischen Handelns. Dann werden wir viel mehr Freude im Leben haben.

Wenn Sie daher Zazen langweilig finden, ist es möglich, dass Sie das Herz des Buddhismus selbst berühren, und dies ist ein gutes Zeichen. Laufen Sie nicht davon weg. Begegnen Sie ihm direkt. Werden Sie ein Freund der Langeweile und haben Sie Freude an der Langeweile. Wenn Sie den Wert der Langeweile entdecken können, werden Sie den Wert des Zazen finden. Dann wird sich Ihr ganzes Leben ändern.

*Wird die Revolution, von der Sie sprechen, uns bewusst, wenn sie stattgefunden hat?*

Wir müssen diese Revolution nicht unbedingt bewusst erkennen. Zazen zu praktizieren ist diese Revolution selbst. Zazen zu praktizieren bedeutet, auf Zazen zu vertrauen. Zazen zu praktizieren ist das sichtbare Zeichen, dass diese Revolution bereits stattgefunden hat. Aber es ist nicht der *eine* große Wurf. Wir müssen fortfahren, Zazen jeden Tag zu praktizieren. Indem wir dies jeden Tag tun, halten wir die Revolution und die gute Entwicklung in unserem Körper und Geist in Gang. Es ist dann klar, dass wir in einer neuen Welt leben – in der Welt des buddhistischen Handelns.

*Sie sagten, dass Zazen zu praktizieren bedeutet, dass man auf Zazen vertraut. Ist es notwendig, an den Buddhismus zu glauben, um Zazen zu praktizieren? Können wir einfach Zazen praktizieren, ohne dass wir an irgendetwas glauben?*

Wir denken normalerweise, dass der Glaube eine Sache des Geistes ist und eine Sache des Denkens. Aber ich meine, dass Glauben und Vertrauen mehr als eine Angelegenheit des Denkens ist. Es ist etwas, das wir tun. Es ist aufs Engste mit unserem Handeln verbunden. Daher bedeutet das Praktizieren von Zazen bereits, dass wir auf Zazen vertrauen. Wenn Sie Zazen praktizieren wollen, sind Sie bereits Buddhist. Wenn Sie nicht Zazen praktizieren wollen, sind Sie noch kein Buddhist. Unser Handeln und unser Verhalten zeigen uns, an was wir wirklich glauben.

# Kapitel 16:
# Die vier Lebensphilosophien des Buddhismus

Ich denke, wir haben fast das Ende unserer Darstellung des Buddhismus erreicht. Wir sind den Spuren der buddhistischen Lehre vom Ideal des mittleren Weges über das logische System der zwölfgliedrigen Kette von Ursache und Wirkung gefolgt und haben schließlich die Lehre des Handelns und die Erfahrung eines im Augenblick entstehenden Universums behandelt. An diesem Punkt haben wir erfahren, dass Theorie und Philosophie nicht genug sind. Wenn wir dem wirklichen Buddhismus begegnen wollen, müssen wir die Theorie und das Denken überschreiten, und um dies zu tun, müssen wir im Hier und Jetzt handeln. Wir müssen Zazen praktizieren. Zazen zu praktizieren bedeutet, den Buddha zu treffen oder – wie in der alten asiatischen Geschichte – dem wahren Drachen wirklich zu begegnen, von Angesicht zu Angesicht, und wir dürfen nicht weglaufen. Denn die Wirklichkeit ist die gesuchte Wahrheit.

Zazen ist der ganze Buddhismus. Eigentlich gibt es dann gar nichts mehr zu sagen. Oder doch? In der Tat gibt es viel zu tun und viel zu sagen. Es gibt viele Ideen, Theorien und Probleme, die noch erörtert und untersucht werden sollten, was aber im Rahmen dieses Buches leider nicht möglich ist. Ein tief gehendes und grundsätzliches Verständnis des Buddhismus erfordert einige Jahre der Übungspraxis und des Studiums und viel Erfahrung im wirklichen Leben. Mein ursprüngliches Ziel, warum ich dieses Buch geschrieben habe, war eine klare Grundlage und einen Rahmen zu geben, die ein besseres

Verständnis möglich machen. Ich wollte die grundlegenden Lehren und Ideen des Buddhismus so vorstellen, dass die innere Logik der buddhistischen Lehre dabei sichtbar wird. Es ist mein fester Glaube, dass die Menschen der modernen Welt auf diese Weise neue Einsichten in die Wurzeln ihrer eigenen Persönlichkeit mit all ihren Verwirrungen erhalten und auch ein besseres Verständnis von anderen Menschen gewinnen werden. Es ist auch mein fester Glaube, dass die Menschen der modernen Welt durch den Buddhismus neue Werkzeuge in die Hand bekommen, um ihre persönlichen Konflikte und Schwierigkeiten zu verstehen und viel besser zu lösen.

Das System des buddhistischen Denkens besteht aus den vier wichtigen Lehren, die ich „Lebensphilosophien" nennen möchte. Schon bevor ich Buddhismus studiert habe, hatte ich ein gewisses intuitives Verständnis der grundsätzlichen Verhaltensweisen und Sichtweisen der Menschen. Dieses Verständnis hat sich direkt aus meinen eigenen Erfahrungen entwickelt. Aber erst, nachdem ich dem Werk von Meister Dogen begegnet war, begann sich in meinem Geist die wirkliche Logik des Lebens zu klären. Es erscheint mir daher sinnvoll, dieses Buch mit einer kurzen Erläuterung der Zeilen am Anfang dieses „Königs" aller buddhistischen Bücher abzuschließen: dem *Shobogenzo* von Meister Dogen:

Es gibt heute mehrere Ausgaben des *Shobogenzo* mit unterschiedlicher Anzahl und Anordnung der einzelnen Kapitel. Die älteste Ausgabe hat 75 Kapitel, dessen erstes Kapitel „Genjo Koan" – „das verwirklichte Universum" – bedeutet. Ich möchte den Anfang dieses Kapitels hier gern wiedergeben. Ich glaube, dass dies ein ganz wichtiger Schlüssel zur buddhistischen Logik ist, die Meister Dogen in allen Kapiteln des *Shobogenzo* anwendet:

„*(1) Wenn alle Dharmas als der Buddha-Dharma (, also die Buddha-*

*Lehre gesehen werden), dann gibt es Täuschung und Verwirklichung, gibt es Praxis, gibt es Leben und Tod, gibt es Buddhas und gewöhnliche Wesen.*

*(2) Wenn die unendlich vielen Dharmas alle nicht von dem Selbst sind, gibt es keine Täuschung und keine Verwirklichung, keine Buddhas und keine gewöhnlichen Wesen, kein Leben und keinen Tod.*

*(3) Buddhas Wahrheit überschreitet von Anfang an Überfluss und Mangel (also Bewertungen) und daher gibt es (als Wirklichkeit) Leben und Tod, Täuschung und Verwirklichung, gewöhnliche Wesen und Buddhas.*

*(4) Und obgleich dies so ist, wie es ist, geschieht es nur, dass Blüten fallen, obwohl sie geliebt werden, und Unkraut wuchert, obwohl es nicht geliebt wird."*

Der erste Satz in diesem Zitat erklärt das Universum, wenn man es aus der Sicht des Subjekts oder des Selbst betrachtet. Wenn da ein Subjekt ist, werden alle Dinge in Beziehung zu diesem Subjekt gesehen und alle Dinge haben eine Bedeutung im Verhältnis zum Ich, das denkt. Dabei werden einige Dinge als gut, andere als schlecht angesehen und damit beurteilt. Einige Dinge werden als wertvoll eingeschätzt, andere als wertlos, oder es wird festgestellt, dass sie einen negativen Wert für das Subjekt haben. In dieser Dimension gibt es daher Täuschung, die schlecht ist, und Erwachen, das gut ist. Es gibt das Leben, das wertvoll ist, und den Tod, der ohne Wert ist. Es gibt Buddhas, die großartig sind, und normale Menschen und Lebewesen, die nur durchschnittlich sind. Dies ist mit anderen Worten der Standpunkt des Idealismus. Idealisten sind vor allem besorgt über den Wert, über die Bedeutung und über Ideen und Vorstellungen, die es ihnen ermöglichen, die äußere Welt mit dem Maßstab ihrer eigenen, inneren Welt zu verstehen, zu ordnen und zu bewerten. Dies ist also eine begrenzte relativistische Sicht des Lebens aus dem Blickwinkel des Idealismus.

Im nächsten Satz finden wir bei Meister Dogen eine Sichtweise, die den idealistischen Standpunkt scheinbar vollständig zurückweist. Diese Sichtweise lehnt also den subjektiven Standpunkt ab. Es ist das Weltbild des Materialismus oder Objektivismus, und dazu gehören heute auch Naturwissenschaft und Technik. Wenn man das Universum aus dieser Sicht betrachtet, müssen subjektive Werte und spirituelle Bedeutungen abgelehnt werden zugunsten von Erklärungen, wie die dingliche, materielle Welt funktioniert. Die Bedeutung des Lebens wird darin gesehen, dass es in die Naturgesetze eingebettet ist und damit durch die Naturwissenschaften vollständig erklärt werden kann. Bei dieser mechanistischen und materialistischen Sichtweise gibt es keinen Raum für subjektive Vorstellungen und Bewertungen. Aus objektiver Sicht ist das Leben ein komplexes System von Beziehungen zwischen materiellen und energetischen Komponenten des Universums. Es gibt keine Erleuchtung, die das Gegenteil von Illusion und Täuschung ist, es gibt keine Buddhas, die etwas anderes als gewöhnliche Menschen sind. Es gibt keinen absoluten Unterschied zwischen Leben und dem Tod, weil nur die Materie, die Moleküle und Atome zählen. All diese Unterschiede haben nur strukturelle Bedeutung, es gibt keine Unterschiede in der grundsätzlichen Natur der Materie.

Der materialistische Standpunkt erscheint auf den ersten Blick eine Sichtweise des klaren Realismus zu sein. Er scheint die Ich-Bezogenheit und Relativität des Idealismus zu überschreiten, also objektiv zu sein, aber in Wirklichkeit tut er das nicht. Die Existenz der Welt und der Materie beruht auf der Existenz eines Menschen, der sie wahrnimmt. Ohne ein Subjekt, das die sinnlichen Eindrücke der äußeren Welt empfängt, kann die äußere Welt gar nicht vorhanden sein. Daher ist der materialistische Standpunkt ebenfalls nur von relativer und begrenzter Bedeutung. Er beruht auf der Unterteilung zwischen Subjekt und Objekt, also auf der Dualität. Der Relativismus des Idealismus beruht auf der Unterteilung zwischen dem Subjekt, das denkt, und dem Objekt, das gedacht wird. Der Relativismus des Materialismus beruht auf der Unterteilung zwischen dem Subjekt, das wahrnimmt oder empfindet, und dem Objekt, das wahrgenommen wird. Der grundsätzliche Unterschied beider Sichtweisen ergibt sich einfach daraus, auf was der Schwerpunkt der Aufmerksamkeit gelegt wird. Im Falle des Idealismus liegt der Schwerpunkt der Aufmerksamkeit auf dem Ich: „Ich denke, dass ...; ich glaube, dass ...“ Im Falle des Materialismus ist die ganze Aufmerksamkeit auf die äußere Welt gerichtet: auf Tatsachen, Dinge und Ereignisse in der äußeren Welt, die aber ebenfalls von dem Ich wahrgenommen werden.

Im dritten Satz des Zitats drückt Meister Dogen die wirklichkeitsbezogene buddhistische Sicht gegenüber dem Leben aus. Er sagt, dass buddhistisches Handeln die Dualität und den Relativismus übersteigt. Buddhisten sind nicht so sehr daran interessiert, die Dinge mit dem Verstand zu vergleichen und zu beurteilen, sie sind auch nicht so sehr mit dem relativen Wert von Dingen und Ideen befasst. Im Handeln, also indem man im gegenwärtigen Augenblick etwas tut, überschreiten sie das Denken von Überfluss, Knappheit und Bewertung. Befreit von derartigen Unterscheidungen und Bewertungen können sie die wirkliche Welt im gegenwärtigen Augenblick finden und erfahren, so wie sie ist. Dies ist die buddhistische Lehre des Lebens, eine Philosophie der Wirklichkeit.

Eine solche Philosophie der Wirklichkeit ist jedoch nicht die Wirklichkeit selbst, sondern sie gehört immer noch in den Bereich des Denkens. Dies ist der Inhalt des vierten Satzes. Wenn man darüber redet, den Überfluss und die Knappheit zu überschreiten, ist das nicht dasselbe, als wenn man diese gedachten Vorstellungen und Begriffe durch das Handeln selbst wirklich hinter sich lässt, so dass sie dann von selbst verschwinden. Wenn man mit Worten die Existenz aller Dinge beschreibt, ist das etwas ganz anderes, als wenn man die Welt wirklich annimmt, die ganz aus dem gegenwärtigen Augenblick im Hier und Jetzt kommt. Die Wirklichkeit ist jenseits von Theorie und Denken, jenseits von Diskussionen. Sie ist etwas, das nicht erschöpfend gedacht und mit Worten ausgedrückt oder beschrieben werden kann. Daher spricht Meister Dogen im letzten Teil des Absatzes über das Gefühl der Menschen gegenüber dem Unfassbaren – dies ist etwas, das wir Wirklichkeit nennen. Er sagt: „Selbst wenn dies alles so ist ...“ Wir können diese Welt also nicht wirklich mit dem Verstand begreifen. Sie hat eine heilige Qualität, eine Qualität, die sich jedem Versuch, sie vollständig zu erfassen, zu verstehen und zu ändern, widersetzt. Sie ist nur da, wie fallende Blütenblätter oder das angeblich unnütze Unkraut. Sie existiert, wie sie ist – ob wir es mögen oder nicht und auch ob wir es lieben oder hassen.


## Fragen und Antworten


*Kritisiert der Buddhismus nur die idealistische und materialistische Sichtweise oder benutzt er diese auch? Mir scheint, dass in der bud-*

Ja, das ist richtig. In der buddhistischen Lehre erörtern wir oft Probleme der Bedeutung und des Wertes von Buddhas und gewöhnlichen Menschen. Wir treffen Unterscheidungen auf der Grundlage abstrakter Ideen usw. Solche Diskussionen gehören in den Bereich der buddhistischen Lehre, und in diesem Bereich können wir zwischen Illusion und Erleuchtung, Buddhas und normalen Menschen oder Leben und Tod unterscheiden. Die Lehre geht dann aber weiter zur nächsten Phase oder zum Bereich der objektiven Untersuchungen über die Vielfalt der beobachtbaren Welt. Dies ist die zweite Lebensphilosophie. Wenn wir die Welt objektiv, also auf der Grundlage der Wahrnehmung untersuchen, können wir nichts als Form, Materie und Energie finden. In der Welt der Materie und Energie ist es schwierig, irgendeine rationale Grundlage für den Glauben an jene abstrakten Ideen, Theorien und Ideale der Lehre zu finden, die wir so oft als selbstverständlich hinnehmen. Es ist für uns sehr schmerzhaft, unsere lang gehegten Glaubensvorstellungen mit der harten Wirklichkeit des materialistischen, rationalen Denkens zu vergleichen und ihr gegenüberzustellen. Aber ohne einen solchen objektiven Standpunkt ist es schwierig, die ausufernden Bilder und Ideen des idealistischen Geistes einzugrenzen und zu überprüfen.

Daher benutzt der Buddhismus sowohl idealistische Ideen und Werte als auch die materialistische Objektivität, um das Universum zu erklären. Er benutzt diese beiden Standpunkte als Sprungbrett zu der eigenen, einzigartigen und umfassenden Sicht der Welt.

*Bedeutet die Zeile über die fallenden Blätter und das wachsende Unkraut, dass die Wirklichkeit die menschlichen Gefühle einschließt und sie ganz wichtig findet oder dass unsere menschlichen Gefühle irgendwie unwichtig sind in Bezug auf das, was wirklich existiert?*

Ich glaube, das zweite Verständnis ist richtiger, dass nämlich die Gefühle nicht überschätzt werden dürfen. In diesem Satz spricht Meister Dogen darüber, die Welt so zu sehen, wie sie ist. Er spricht darüber, wie wir das oft hart erscheinende einfache Gesicht der vorhandenen Wirklichkeit erkennen können. Blüten fallen und das Unkraut wächst. Wir müssen dabei weder übergroße Freude noch drückende Sorgen empfinden. Dies ist genau die Art, wie die Dinge sind. Dies ist Wahrheit und Wirklichkeit.

*Die Worte von Meister Dogen erscheinen ziemlich kalt und unpersönlich. Es ist für mich schwierig, die Verbindung zwischen diesen kühlen verstandesmäßigen Erklärungen und der Praxis meines Lebens zu sehen.*

Ja, die Erklärung von Meister Dogen ist hier eher philosophisch und sehr präzis und analytisch. Aber ich glaube, wir benötigen solche präzisen Erklärungen. Wir benötigen diese Erklärungen, weil es ohne sie sehr schwierig ist, die wahre Bedeutung des Buddhismus und die wahre buddhistische Einstellung zum Leben zu erkennen. Wenn man die Worte von Meister Dogen studiert, kann man seine Sichtweise und seine Art des Denkens Schritt für Schritt nachvollziehen. Im Laufe der Zeit können wir dabei unsere eigene buddhistische Haltung entwickeln und dann werden diese etwas trockenen und theoretischen Aussagen eine direkte und sehr persönliche lebendige Bedeutung und Kraft in unserem Leben bekommen.

*Das mag richtig sein – für die Zukunft, aber für jetzt finde ich Ihre praktischen Erklärungen viel hilfreicher und befriedigender. Können Sie bitte noch einmal erklären, wie sich die vier philosophischen Sichtweisen in unserem Leben entwickeln.*

Wenn wir jung sind, ist es ganz natürlich zu träumen. Wir haben viele Ideen, Ideale und Ziele. Wir möchten diese Ziele gern erreichen und die Träume verwirklichen und haben entsprechenden Ehrgeiz und Antrieb. Viele Träume und idealistische Gedanken über das Leben zu haben ist wunderbar romantisch und schön. Aber wenn solche Ideen und Träume unsere Aufmerksamkeit und Kraft zu sehr in Anspruch nehmen, wird es schwierig, die wirkliche Welt zu sehen, in der wir leben. Wir können die Grenze dann nicht mehr klar erkennen, die die wirkliche Welt von den Ideen und Träumen trennt, und daher laufen wir immer wieder gegen Wände und haben große Probleme im Alltag. Wir stoßen uns den Kopf und holen uns bei unseren Anstrengungen immer wieder eine blutige Nase, wenn wir die utopischen Ziele erreichen wollen, die nur in unserem Geist bestehen. Dadurch entsteht viel Leiden. Daher empfiehlt uns der Buddhismus, die illusionäre Natur von Träumen, Ideen und Gedanken klar zu erkennen und zu überwinden. Er rät uns, eine vorsichtige Einstellung zum idealistischen Denken einzunehmen. Dies bedeutet, dass wir zu bestimmten Zeiten unsere Träume vergessen müssen. Zu bestimmten Zeiten müssen wir unsere romantischen Ideen vom Leben klar zurückweisen und uns der Wirklichkeit stellen, nur so können wir lernen und uns weiterentwickeln.

Wenn wir aber die idealistischen Haltungen dem Leben gegenüber vollständig ablehnen, fallen wir in eine materialistische Hölle. Wir verlieren dann unsere Ideale. Wir verachten ehrliche

Anstrengungen, für ein Ideal zu arbeiten, und verurteilen dies als Zeitverschwendung. Wir verlieren uns in körperlichen und sinnlichen Genüssen aller Art. Wir verlieren die Träume und Ziele, die das Leben lebendig, sinnvoll und großartig machen. Dies ist selbstverständlich keine glückliche Alternative zu einem idealistischen Leben und wir sollten nicht wie Tiere ohne Ideale vegetieren. Wir sollten danach streben, unsere Würde als menschliche Wesen zu behalten. Aber gleichzeitig sollten wir keine romantischen Träumer sein, die niemals die einfachen Tatsachen des Lebens sehen können und sehen wollen. Daher sollten wir in der zweiten Phase jene Fakten des realen Lebens studieren und ernst nehmen. Wir sollten die äußere Welt objektiv sehen und sie sozusagen auf wissenschaftliche Art studieren. Dies ist eine wichtige Aufgabe und ist eine wichtige Phase für unser Verständnis der Welt. Durch die rationale Analyse des Lebens können wir zu einem realistischeren Engagement in der wirklichen Welt kommen.

Ein solches Engagement ist der Schwerpunkt der dritten Phase oder Lebensphilosophie. Hierbei sollten wir die Welt des Handelns entdecken und entwickeln. Wir sollten untersuchen, was Handeln ist, und zwar durch das Handeln selbst. In die Welt des Handelns vorzustoßen ist eine neue und manchmal schwierige Erfahrung für einen Menschen, der sein Leben lang im Bereich der Gedanken und der Empfindungen gelebt hat. In der Welt des Handelns verlieren wir die lieb gewordenen und vertrauten Ideen und Vorstellungen, auf denen unser früheres Leben beruhte. Das Leben mag dann eher hart und scheinbar unsicher erscheinen, aber es verwirklicht sich im Augenblick, ist lebendig und manchmal gefährlich: Es ist wirklich. In einer solchen Welt müssen unsere Handlungen selbstverständlich wahrhaftig und ehrlich sein, aber leider werden sie nicht immer richtig, sondern auch oft falsch sein. Wir machen einfach Fehler. Wir „bauen immer wieder Mist", aber wir können nicht aufgeben, wir können uns nicht zurückziehen, wir müssen immer wieder unser ernsthaftes und schwieriges, manchmal blutiges und gefährliches und oft wunderbares Leben des Handelns fortsetzen. Dies geschieht auf der Grundlage von klarer Intuition und durch eventuell schmerzhaft erworbenes Wissen nach dem Prinzip von Versuch und Irrtum.

Schließlich müssen wir die Notwendigkeit einer geordneten Lebensführung erkennen und müssen entsprechende Maßstäbe gewinnen. Wir möchten zwar unser vibrierendes Leben in der Welt des Handelns fortsetzen, aber wir haben genug davon, immer wieder an irgendetwas zu scheitern. Wir möchten einige unserer bisherigen Fehler vermeiden und mehr Freude, Frieden und Ruhe erfahren. Wir möchten einen vernünftigen geraden Weg gehen und ihn eine Weile beibehalten, ohne immer wieder erneut alles prüfen zu müssen und ohne die Furcht zu haben, dass wir falsch gehen. Aber wo können wir eine solche Führung finden? Wo gibt es einen brauchbaren Maßstab für ein befriedigendes Leben? Seit tausenden von Jahren haben die Menschen eine derartige letzte Führung in den Grenzbereichen des Lebens für sich selbst gesucht. Sie haben den tiefsten Grund und die höchste Wahrheit für ihr Leben gesucht. Wir haben dabei sehr viele, weit entfernte Orte und Ideen besucht, um das wahre Ziel unseres Lebens zu finden. Gautama Buddha rät uns, den Schwerpunkt unserer Suche zu verändern. Er rät uns, das höchste Ziel des Lebens nicht fern am Horizont des Universums zu suchen, sondern hier im Zentrum unserer selbst. Er empfiehlt uns, Zazen zu praktizieren, und dies ist die vierte Phase. Wenn wir Zazen praktizieren, können wir diesen Führer in uns selbst finden. Wir können auf diese Weise mit Sicherheit einen verlässlichen Maßstab für unser Leben finden. Wir können unsere Ziele klar erkennen und wir können uns selbst finden. Und wenn wir uns selbst in Zazen finden, werden wir entdecken, dass das Ziel und das Selbst ein und dasselbe sind. Dann werden wir ein gutes, kraftvolles und erfülltes Leben führen.

# Kapitel 17:
# Der Drache hat viele Gesichter, und Zazen ist Zazen

Buddhismus zu studieren ist nicht einfach. Die buddhistische Lehre ist sehr umfassend, tiefgründig und subtil. Sie umfasst viele Sichtweisen, und es gibt manche sich scheinbar widersprechende Standpunkte über das Leben und die Welt. In den vorherigen Kapiteln dieses Buches haben wir verschiedene dieser Sichtweisen dargestellt und wir haben manche Probleme behandelt und von verschiedenen Seiten beleuchtet. Dabei haben wir einen ersten Eindruck davon erhalten, was es bedeutet, die buddhistische Lehre zu studieren. Ich hoffe, dass dieser erste Geschmack des Buddhismus Ihren Appetit angeregt hat. Ich hoffe, dass Sie motiviert sind, tiefer zu graben, und dass Sie das Bedürfnis haben, dem Buddha wirklich zu begegnen und den wahren Drachen in Ihrem Leben zu finden. Wenn dies so ist, will ich hoffen, dass Sie daran denken, dass die buddhistische Lehre nur ein Gesicht des Drachens ist. Es ist ein spannendes Gesicht, ein interessantes Gesicht – ein Gesicht, das unsere Aufmerksamkeit auf sich zieht und uns einen wichtigen Haltepunkt in unserem täglichen Leben gibt. Ich habe die buddhistische Lehre seit mehr als 60 Jahre studiert und vor allem die Werke von Meister Dogen durchgearbeitet. In dieser langen Zeit waren seine Lehren für mich niemals schal und langweilig. Für mich sind die Worte von Meister Dogen immer frisch und lebendig und sie lehren mich immer irgendetwas Neues über mein Leben hier und jetzt. Aber selbst die Worte von Meister Dogen können uns nicht alles über das Leben lehren. Ganz gleich, wie interessant solche Gedanken und Ideen sein mögen, wir müssen auch ihre Grenzen erkennen. Früher oder später müssen wir die Bücher Bücher sein lassen und uns in der wirklichen, lebendigen Welt umschauen und dort handeln. Früher oder später müssen wir die wirklichen Zustände in der Welt so klar wie möglich sehen. Die wirkliche Situation in der Welt ist das zweite Gesicht des Drachens. Die wirkliche Situation in der Welt zu studieren, ist allerdings nicht immer angenehm und oft eine entmutigende Arbeit. Überall, wo wir hinschauen, gibt es Probleme. Im persönlichen Bereich gibt es die Probleme der körperlichen und geistigen Gesundheit – das Problem, unser körperliches und geistiges Gleichgewicht in der Mitte einer chaotischen Welt zu bewahren. Unsere Beziehungen zu der Welt sind oft schwierig und problematisch. Die Konflikte zwischen den Menschen erscheinen auf vielen gesellschaftlichen Ebenen. Kinder kämpfen mit ihren Eltern, Liebende streiten sich, Ehepaare werden geschieden, Gemeinschaften und Länder verfolgen ihre eigenen egoistischen Interessen, ohne die Notwendigkeiten und Ziele anderer zu achten. Dies kann uns wirklich entmutigen. Wir möchten gern unsere Augen davor verschließen und zur Sicherheit und aus Bequemlichkeit zu unseren philosophischen Büchern zurückkehren. Aber das würde nichts verändern. Das würde wirklich nichts ändern und schon gar nicht für uns selbst. Wir müssen mit unserer Untersuchung der Welt fortfahren. Wir müssen die Welt sehen und verstehen, wie sie wirklich ist. Nur dann können wir sinnvoll und zufrieden in ihr handeln und leben.

Ich glaube zwar, dass die Welt nicht ganz und vollständig mit dem Verstand begriffen werden kann. Ich glaube aber auch, dass es klare Muster und Gesetzmäßigkeiten in den scheinbar chaotischen

Beziehungen zwischen Menschen und Nationen gibt. Es mag gefährlich und zu sehr vereinfacht sein, danach Ausschau zu halten, aber ich glaube, es ist wichtig, dies zu tun, denn wenn wir keine Anstrengungen unternehmen, die ungeheure Masse von Informationen, mit denen wir täglich konfrontiert werden, zu vereinfachen und zu reduzieren, ist es sehr schwer für uns, irgendeinen Sinn in dieser komplizierten Welt zu finden.

Der Buddhismus enthält eine umfassende Lehre von vier Lebensphilosophien oder Lebensdimensionen. Die beiden ersten erkennen die positiven Aspekte des Idealismus und Materialismus an und zeigen gleichzeitig deren Gefahren und Grenzen auf. Die buddhistische Lehre gibt dann eine Alternative zu diesen beiden extremen Sichtweisen und eine neue Art, das Leben und das Universum zu sehen. Die Lehre des Handelns als dritter Bereich zeigt uns die Einheit aller Dinge im gegenwärtigen Augenblick. Sie lässt uns die Bedeutung der wirklichen Zeit und der wirklichen Existenz erkennen. Indem unsere Aufmerksamkeit auf das Hier und Jetzt gelenkt wird, können wir unser Leben von einem neuen und bisher ungewohnten Standpunkt aus beleuchten. Dies gibt uns einen neuen Sinn für Prioritäten, also für das, was wichtig und unwichtig in unserem Leben ist, eine neue Sichtweise und ein neues Verhalten, das uns dabei hilft, die Konflikte zwischen den spirituellen und materialistischen Kräften klarer zu erkennen, zu lösen und zu einem Gleichgewicht zu gelangen. Schließlich gibt uns der Buddhismus eine Methode an die Hand, wie wir diese Einheit wirklich selbst erfahren können, die die Lehre des Handelns verkündet. Zazen vereinigt die spirituelle und die materielle Welt. In Zazen werden die Welten des Denkens und Fühlens wieder zu einer Einheit verschmolzen. Alle Dinge sind Teil dieser Einheit, nichts wird ausgeschlossen, nichts wird abgelehnt. Ist es wirklich zu optimistisch zu hoffen, dass der Buddhismus uns einen Weg für den Frieden eröffnen wird?

Sind meine Gedanken zu optimistisch und zu fantastisch? Ja, vielleicht ist es so. Die Welt verändert sich sehr schnell. Ereignisse, die außerhalb unserer Kontrolle sind, erzeugen immer neue Spannungen in der Welt, Tag für Tag. Jetzt haben wir die großen Probleme des Terrorismus. Zu glauben, dass der Buddhismus sich über die ganze Welt als eine einigende Lehre ausbreiten kann, ist sicher eine Art von Traum oder Utopie. Es ist ein Traum, der vielleicht nur in meinem Gehirn existiert. Dies wäre sehr bedauerlich, aber ich fürchte, es ist gegenwärtig noch so. Aber auch andere Menschen, die an den Buddhismus glauben, können diesen Traum einer friedlichen Welt haben. Ihre Träume werden genau wie meine eigenen zunächst nur in ihren Gehirnen existieren. Wird sich aber die Situation nicht grundsätzlich ändern, wenn die Anzahl solcher Menschen auf der ganzen Erde größer und größer wird?

Vielleicht, vielleicht aber auch nicht. Wir können die Zukunft nicht vorhersehen. Es ist nicht leicht, optimistisch zu bleiben, aber ich bin der festen Überzeugung, dass wir die Hoffnung nicht aufgeben und weiterhin hoffen sollten. Wir können unsere eigenen Anstrengungen in dieser Richtung machen. Wir sollten mit klaren Augen die miserable Situation dieser Welt erkennen und trotzdem die Kraft und Hoffnung auf Besserung haben, weil wir als menschliche Lebewesen immer die große Freiheit besitzen, eine Veränderung zu versuchen. Wir haben immer die Freiheit, Anstrengungen für ein besseres Leben und eine bessere Welt zu unternehmen. Unsere wirkliche Situation ist zwar teilweise unerfreulich und entmutigend, aber andererseits auch strahlend und hoffnungsvoll. Dies ist die wirkliche Natur des Lebens, entsprechend der Lehre des Buddhismus. Unser

Bestes in jeder Situation zu tun, ist der Ausdruck der wahren Natur des Menschen. Das endgültige Ergebnis ist dabei nicht immer so wichtig. Unser Bestes zu tun, *ist* das Beste von uns – das ist der wahre menschliche Weg.

Aber wie können wir unser Bestes tun ? Was bedeutet es, „unser Bestes zu tun“ ? Ist es zu ungenau oder zu einfach ausgedrückt ? In einem gewissen Sinne ist es das. Wir können ja nicht wirklich versuchen, die ganze Welt zu retten. Unsere wirklichen Probleme hier und jetzt sind nicht die Probleme der globalen Spannungen oder der großen Konflikte zwischen den Nationen und fanatischen Gruppen der Gegenwart wie z. B. den Terroristen. Unser Leben hier und jetzt hat eine sehr einfache, ja primitive Qualität und unsere wirklichen Probleme werden durch sehr einfache und grundsätzliche Schwierigkeiten erzeugt. Es sind die einfachen Probleme des Alltags: das Problem, genügend Geld zu verdienen, um Essen zu kaufen und die Miete zu bezahlen; das Problem, Zeit zu haben, um günstig einzukaufen; das Problem, zu entscheiden, welches Gemüse gekauft werden soll und welches nicht. Unser Leben ist voll von solchen einfachen, direkten Problemen. Diese Probleme erfordern häufig sofortige Entscheidungen. Wir müssen entscheiden, wie viele Kartoffeln wir für das Essen schälen und in welchem Topf sie gekocht werden sollen. Wir müssen dann die Kartoffeln, eine nach der anderen, schälen. Wir müssen sie in den Topf legen mit der richtigen Menge von Wasser usw. Viele Probleme im zwischenmenschlichen Bereich entstehen dadurch, dass wir den Alltag gemeinsam oder allein nicht gut bewältigen und dann aggressiv oder niedergeschlagen sind.

Die Aufmerksamkeit, die wir für solche einfachen Aufgaben aufwenden, ist also sehr wichtig. Solche Aufgaben sind die Grundlage unseres Lebens. Wenn wir sie richtig anpacken und durchführen, wird unser Leben im Wesentlichen harmonisch und im Gleichgewicht sein. Wenn unsere Aufmerksamkeit schwindet, werden wir wahrscheinlich Fehler machen. Wir werden wahrscheinlich unser Gleichgewicht und die Harmonie verlieren, die zwischen uns und der äußeren Welt besteht.

Um gut zu leben, ist es daher notwendig, einfache und direkte Anstrengungen von Augenblick zu Augenblick zu machen. Es erfordert eine gewisse Ernsthaftigkeit, vielleicht die, mit der ein Kind zum ersten Mal seine Schuhe selbst bindet. Dies ist die wirkliche Bedeutung, unser Bestes zu tun. Es ist die wirkliche Bedeutung des Lebens. Wenn wir alle Dinge mit einem Sinn für Sorgfalt und vollständiger Hingabe tun, kann es keine dauerhaften Probleme in unserem Leben geben. Unser Leben und die Welt um uns herum erscheinen dann einfach und überschaubar. Das ist das wahre Gesicht der Welt, hier und jetzt. Es ist das dritte Gesicht des Drachens: das Handeln im Augenblick.

Und was ist mit dem vierten Gesicht des Drachens? Was kann über die letzte Wahrheit, die höchste Wirklichkeit gesagt werden, die in Zazen gefunden und erfahren werden kann? Viele Worte kann man wohl darüber verlieren und viele Worte sind in der Tat bereits gesagt worden. Dichter aller Zeiten haben versucht, das Unbegreifbare und Unfassbare in Worte zu fassen. Wenn ich ein Dichter wäre, würde ich von flüchtigen Bildern und einfachem Fühlen im Hier und Jetzt sprechen. Ich würde von augenblicklichen Ansichten und Geräuschen sprechen, die in der Stille und Ruhe kommen und gehen. Ja, wenn ich ein Dichter wäre, würde ich Ihnen von der wunderbaren Musik der Stille erzählen. Ich würde von der einfachen Schönheit in der ruhigen Gelassenheit des Zazen sprechen.

Aber ich bin kein Dichter. Ich bin nur ein einfacher Mann in einer komplizierten Welt. Und daher weiß ich nur, dass Zazen wirklich Zazen ist. Es gibt die Worte von Meister Dogen und er war ein wirklicher Dichter. Er sprach von Zazen mit vielen wunderbaren Worten. Er sagte, dass Zazen wie das Meer sei. Das Meer, wie die Menschheit selbst, ist die Einheit von zwei Welten. Die Oberfläche des Meeres ist wie der Geist. Manchmal ist es dunkel und stürmisch, voll von gewaltigen Wogen und chaotischen Bewegungen. Zu anderen Zeiten ist die Oberfläche klar, strahlend und ruhig wie ein Spiegel oder wie ein Bergsee an einem friedlichen Sommertag. Dies sind die vorüberziehenden Stimmungen des Meeres und es gibt sie nur auf der Oberfläche des Wassers.

Auf dem Grunde des Meeres gibt es dauernde Dunkelheit, Ruhe und Frieden. Dort gibt es keine Stürme und keine Gewalt. Der große Körper des Meeres ist unberührt von den sich verändernden Stimmungen auf seiner Oberfläche. Und er ist wie der menschliche Körper, wenn er in der Haltung des Zazen sitzt. Wenn wir unseren Sitz auf dem runden schwarzen Kissen einnehmen, unsere Beine kreuzen, unseren Rücken aufrecht halten, so ist dies der Zustand des ursprünglichen Friedens und ursprünglicher Zufriedenheit. Wenn wir die Haltung des Zazen einnehmen, Tag für Tag, erfährt der Körper seinen natürlichen Zustand. Er begrüßt die Möglichkeit, zur Ruhe zurückzukehren, zur tiefen Ruhe des Meeres. Wenn wir dies gefunden haben, kann nichts den Sinn für unsere innere Harmonie und Gelassenheit stören. Die stürmischen Stimmungen des Geistes können dann einfach nicht für längere Zeit bestehen, sondern verschwinden bald wieder. Den Körper im Gleichgewicht zu halten bedeutet, den Geist im Gleichgewicht zu halten. Zazen zu praktizieren bedeutet, in die Ruhe einzugehen, die unter den flüchtigen Stürmen der Oberfläche immer vorhanden ist.

Aber Bilder des Meeres sind eben auch nur Bilder. Worte sind nur Worte. Sie können die Wirklichkeit zwar beschreiben, aber können sie nicht wirklich erfassen. Am Ende konnte Meister Dogen selbst nicht viel über das unfassbare, wunderbare Tun in Zazen sagen, das wir als Erleuchtung bezeichnen können. Daher sagte er schließlich, was gesagt werden musste: Zazen ist eben Zazen. Am Ende sind alle Dinge genau das, was sie sind. Dies ist die letzte Wahrheit der Wirklichkeit, die letzte Schlussfolgerung. Viele Menschen glauben, dass Zazen ein Weg ist, die Wahrheit zu erlangen, aber viele Menschen werden auch von den nebelhaften Bildern des Drachens verführt. Zazen zu praktizieren bedeutet aber, dem wahren Drachen und dem Buddha wirklich zu begegnen. Es bedeutet, selbst Buddha zu werden. Daher ist Zazen die Wahrheit selbst. Es ist der Buddhismus selbst. Zazen ist Zazen!